질문이
살아있는 수업

선생님이 우리교육의 희망입니다.

김현섭 玄

이 도서의 국립중앙도서관 출판예정도서목록(CIP)은
서지정보유통지원시스템 홈페이지(http://seoji.nl.go.kr)와
국가자료공동목록시스템(http://www.nl.go.kr/kolisnet)에서 이용하실 수 있습니다.

CIP제어번호: CIP2015017765

질문이 살아있는 수업

초판 1쇄 발행 2015년 7월 6일
초판 14쇄 발행 2023년 11월 20일

발행인	김성경
저 자	김현섭
편 집	염지선
디자인	원영혜
발행처	수업디자인연구소 www.sooupjump.org
도서문의	031-502-1359 eduhope88@naver.com
주 소	[15886] 경기도 군포시 대야2로 147, 201호
ISBN	979-11-85122-03-8
값	16,000원

낡은 정답보다 새로운 질문이 필요한 시대이다. 아이들의 잠재 능력을 이끌어 내려면 스스로 답을 찾도록 도와주는 질문이 필요하다. 그러나 막상 어떤 질문을 해야 할 지 난감하다면, 이 책에 그 열쇠가 있다. 좋은 수업 만들기에 열정을 바쳐온 저자의 실천적 지식은 많은 선생님들에게 큰 힘이 되리라 생각한다. 서울 교육의 첫 번째 지표인 '질문이 있는 교실'을 만드는 데 귀한 길잡이가 되어 줄 책을 만나 더욱 반갑다.

● **조희연** 서울시 교육감

이 책을 읽으면서 놀랍다는 생각을 했다. **질문이라는 하나의 화두를 중심으로 기존 수업 연구의 성과를 다양하게 통섭하고 재구성**하는 저자의 능력이 놀랍다. 부디 이 책이 많은 분들에게 널리 읽혀서 21세기 한국 교실이 질문이 살아 생동하는 배움터가 되기를 갈망한다.

● **이혁규** 청주교육대 교수

이 책에서 소개하고 있는 좋은 질문들이 교실에서 잘 활용되면 교사와 학생들의 역동적인 상호 작용을 이끌어내고 배움이 살아나게 하는데 큰 도움이 되리라 생각한다. 다양한 질문을 통해 좋은 수업을 꿈꾸는 모든 선생님에게 이 책을 꼭 권한다.

● **정인순** 서울시 교육연구정보원장

'학생 참여형 수업'은 '질문 있는 수업'이 없이는 불가능하다. 학교는 배우려는 열망을 가진 학생과 선생님이 함께 배움의 길을 걸어가는 곳이다. 배우는 일은 질문에서 비롯되며 수업은 이를 익히는 장이다. 이 책은 미래 핵심 역량 교육을 위해 학생과 교사의 행복을 추구해 왔던 실천적 고민을 담고 있는 행복 지침서라고 생각한다.

● **현석룡** 광주시 교육청 장학관

우리 교육은 정답 찾기에 골몰했다. 수업도, 평가도 정답을 찾는 방편이었다. 정답은 누군가 바르게 질문했기에 생긴 것이다. **정문(正問)없이 정답 없는 법**이다. 교육 받은 사람의 증거는 정답을 아는 것이 아니라 질문이 생기는 것이다. 이 책을 통해 '질문이 살아 있는 수업'에 대한 또 다른 질문이 생기길 바란다.

● **오재길** 경기도 교육연구원 장학사

지금까지 주목 받지 못했던 '질문'이 수업과 교육의 핵심이고 교사의 중요한 역량임을 증명하는 책. 지금까지 많은 사람이 배움 중심, 관계 중심 수업을 이야기했지만 이렇게 **'질문'이라는 키워드로 수업, 생활 교육, 관계를 명쾌하게 연결한 책**은 없었다. 다양한 사례와 자료에 근거한 저자의 질문을 따라가다 보면 답답했던 고민이 해결되는 행복한 경험을 하게 될 것이다.

● **임종화** 좋은교사운동 공동 대표

책을 읽으면서 학생들과의 관계 형성을 마음에 둔 교육자의 따뜻한 시선이 인상 깊게 다가왔다. 다년간의 현장 경험을 바탕으로 한 질문을 통한 수업 혁신의 방법은 큰 도움이 될 것이다. 학교 현장에 듣는 수업이 아닌 학생들의 질문이 살아나서 배움의 기쁨을 경험하는 감동이 장이 펼쳐지기를 기대한다.

● **우시정** 서울 신길초 수석교사

돌이켜 보면 내 가르침에는 답만 있었지 질문은 없었다. 내 삶도 마찬가지였다. 정답만 찾는 수업, 정해진 길만 가는 인생은 재미없다. **질문이 있는 수업, 질문이 있는 인생!** 이 책을 통해 답이 아닌 질문을 가르치는 수업을 배웠다.

● **한성준** 인천 신흥중 교사

수업은 초대이다. 또한 초대하려는 마음을 갖는 것만큼이나 중요한 것은 어떻게 초대하느냐이다. 이 책은 질문을 통해 학생들을 초대하는 방법을 친절하고 자세하게 안내하고 있다.

● **최재훈** 전주 신흥고 교사

이 책을 읽으며 '질문을 하는 자, 대답을 피할 수 없다.'라는 아프리카 속담이 생각났다. 이 책을 읽고 나면 다음과 같은 말을 할 것이다. **'질문이 살아 있는 수업, 배움을 피할 수 없다.'** "내 수업에서 학생의 배움이 일어나고 있는가?"라는 의문을 해결하고자 한다면 이 책에서 제시하는 질문을 해 보라.

● **임지호** 부산 삼덕초 교사

'교사의 질문은 배움으로의 초대장이다.'라는 저자의 말에 깊이 공감한다. 이 책을 통해 **질문-생각-배움의 고리**를 잘 규명한 것이 인상적이었다. 좋은 수업에 대해 고민하는 교사나 새로운 수업나눔 문화를 만들어 가고 싶은 분에게 적극 추천하고 싶다.

● **권석광** 구미교육지원청 장학사

수업에서 질문의 중요성을 느끼게 된 것은 인문계 고등학교에 근무하시는 두 분의 수업에 참관하면서부터였다. 첫 번째 수업은 '해류의 특징'에 대한 지구 과학 수업이었다. 선생님은 "컵라면에 뜨거운 물을 붓고 입김을 불면 라면 덩어리는 어떻게 될까?"라는 질문으로 수업을 시작하셨다. 해류와 대류의 연관성을 이야기하기 위한 질문이었는데, 그 질문을 시작으로 나는 수업 코치로 와 있다는 사실을 잊고 학생 입장에서 수업에 몰입하게 되었다. 이 질문은 "해류의 특징은 무엇인가?" "한국에서 미국으로 가는 가장 빠른 바닷길은 무엇이며, 그 반대는 어떠한가?"라는 질문으로 이어졌다. 해류의 특징을 잘 알지 못하면 대답하기 힘든 질문이었는데, 특별한 학습 활동을 하지 않았음에도 불구하고 모든 학생이 수업에 푹 빠져들고 있었다. 그분이 내 고등학교 지구 과학 선생님이셨다면, 내 전공이 바뀌었을지도 모르겠다는 생각이 들 정도였다.

또 하나의 수업은 '독서와 작문'에 대한 국어 수업이었다. 주제는 '의사소통'이었는데, 앞의 수업과 마찬가지로 세 가지 핵심 질문으로 90분 블록 타임 수업을 이끌어갔고, 특별한 활동 없이도 모든 학생이 긴 시간 수업에 몰입하였다.

학생들의 자발적인 질문과 토론이 지닌 의미와 가치를 깨닫게 해 준 것은 '학습 코칭'과 '하브루타'였다. 학습 코칭은 학생들이 코넬 노트로 학습 내용을 정리한 후 이를 바탕으로 질문을 뽑아서 토의하고 발표하는 방식으로 진행되었다. 교사들은 학생에게 질문의 주도권을 넘겨주는 것을 부담스러워 했지만, 우려와 달리 학생들은 기대 이상으로 적극 참여하고 반응했다. 이후 '하브루타'를 통해서 학생의 질문과 토론에는 사고력 신장 이상의 의미가 있다는 것을 알게 되었다.

필자가 참관을 했던 여러 수업을 분석하며 내린 결론 중 하나는, 좋은 수업에는 질문이 살아있다는 것이다. 그래서 질문이 살아있는 수업에 대하여 좀 더 깊이 연구하고 실천하게 되었고, 그 결과를 토대로 초중고등학교 교사들을 대상으로 "질문이 살아있는 수업 디자인"이라는 워크숍을 여러 번 진행했다. 이 책은 이러한 고민과 실천의 경험을 정리한 책이다.

질문에 관심을 두게 되면서 질문은 수업 뿐 아니라 교육 혁신의 다양한 분야에서 매우 중요하다는 것을 깨닫게 되었다.

수업 성찰의 시작은 질문에서 비롯된다. 스스로의 수업을 되돌아보는 것은, 익숙한 자기 수업에 대해 낯선 질문을 던지는 것으로 시작된다. 또한 수업 코칭 활동의 핵심은 질문을 통해 수업자가 자기 수업을 성찰하도록 함으로써 자신의 장점을 극대화하고 단점을 보완하도록 하는 것이다.

다양한 수업 모형 역시 질문에 기반하고 있다. 협동학습에서는 질문을 중심으로 짝 점검, 질문 주사위, 모둠 게임 토너먼트 등 다양한 방법을 사용하여 수업 활동을 진행한다. 토의 토론 수업도 질문으로 이루어져 있다. 토론 주제 자체가 질문으로 이루어져 있고, 토의 토론을 원활하게 진행할 수 있도록 만들어 주는 것이 질문이기 때문이다. 문제 해결 PBL 수업 모형에서는 해당 주제에 대해 한 가지 질문을 중심으로 다양한 문제 해결을 시도한다. 최근 많은 관심을 끌고 있는 하부르타 교육 역시 질문의 중요성을 강조할 뿐 아니라, 이를 학교 교육만이 아닌 가정 교육 등 다방면에 이를 적용할 것을 강조한다.

최근 생활 지도의 대안으로 떠오르는 회복적 생활교육이나 학급 긍정 훈육법의 핵심도 역시 질문이다. 회복적 생활 교육은 질문을 통해 역지사지易地思之를 경험하게 함으로써 갈등을 해소하도록 도와준다. 학급 긍정 훈육법에서는 질문을 통해 학생들이 직접 생활 규칙을 만들 수 있도록 도와주고, 학생 훈육 시 질문을 통해 학생 스스로 자기의 문제를 돌아보고 해결할 수 있도록 돕는 것을 강조한다.

학교 문화 혁신도 질문에서 시작된다. "아침마다 교문 지도를 하는 이유는 무엇인가?", "학기 초에 만든 교육 활동 계획서를 잘 활용하지 않는 이유는 무엇인가?", "수업 공개의 목적은 공개 자체인가?", "현재의 수업 공개와 강평회에 실질적인 수업 개선 효과가 있는가? 없다면 그 이유는 무엇인가?", "교직원 회의가 일방적인 통보 형태로 진행된다면 그것을 진짜 회의라 볼 수 있는가?" 등의 질문을 통해 기존 학교 문화를 성찰하고 대안을 모색하는 것이 학교 문화 혁신의 기본이기 때문이다. 최근 서울, 광주 등 교육계 일각에서 질문에 대한 관심이 높아지는 것은 매우 바람직한 현상이다.

하지만 아쉽게도 우리는 질문에 익숙지 않다. 그래서 수업에서는 질문을 사용하는 대신 일방적으로 정답을 제시하거나 설명하는 방식을 택하곤 한다. 그러나 질문이 사라지면 학생의 배움이 사라지게 된다. 질문이 없으면 다양한 해법을 찾기 어렵고, 학생 간의 갈등을 평화롭게 해결하기 힘들며, 수업 혁신이나 학교 혁신도 이룰 수 없다.

질문은 진정한 답을 찾아가는 과정이다. 질문 없이 만들어진 정답은 다른 질문을 막아버려, 오히려 혁신의 걸림돌이 될 수 있다. 또한 질문은 지식과 학생의 삶을 연결하는 구체적인 고리이다. 그리고 질문은 학생들을 단순한 재미가 아닌 진정한 흥미로 이끄는 수단이 된다.

　　이 책은 "질문이 살아있는 수업이란 무엇인가?"라는 대 질문 아래, 질문을 통한 수업 혁신에 초점을 맞추었다. 여기에서 다루는 '질문'은 수업 대화 속의 발문 수준이 아닌 수업과 관련한 모든 영역에서의 제기할 수 있는 질문을 포함한다. 이 책은 질문은 어떻게 해야 하는가를 시작으로, 수업 디자인, 교육과정 재구성, 수업 모형, 관계와 질서 세우기, 수업 대화, 수업 공동체 등 다양한 영역에서 질문을 어떻게 사용해야 할지를 고민하고 실천한 결과를 담고 있다. 이 책이 수업에 대해 고민하는 선생님들과 교육에 관심 있는 분들에게 실질적인 도움이 되길 진심으로 바란다.

　　이 책이 나오기까지 도움을 주신 분들께 감사드린다. 오랫동안 동역하고 있는 한국협동학습연구회, 소명중고등학교, 좋은학교연구소, 그리고 좋은교사운동에 감사한다. 그리고 사랑하는 아내 성경과 사랑하는 자녀 하림, 예준이에게도 감사하다. 무엇보다 하나님께 감사를 드리며...

2015년 7월 6일
저자　김 현 섭

질문이 살아있는 수업

Q 차례 ● ● ●

질문이 살아있는 수업

질문이 살아있는 수업

- 질문이 왜 중요한가?

- 수업에서 질문이 중요한 이유는?

- 수업에서 교사의 질문이 중요한 이유는?

- 수업에서 학생의 질문이 중요한 이유는?

- 학생들이 수업 시간에 질문을 자주 하지 않는 이유는?

- 공부를 잘하는 학생에 비해 공부를 못하는 학생들이
  질문 자체를 꺼리는 이유는?

- 학생들의 학습 유형에 따라 질문하는 방식이 다른가?

- 교사가 좋은 질문을 던지지 못하는 이유는?

1장.

질문은 왜 중요한가?

생각하는 대로 살지 않으면, 사는 대로 생각하게 된다

··· 폴 발레리

교사
> 지난 시간에 배운 해류의 특징에 대해 이야기해 볼 사람?

학생들 ······.

교사
> 아무도 없네. (출석부를 뒤적이며) 이경희! 해류의 특징에 대해 설명해 볼래?

경희 ······.

교사
> 정답을 모르면 교과서를 봐. 선생님이 별 표하라고 한 부분 있지?

위 대화는 수업 도입에서 흔히 볼 수 있는 선생님과 학생의 대화이다. 과연 선생님의 질문은 학생의 배움을 이끌어내는 데 도움이 되고 있는 걸까?

수업은 가르침과 배움의 역동적인 상호 작용이다. 그러나 수업을 참관하다 보면 가르침은 있되 배움은 충분치 않은 수업을 자주 만나게 된다. 좋은 수업은 가르침과 배움의 간극이 크지 않은 수업이다. 교사의 가르침과 학생의 배움을 연결하는 고리는 바로 '질문'이다. 그런 의미에서 좋은 수업은 질문이 살아있는 수업이라 할 수 있다.

수업에서 교사의 질문이 중요한 이유

우선 교사는 질문을 통해 학생들이 수업 내용을 얼마나 이해하고 있는지 알 수 있다. 학생들의 이해도와 수준을 알고 있어야 그에 맞게 가르칠 수 있다. 1단계도 이해하지 못한 학생에게 2단계를 가르친다면 진정한 배움이 일어나기 어렵기 때문이다.

둘째, 교사는 질문을 통해 학생의 참여를 이끌어 낼 수 있다. 특히 수업 도입 단계에서 그 날 배울 내용과 관련하여 흥미를 유발하는 발문을 하는 것은 중요하다. 많은 교사들이 도입 단계에서 전시 학습을 확인한 후 바로 진도를 나가는데, 사실상 학생들의 수업 참여도는 도입 5분에 따라 결정된다 해도 과언이 아니다. 예를 들어 "오늘은 소설의 특징에 대해 살펴보겠습니다. 교과서 189쪽 셋째 줄 '소설의 3요소'에 밑줄을 긋고 ……" 라고 시작하는 수업과 "지금까지 읽어 본 소설 중에서 제일 재미있었던 소설은 뭔가요?"라고 시작하는 수업 중 어떤 수업이 더 학생들에게 매력적이겠는가? 교사의 질문은 배움으로의 초대장이다. 초대장 없이 학생이 스스로 수업이라는 파티를 찾아가기는 쉽지 않다.

셋째, 교사는 질문을 통해 학생의 생각을 이끌어낼 수 있다. 예를 들어 아리스토텔레스에 대해 공부하는 시간이라면, "사람은 무엇 때문에 산다고 생각하나요?" 혹은 "○○야, 네가 학교에 다니는 이유는 뭐니?"라는 질문으로 시작하는 것이다. 이후에 "이 질문에 대해 진지하게 고민했던 사람들 중한 명이 바로 오늘 배울 아리스토텔레스라는 철학자입니다. 아리스토텔레스는 이 질문에 '행복하기 위해서'라고 답했습니다. 여러분은 이 말에 동의하나요? △△야, 너는 여기에 동의하니? 그렇다면 네가 생각하는 행복은 뭐니?"라고 질문을 이어가면 이에 대한 학생들의 생각을 이끌어 낼 수 있다.

넷째, 교사는 질문을 통해 학생의 잘못된 행동을 사려 깊게 지적하고 통제할 수 있다. 예를 들어 수업 시간에 떠드는 학생에게 "선생님이 설명하고 있는데 자꾸 짝이랑 떠들래? 계속 떠들려면 뒤로 나가!"라고 하는 대신, "선생님이 설명하는 동안 짝이랑 얘기하고 있는 것 같던데, 어떤 이야기를 하고 있었니? ... 수업과 직접 관계없는 내용이구나. 그렇다면 네가 선생님 입장이라면 어떤 느낌이 들까?" 라고 질문한다면, 학생의 감정을 상하게 하지 않으면서도 스스로 행동을 적절히 통제하도록 이끌 수 있을 것이다.

다섯째, 교사의 질문은 학생의 내적 학습 동기를 유발할 수 있다. 내적 동기 유발이란, 외적 보상과 강화를 통해 동기를 유발하는 외적 동기 유발과는 달리 학생 내부의 동기를 자극하여 동기를 유발하는 것이다. 외적 동기 유발은 일시적인 효과가 있지만 지속적이고 본질적인 측면에서는 한계가 있다. 그에 비해 내적 동기 유발은 이러한 한계를 뛰어넘을 수 있다. 내적 동기 유발을 할 수 있는 좋은 방법이 바로 질문과 칭찬이다. 교사의 좋은 질문은 학생의 내적 동기 유발하고, 칭찬은 이를 강화한다. 교사의 질문이 학생의 삶과 고민과 연결된다면 더욱 놀라운 반응이 일어날 것이다.

수업에서 학생의 질문이 중요한 이유

수업은 '독백'이 아닌 '대화'이다. 따라서 학생이 수업에서 질문을 한다는 것은 배움이 살아 있다는 증거이다. 학생이 수업 내용을 잘 이해했다면 이를 토대로 심화된 질문을 할 것이다. 예컨대, "제가 좋아하는 TV 프로그램에도 이런 내용이 나오던데, 그것도 포스트모더니즘의 영향이라 볼 수 있을까요?"라고 질문할 수 있을 것이다. 만약 학생이 잘 이해하지 못했다면 이해를 돕기 위한 질문을 할 것이다. 예컨대, "모더니즘과 포스트모더니즘의 차이를 잘 모르겠어요. 저는 이렇게 생각하는데 제대로 이해하고 있는 건가요?"라고 질문을 할 수 있을 것이다.

질문에는 놀라운 힘이 있다. 도로시 리즈(2002)는 질문의 힘을 다음 7가지로 정리한다. [01]*

1. **질문을 하면 답이 나온다.**
   질문을 받으면 대답을 하지 않을 수 없다.
   이를 응답 반사라고 한다.

2. **질문은 생각을 자극한다.**
   질문은 하는 사람과 받는 사람의 사고를 자극한다.

3. **질문을 하면 정보를 얻는다.**
   적절한 질문을 하면 필요로 하는 정보를 얻을 수 있다.

4. **질문을 하면 통제가 된다.**
   질문은 대답을 요구한다는 점에서 상황을 통제하는 힘이 있다.

5. 질문은 마음을 열게 한다.

　　질문을 하는 것은 상대방에게 관심을 보이는 것이므로, 질문을 받
　　으면 과묵한 사람이라도 자신의 생각과 감정을 드러내게 된다.

6. 질문은 귀를 기울이게 한다.

　　질문을 하게 되면 질문을 받는 사람은 답하기 위해, 질문을 하는
　　사람은 답을 듣기 위해 서로의 이야기를 경청하게 된다.

7. 질문에 답하면 스스로 설득이 된다.

　　사람들은 다른 사람의 말보다 자신이 생각해 낸 것을
　　좀 더 쉽게 믿기 때문이다.

　문제는 이러한 질문의 힘에도 불구하고, 학생들이 수업 시간에 질문을
잘 하지 않는다는 것이다.

학생들이 수업 시간에 질문을 잘 하지 않는 이유

　한국인은 기질상 질문을 잘 하지 않는다고 하지만 그렇지 않다. 유치원
이나 초등 저학년 수업은 학생들의 질문이 너무 많아 정상적으로 진행하
기 힘들 정도이다. 하지만 초등학교 고학년에 올라가면 수업에서 점차 질
문이 사라진다.

　그렇다면 수업에서 학생들의 질문이 사라지는 이유는 무엇일까?

　첫째, 학습 내용이 많거나 어려워지기 때문이다. 특히 초등 4학년 이후

부터는 교육과정상 학습 내용도 많아지고 대폭 어려워져, 수업을 따라가는 것만으로도 벅차 질문을 할 여유가 없는 경우가 많다.

둘째, 남의 시선에 민감한 시기에 들어섰기 때문이다. 초등 4학년 이후부터는 교우 관계나 자신에 대한 타인의 평가에 민감해 진다. 수업 시간에 질문을 하는 것도 친구들에게 안 좋게 보일 수 있다고 생각하기 때문에, 특별히 지목되지 않는 이상은 질문을 잘 하지 않게 된다.

셋째, 교사가 학생의 질문에 적절하게 반응하지 않기 때문이다. 교사가 학생의 질문을 무시하거나 이에 소극적으로 반응하게 되면, 학생들은 질문을 하지 않는 편이 낫다고 생각하게 된다.

넷째, 교사가 수업에서 지나치게 많은 내용을 전달하려 하기 때문이다. 학습 내용이 많으면 이를 소화해 내기도 버거워 질문할 여력이 없어진다. 학생이 질문을 할 수 있으려면 수업에 어느 정도 여백이 있어야 한다.

다섯째, 선행 학습의 부작용 때문이다. 선행 학습을 하면 내용을 알고 있다고 생각하기 때문에 수업 시간에 교사의 설명에 집중하지 않게 되는 경우가 많고, 이에 따라 질문도 사라지게 되는 것이다.

여섯째, 질문을 어떻게 해야 하는지 잘 모르기 때문이다. 질문하는 법을 체계적으로 배운 적도 없고 우리나라의 학교 풍토도 질문에 허용적이지 않다보니, 학생들은 궁금한 것이 있어도 어떻게 질문해야 할지 몰라 망설이게 된다.

일곱째, 정말로 질문할 것이 별로 없기 때문이다. 학습에 관심이 없어서 그럴 수도 있고 내용에 대한 기초 지식이 없어서 그럴 수도 있다.

여덟째, 현행 입시 제도와 학교 시험이 질문에 친화적이지 않기 때문이다. 입시 제도와 학교 시험이 질문을 잘 하는 학생에게 유리하다면, 학생들은 수업에서 훨씬 더 활발하게 질문할 것이다.

공부 못 하는 학생들이 질문 자체를 꺼리는 이유

공부를 못 하는 학생은 잘 모르기 때문에 질문할 것이 더 많다고 생각할 수도 있다. 하지만 실제로는 질문 자체를 꺼리는 경우가 많다. 기본 개념을 이해하지 못해 질문 자체를 만들어 낼 수 없거나, 질문을 통해 자신의 부족함이 드러나는 것을 원치 않기 때문이다.

대부분의 학생이 잘 알고 있는 부분에 대한 질문을 반복하면 교사에게 부정적인 피드백을 받을 가능성이 높다. 설사 긍정적인 피드백을 받는다 해도 그런 질문을 계속하는 것은 자신의 부족한 실력을 학급에 공개하는 것이 된다. 또한 선생님의 설명을 이해하지 못하는 상황이 반복되면 결과적으로 학습 무기력에 빠지게 되고, 학습 무기력 상태에서는 질문하지 않게 되는 것이 당연하다. 질문을 하지 않으니 좋은 질문을 할 수 있는 능력을 기르지 못 하게 되고, 그래서 다시 질문하지 않게 되는 악순환에 들어서게 되는 것이다.

학생들의 학습 유형에 따라 질문하는 방식이 다르다?!

학습 유형과 기질에 따라 질문 성향도 달라진다. 도형 심리학에 따르면 학습 유형은 '추상적 사고 / 구체적 사고, 순차적 처리 / 동시 다발적 처리' 라는 기준에 따라 네 가지로 구분된다. [02]

세모(△)형 학생들은 핵심을 잘 파악하고 토의 토론에 적극적이며 주장이 강한 편이다. 또한 주제를 정확히 이해하고 이에 대한 자신의 의견을 잘 피력하며 이에 걸 맞는 질문을 잘 한다.

　　　　- 왜 그렇게 해야 하죠?

　　　　- 제 의견은 선생님의 의견과는 달라요. 이 문제는
　　　　　이렇게 해결해도 되지 않나요?

세모(△) 형

· 수업 시간에는 주로 들으며 이해하고, 노트 필기를 짜임새 있게 하지 않는다.

· 자신감이 넘쳐 자신은 언제든지 공부를 잘 할 수 있다고 생각한다.

· 자신이 원하는 학습 환경을 만들려 노력한다.

· 현재의 공부보다 미래의 목표와 진로를 중요하게 여기곤 한다.

별(☆) 형

· 공부할 때 딴 생각이 많이 나서 어려움을 겪는다.

· 하고 싶은 일이 많아 공부를 끈기 있게 하기 어렵다.

· 새로운 생각과 아이디어가 많다.

· 마음먹고 공부를 시작하더라도 감정 기복이 커서 작심삼일이 되기 쉽다.

· 순발력이 뛰어나고 활동적인 편이다.

네모(□) 형

· 규칙에 어긋나는 행동을 잘 하지 않는다.

· 자신의 물건들을 정해진 위치나 자리에 정리한다.

· 자료를 잘 모으고 공부 내용도 꼼꼼하게 정리하는 편이다.

· 시끄러우면 공부에 집중하기 힘들다.

· 잘 짜여진 계획을 좋아한다.

동그라미(○) 형

· 새로운 환경에 적응하려면 시간이 필요하다.

· 자신의 처지보다 타인이나 주변의 일에 관심이 많다.

· 부모님의 잔소리와 훈계에 스트레스를 많이 받는 편이다.

· 실천 의지는 있으나 현실적으로 계획을 세우거나 행동하기 어렵다.

· 친구들이 많은 편이다.

별(☆)형 학생들은 창의적으로 사고하며 자기 의견을 풍부하게 표현한다. 또한 엉뚱한 질문이나 창의적인 질문을 자주 해서 교사에게 주의를 받곤 한다.

> – 하늘은 왜 파랗죠?
>
> – 이 문제는 이런 식으로 해결하면 어떨까요?

네모(□)형 학생들은 구체적이고 세부적인 것에 대해 질문하고 완벽한 질문을 하려고 애쓴다. 그러다보니 수업 시간에 자주 질문을 하지는 않는다.

> – 이 부분이 이해가 잘 되지 않는데 좀 더 자세히 설명해 주시겠어요?
>
> – 질료와 형상 개념에 대해 좀 더 구체적으로 말씀해 주시겠어요?

동그라미(○)형 학생들은 웬만해서는 질문하지 않고 다른 사람의 질문을 경청하며 공감하는 편이다.

> – ……. (경청)
>
> – 제가 소설의 주인공이라면 다른 감정을 느꼈을 것 같아요. 다른 사람들은 이 문제에 대해 어떻게 생각하나요?

학생 유형별 학습 특징과 질문 유형을 정리하면 다음과 같다.

학생 유형	학습 특징	질문 유형
△	토론 학습 선호 장기적인 목표 설정이 중요	핵심을 찌르는 날카로운 질문을 잘 함, 의견과 다른 경우 자신의 의견을 분명히 말함
□	구체적인 설명 선호 단계적 학습, 계획표 관리	세부적인 내용이나 단계에 대해 이야기함, 문제점에 대한 지적과 비판을 잘 함
☆	다양한 시청각 수업 선택 가능한 과제 선호	주제와 상관없는 엉뚱한 질문을 하거나 창의적인 아이디어를 잘 이야기함
○	공부 환경 중요 선호도, 친밀감이 중요함	질문을 하기 보다는 경청하는 편임, 자신의 감정 상태를 잘 표현함

교사들은 자신과 다른 유형의 학습 태도나 질문 유형에 부정적인 반응을 보이기 쉽다. 특히 교사들 중에는 네모(□)형이 많은 탓에, 별(☆)형과 동그라미(○)형 학생들을 이해하는데 어려움을 겪는다. 하지만 다양한 학습 유형을 이해하면 학생들을 있는 그대로 받아들이고 관계를 맺을 수 있는 힘이 생기게 된다.

학습 유형에 따른 학생들의 질문에는 다음과 같이 반응하면 좋다.

세모(△)형 학생
질문의 예리함을 칭찬해 주되, 지나치게 경쟁적인 태도를 취하지 않도록 지도한다.

네모(□)형 학생
질문이 부정적으로 흐르지 않도록 지도하고, 창의적인 사고를 할
수 있도록 유도한다.

동그라미(○)형 학생
의도적으로 질문할 수 있는 기회를 주고, 질문 후에는 답할 때까지
기다려 준다. 감정에 대한 질문에 긍정적으로 반응해 준다.

별(☆)형 학생
엉뚱한 질문도 긍정적으로 반응해 주고, 세밀한 부분을 놓치지 않고
꼼꼼히 정리하도록 유도한다.

교사가 수업에서 좋은 질문을 잘 던지지 못하는 이유

교사들은 수업에서 질문이 중요하다는 것을 알면서도 좋은 질문을 잘 던지지 못한다. 왜 그럴까?

첫째, 학창 시절이나 성장 과정에서 질문을 해 본 경험이 별로 없기 때문이다. 대부분의 교사들은 일제학습, 경쟁학습 문화 속에서 자라온 탓에 수업에서 다양한 질문을 해 본 경험이 별로 없다. 닫힌 질문, 저차원적 질문 속에서 성장한 교사가 열린 질문, 고차원적 질문을 하는 것은 쉽지 않다.

둘째, 좋은 질문을 하는 법을 체계적으로 훈련 받아본 경험이 거의 없기 때문이다. 교대나 사대에서 이론을 배우기는 하지만, 실제로 좋은 질문을 만들고 사용하는 법을 배우는 경우는 별로 없다.

셋째, 교육 과정에 포함된 내용을 다 가르치고 진도를 빨리 나가야 한다는 부담 때문이다. 가르칠 내용이 많고 진도에 쫓기게 되면 수업에서 질문할 여유가 생기지 않으며, 설사 질문을 한다고 해도 지식과 이해를 묻는 닫힌 질문에 국한되는 경우가 많다.

넷째, 열심히 질문해도 대답하는 학생은 소수이거나 그마저도 없는 경우가 많기 때문이다. 대답하는 학생이 없으면 어색함을 깨기 위해 교사가 자문자답하게 된다. 그러면 학생들은 교사의 질문에 답하지 않아도 된다고 생각하게 된다. 이것이 반복되면 교사도 더 이상 질문을 하려 하지 않게 되고, 자연스럽게 좋은 질문을 할 수 있는 능력을 기르지 못하게 된다.

다섯째, 질문의 필요성을 잘 느끼지 못하기 때문이다. 많은 교사들이 질문을 하지 않아도 수업을 진행하는 데 어려움이 없고, 진도를 나가기 위해서는 오히려 질문을 안 하는 편이 낫다고 생각한다. 학생들 역시 교사가 질문하지 않는다고 불평하기는커녕, 질문을 많이 하는 교사를 부담스러워하는 경향이 있다.

여섯째, 가르치는 내용에 대한 이해가 부족하거나 충분히 수업을 준비할 여유가 없기 때문이다. 좋은 질문은 가르치는 내용에 대한 깊은 이해에서 나온다. 하지만 충분한 준비 없이 수업에 임하다 보면 좋은 질문을 만들어 내고 사용할 여유가 없다. 특히 초등학교의 경우 한 명의 교사가 거의 모든 과목을 가르쳐야 한다는 점에서 각 과목의 수업을 충분히 준비하는 데 한계가 있다.

질문이 살아있는 수업

- 질문 능력은 타고 나는 것일까? 배워서 기를 수 있는 것일까?

- 질문의 목적은 무엇인가?

- 질문에도 수준이 있는가?

- 질문 유형에는 어떠한 것이 있을까?

- 수업 맥락에 따라 질문 유형은 어떻게 활용할 수 있을까?

- 좋은 질문의 방법은 무엇인가?

- 교사들이 쉽게 빠질 수 있는 나쁜 질문 습관은 무엇인가?

- 좋은 질문의 방법과 원칙은 무엇인가?

2장

질문은 어떻게 해야 하나?

우리에게 끔찍하게 치명적이었던 말은
'지금까지 항상 그렇게 해왔어'였다

··· 그레이스 호퍼

질문을 잘 하는 능력은 타고 나는 것일까, 길러지는 것일까?

질문 능력은 학생의 타고난 지능, 기질과 어느 정도 관련이 있다. 하지만 이는 어떤 환경에서 자라느냐에 따라 신장될 수도 퇴보될 수도 있다.

유대인의 사례는 이를 잘 보여준다. 1901년부터 2011년까지 노벨상을 받은 유대인은 185명으로, 이는 전체 노벨상 수상자의 약 30%에 해당한다. 세계 인구 중 유대인의 비율이 0.25%임을 감안한다면 놀라운 일이다. 유대인은 다른 민족보다 지능 지수가 월등히 높은 것일까? 영국 얼스터대 리처드 린 교수와 핀란드 헬싱키대 타투 반하넨 교수가 발표한 세계 185개 국 평균 지능지수에 따르면, 이스라엘의 평균 지능지수는 94점으로 세계 45위이다. 그에 비해 한국은 평균 지능 지수가 106점[03*]임에도 불구하고 노벨상 수상자는 단 1명뿐이다. 그것도 연구 분야가 아닌 평화상 분야에서 말이다. 어떻게 된 일일까?

전성수(2012)는 이것이 질문을 강조하는 유대인의 하브루타 교육에서 비롯되었다고 주장한다. 유대인들은 어렸을 때부터 가정과 학교에서 자연스럽게 짝끼리 질문하고 토론하며 논쟁하는 하브루타 교육을 체계적으로 받고 있다.

예를 들어 백설공주 이야기를 읽고 나면 아이에게 다음과 같은 질문 [04*]을 던질 수 있다.

- 백설이란 이름은 무슨 뜻일까?

- 왕비는 왜 자꾸 거울을 봤을까?

- 무엇이든 알려주는 마법 거울이 있다면 무엇을 물어보고 싶은가?

- 사냥꾼은 왜 백설 공주를 살려주었을까?

- 난쟁이들은 왜 백설 공주를 받아주었을까?

- 난쟁이들은 왜 7명일까?

- 왕비는 왜 세 번이나 백설 공주를 찾아갔을까?

- 백설 공주는 난쟁이들이 절대 문을 열어주지 말라고 했는데도 왜 세 번이나 문을 열어주었을까?

- 백설 공주 이야기에 왜 7이라는 숫자가 자주 등장할까?

- 만약 백설 공주가 나쁜 공주였다면 이야기는 어떻게 전개되었을까?

- 왕자는 왜 죽은 공주에게 입을 맞추었을까?

- 난쟁이들 중 한 명이 백설 공주와 결혼하면 안 되는가?

좋은 질문을 하는 능력은 타고 난다기 보다는 길러지는 것이다. 어렸을 때부터 좋은 질문을 많이 받고 자랄수록, 생각도 커지고 좋은 질문을 할 수 있는 능력도 생기게 된다. 질문과 토론을 중시여기는 서양 교육 문화와 경청과 익힘을 강조하는 동양 교육 문화를 비교해 볼 때 동양인보다 서양인들이 질문 능력이 뛰어나게 느껴지는 것도 이러한 측면에서 이해할 수 있다.

수업에서 교사가 질문을 하는 목적

질문은 교과나 학년 또는 교사의 특성과 관계없이 거의 모든 수업 장면에서 활용할 수 있는 기본 수업 전략이다. [05*] 수업에서 교사가 질문을 하는 목적은 다음과 같다. [06*]

- 학생들의 학습 내용 이해 여부를 확인하고 점검하기

- 학생들의 배경 지식, 경험과 학습 내용을 연결하기

- 학생들의 사고력을 촉진하기

- 학생들이 자신의 의견이나 아이디어를 입증하도록 하기

- 학생들이 새로운 개념이나 원리를 발견할 수 있도록 돕기

- 학생들의 관심사, 지식 등에 대한 정보를 수집하기

- 학습 주제에 집중하기

- 수업 관리 등

다음은 보리크가 제시한, 목적에 따른 질문의 예이다. [07*]

1. 흥미와 주의 집중 유발

달에 도착하면 제일 먼저 무엇을 보게 될까?

2. 진단과 점검

지난 시간에 배운 부력에 대해 설명해 볼래?

3. 구체적인 사실이나 정보의 회상

이번에 배운 소설의 등장인물에 대해 이야기해 볼래?

4. 관리

선생님께 허락받고 자리를 옮긴 거니?

5. 고차원적 사고 과정

지난 시간에 배운 내용대로 실험을 하면 어떤 결과가 나올까?

6. 구조화 및 다음 학습 안내

오늘 배운 내용을 너의 말로 다시 설명해 볼래?

7. 정서 표현의 허용

시를 읽으며 어떤 느낌이 들었니?

질문의 수준

교육학자 블룸 Bloom의 교육 목표 분류 체계학에 따르면, 사고 수준 체계는 지식, 이해, 적용, 분석, 종합, 비판의 6단계로 나뉜다. 이를 정리하면 다음과 같다. 08*

단계	예상되는 학생 행동	수업의 과정	주요 용어
지식 (기억하기)	정보를 기억하거나 회상할 수 있으며 사실, 용어, 법칙 등을 인지할 수 있음	반복 암기	정의하기 묘사하기 확인하기
이해 (이해하기)	읽거나 들은 내용을 번역하거나 달리 말함으로써 표현 방식을 바꿀 수 있음	설명 예증	요약하기 부연하기 달리 말하기
적용 (전이하기)	이미 배운 정보를, 배울 당시와는 다른 맥락에서 응용할 수 있음	실습 전이	적용하기 활용하기 응용하기
분석 (관련짓기)	어떤 문제를 구성하는 부분들로 나눌 수 있고, 부분들 사이의 관련성을 도출해 낼 수 있음	연역 귀납	관련짓기 구별하기 식별하기
종합 (창조하기)	부분들을 결합하여 독특하거나 새로운 문제 해결 방안을 만들 수 있음	확산 일반화	공식화하기 구성하기 산출하기
비판 (평가하기)	주어진 기준에 따라 어떤 방법, 아이디어, 사람 또는 산출물의 가치를 결정할 수 있음	식별 추론	평가하기 결정하기 정당화하기

'지식' 수준의 질문은 기억하고 있는 사실을 회상, 기술, 정의, 인지하도록 요구하는 질문이다. 이 질문에서 자주 사용하는 동사는 '정의하다, 열거하다, 묘사하다, 이름을 말하다, 확인하다, 암송하다' 등이다.

'이해' 수준의 질문은 배운 사실을 설명, 요약, 정교화하도록 요구하는 질문이다. 이 질문에서 자주 사용하는 동사는 '전환하다, 부연하다, 설명하다, 다시 말하다, 확대하다, 요약하다' 등이다.

'적용' 수준의 질문은 처음 배울 때와는 다른 문제, 맥락에서 지식을 적용하도록 요구하는 질문이다. 이 질문에서 자주 사용하는 동사는 '응용하다, 작용하다, 증명하다, 해결하다, 채용하다, 활용하다' 등이다.

'분석' 수준의 질문은 문제를 구성하는 요인을 분해하거나 그 사이의 관련성을 도출하도록 요구하는 질문이다. 이 질문에서 자주 사용하는 동사는 '분해하다, 가리키다, 구별하다, 관련짓다, 식별하다, 지지하다' 등이다.

'종합' 수준의 질문은 다양한 요인을 연결하여 문제를 새롭고 독창적으로 해결하도록 요구하는 질문이다. 이 질문에서 자주 사용하는 동사는 '비교하다, 공식화하다, 창조하다, 예측하다, 고안하다, 산출하다' 등이다.

'비판' 수준의 질문은 정해진 기준을 바탕으로 판단하고 의사 결정하도록 요구하는 질문이다. 이 질문에서 자주 사용하는 동사는 '평가하다, 옹호하다, 판단하다, 결정하다, 정당화하다' 등이다.

다음은 각 수준의 질문의 예이다.

단계	질문 사례 1	질문 사례 2
지식	자본주의의 정의는 무엇인가?	직선이란 무엇인가?
이해	자본주의를 자신의 말로 설명한다면?	직선을 그리려면 어떤 단계가 필요할까?
적용	다음 중 자본주의 경제 체제를 채택한 나라들은?	이 두 점 사이를 잇는 직선을 그리려면 어떻게 해야 하는가?
분석	자본주의와 사회주의를 구분하는 기준은 무엇인가?	여러 그림 중 어떤 것이 직선인가?
종합	자본주의와 사회주의의 특징을 결합한 경제 체제는 어떤 모습일까?	자를 사용하지 않고 직선을 그리려면 어떻게 해야 할까?
비판	자본주의 사회의 문제점을 비판한다면?	주어진 선들 중 곡선과 직선은 무엇인가?

블룸의 질문 수준에 따라 '하인즈 딜레마'에 관한 학습지 질문을 만들어 보자. (질문 사례는 미주에 제시된 예를 참고하라 09*)

하인즈 딜레마

하인즈라는 사람의 부인이 암으로 죽어가고 있었다. 그 부인을 살릴 수 있는 약은 오직 하나 밖에 없었다. 이 약은 같은 마을에 사는 약제사가 제조한 것이었다. 그 약은 원재료가 워낙 비싸기도 했지만, 약제사가 약 값을 원가의 10배나 매겨 놓아 매우 비싼 값에 팔리고 있었다. 하인즈는 돈을 구하려 백방으로 노력했으나 약 값의 절반밖에 마련할 수 없었다. 하인즈는 약제사에게 사정을 설명하고 싸게 팔거나 아니면 외상으로라도 구입할 수 있게 해 달라고 간청했다. 그러나 약제사는 이를 완강히 거절했다. 하인즈는 고민 끝에 약국을 부수고 약을 훔쳤다.

1. 지식 수준 질문
_____

2. 이해 수준 질문
_____

3. 적용 수준 질문
_____

4. 분석 수준 질문
_____

5. 종합 수준 질문
_____

6. 비판 수준 질문
_____

질문의 유형

| 열린 질문과 닫힌 질문 / 고차원적 질문과 저차원적 질문 |

열린 개방형 질문이란 해답이 여럿 나올 수 있는 질문으로, 발산적 사고에 의한 질문이다. 반대로 닫힌 폐쇄형 질문은 하나의 정답을 요구하는 질문으로, 수렴적 사고에 의한 질문이다. 발산적 사고란 하나의 생각에서 다양한 형태로 생각이 뻗어나가는 사고이며, 수렴적 사고란 여러 생각이 하나로 모아지는 형태의 사고이다.

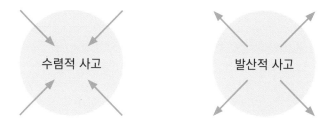

닫힌 질문은 저차원적 질문, 열린 질문은 고차원적 질문이라고도 한다.[10*] 이를 도표로 정리하면 다음과 같다.

지식	이해	적용	분석	종합	비판
저차원적 질문 (Low order thinking)		고차원적 질문 (High order thinking)			
닫힌 (수렴적) 질문		열린 (발산적) 질문			

다음은 닫힌 질문과 열린 질문의 예이다.

닫힌 질문	열린 질문
내가 도와줄까?	내가 무엇을 도와줄까?
원전 추가 건설 문제에 대해 찬성하니 반대하니?	원전 추가 건설 문제에 대해 어떻게 생각하니?
이성 친구를 사귄 적이 있니?	이성 친구와 사귀어 본 적 있었다면 어땠니? 만약 없다면 네가 바라는 이성 친구는 어떤 스타일이니?
변하는 달의 모양을 그림으로 표현한다면?	달은 왜 한쪽 면만 보일까?
홍길동전은 문학 중 어느 갈래에 속하는가?	홍길동전을 시(詩)로 표현한다면?

교사들은 보통 지식과 이해 수준의 질문을 주로 사용하고, 적용, 분석, 종합, 비판 수준의 질문은 잘 사용하지 않는 경향이 있으므로, 발산적 질문을 던지는 것을 연습하고 실천해야 한다.

| 개념 도출 질문과 탐구 질문 |

개념 도출 질문이란 학생들의 배경 지식이나 생각, 경험 등을 수업에서 다루는 개념과 연결하여 이끌어내는 질문이다.

교사

지하철에서 남의 시선을 의식해 임산부에게 자리를 양보했다면,
이것을 도덕적인 행동이라 할 수 있을까?

송희

저는 도덕적인 행동이라고 생각해요.
이유야 어찌되었든 자리를 양보했으니까요.

교사

다른 사람은 어떻게 생각하니?

다민

저는 생각이 달라요. 순수한 마음에서 한
행동이 아니니까요.

교사

송희는 도덕적 행동의 기준이 결과에 있다고 생각하고, 다민이는
동기에 있다고 생각하는구나. 송희처럼 결과를 중시하는 것은 공
리주의의 견해에, 다민이처럼 동기를 중시하는 것은 칸트의 의무
설에 가깝다고 볼 수 있단다.

탐구 질문은 수업에서 배운 지식이나 학생들의 배경 지식을 지적 호기심
으로 연결시키는 질문이다.

교사

최근 불거진 무상 급식 문제를 오늘 배운 자유 지상주의, 공리주
의, 칸트, 롤스, 아리스토텔레스 입장에서 접근한다면 각각 어떤
주장을 하게 될까? 이 중 자신의 입장과 가까운 것을 선택하고 이
유를 이야기해 보자.

| 추상적 질문과 구체적 질문 |

질문의 표현 방식이 추상적이냐 구체적이냐에 따라 추상적 질문과 구체적 질문으로 나뉜다. 예를 들어 "정의란 무엇인가?"는 추상적 질문이고, "학교에서 부당한 대우를 받았던 경험이 있다면 어떤 것이었나?"는 구체적 질문이다.

심리학자인 피아제는 초등학교 시기(7-11세)를 구체적 사물을 이해할 수 있는 구체적 조작기로, 청소년 시기(12세 이후)를 추상적, 논리적 사고가 가능해지는 형식적 조작기로 구분한다. 피아제의 인지 발달론에 따르면 초등학생에게는 구체적 질문을 사용하는 것이 좋고, 중고등학생에게는 추상적 질문을 점차 활용하는 것이 좋다. [11]

수업은 구체적 질문으로 시작해서 추상적 질문으로 나아가는 것이 좋으며, 추상적 질문도 구체적 질문으로 만들어 궁극적으로 추상적 개념에 도달할 수 있도록 하는 것이 좋다.

질문 유형에 따라 답변 유형도 달라진다. 추상적인 질문을 하면 추상적인 답변이 나올 것이고, 구체적인 질문을 하면 구체적인 답변이 나올 것이다.

질문 유형	질문 사례	예상되는 답변 사례
추상적 질문	사랑이란 무엇일까요?	어떤 대상을 애틋하게 그리워하거나 열렬히 좋아하는 마음입니다.
구체적 질문	최근에 누군가를 사랑하거나 누군가에게 사랑을 받아 본 적이 있나요?	최근에 동아리에서 알게 된 친구를 짝사랑하게 되었는데, 볼 때마다 설레요.

| 탐색 질문과 집중 질문 |

주제에 접근하는 방식에 따라 탐색 질문과 집중 질문으로 나눌 수 있다. 탐색 질문은 학생들이 수업에 흥미를 가지고 참여할 수 있도록 하기 위한 질문이며, 집중 질문은 학생들이 심화된 지식으로 나아가도록 도와주는 질문이다.

다음은 탐색 질문의 예이다.

교사
서진아, 요즘 어떻게 지내니?

학생
그저 그래요.

교사
오늘따라 얼굴이 부어 보이는데 많이 피곤하니?

학생
네, 사실 좀 피곤해요. 어제 늦게까지 게임을 했거든요.

교사
게임을 좋아하나봐?

학생
네, 게임할 때는 스트레스가 풀리거든요.

교사
그렇구나. 게임 말고 요즘에 또 관심이 있는 것은 뭐니?

다음은 집중 질문의 예이다.

> 교사
> 서진아, 너는 학교 다니는 이유가 뭐니?
>
> > 학생
> > 엄마가 가라고 하니까요.
>
> 교사
> 그럼 엄마 아니면 학교 안 다녔겠네?
>
> > 학생
> > 꼭 엄마 때문에 학교 다니는 건 아니에요.
>
> 교사
> 그래? 그럼 또 다른 이유는 뭐야?
>
> > 학생
> > 꿈을 이루기 위해서요.
>
> 교사
> 꿈이 뭔데?
>
> > 학생
> > 아직은 없어요. 경찰관이 되고 싶다는 생각은
> > 해 본 적 있는데.
>
> 교사
> 꿈은 직업하고는 다른 것 같은데? 직업은 살면서 얼마든지 바뀔 수
> 있지만 꿈은 그렇지 않으니까. 서진이의 진짜 꿈은 뭘까?

수업에서는 탐색 질문과 집중 질문이 자연스럽게 연결되는 것이 좋다. 이 두 유형의 질문은 학생 상담 대화나 수업 코칭 대화에서 자주 활용되기도 한다.

| 정보 질문, 관계 질문, 정보-관계 질문 |

정보 질문은 사실이나 정보를 알기 위한 질문으로, '교사와 지식' 혹은 '지식과 학생'과 관련된 질문이다. 반면 관계 질문은 다른 사람과 관계를 맺거나 유지하는데 도움이 되는 질문으로, '교사와 학생' 혹은 '학생과 학생'과 관련된 질문이다. "컴퍼스를 사용하지 않고 원을 그리려면 어떻게 해야 할까?"가 정보 질문이라면, "표정이 안 좋아 보이는데 무슨 일 있니?"는 관계 질문에 해당한다.

일반적으로 수업에서는 정보 질문이, 일상에서는 관계 질문이 주를 이룬다. 하지만 수업은 교사와 학생의 관계를 기반으로 한다는 점에서, 관계 질문이 뒷받침되어야 한다.

수업은 '교사-지식-학생'의 관계를 바탕으로 한다.[12*] 그러므로 수업에서 가장 좋은 질문은 정보 질문과 관계 질문이 결합된 것이다. 이는 '정보-관계 질문'으로, 학습 주제와 학생의 구체적인 삶을 연결한 질문을 말한다.

다음은 정보 질문, 관계 질문, 정보-관계 질문의 예이다.

질문	관계 방식	질문 사례
정보 질문	(교사-지식) (지식-학생)	- 이번 수업에서 선생님이 강조하고 싶은 것은 무엇일까? - 비폭력 대화의 특징은 무엇일까?
관계 질문	(교사-학생) (학생-학생)	- 요즘 힘든 일 있니? - 그런 말을 들으면 상대방은 어떤 느낌이 들까?
정보 - 관계 질문	(교사-지식 -학생)	- '너 방이 왜 이렇게 지저분하니? 고등학생이나 된 애가 네 방 정리도 못 하니? 언제까지 엄마가 따라다니며 치워줘야 하니?' 라는 표현을 비폭력 대화 방식으로 바꾼다면 어떻게 표현할 수 있을까?

| 인지 질문, 감정 질문, 실천 질문, 메타 인지 질문 |

질문의 대상과 영역에 따라 인지적 (아는 것) 질문, 감정적 (느끼는 것) 질문, 실천적 (실천하는 것) 질문, 메타 인지적 (학습하는 것을 아는 것) 질문으로 나눌 수 있다. 다음은 각 질문의 예이다.

1. 인지 질문

· 블룸이 말한 지식, 이해, 분석, 종합, 평가와 관련된 질문이 대표적이다. (앞서 제시한 예 참조)

2. 감정 질문

· 이 글을 읽고 어떤 느낌이 들었는가?

· 상대방은 내 주장에 대해 어떤 감정이 들었을까?

· 주인공이 갈등을 겪으며 느꼈던 복합적 감정은 무엇일까?

3. 실천 질문

· 이 지식을 삶에 구체적으로 적용한다면?

· 이를 실천하고자 할 때 예상되는 문제점과 해결 방안은?

4. 메타 인지 (초(超)인지) 질문

· 수업을 통해 무엇을 알게 되었는가?

· 수업에서 이해가 잘 안 되었던 부분은 어디인가?

· 수업이 만족스럽거나 그렇지 않았다면 이유는 무엇인가?

· 수업을 통해 좀 더 도전해 보고 싶은 것이 생겼다면 무엇인가?

· 수업과 관련하여 선생님께 드리고 싶은 말씀이 있다면 무엇인가?

| 사실 질문, 해석 질문, 평가 질문 |

사실 질문은 사실과 관련된 질문 혹은 이를 확인하는 질문이며, 해석 질문은 내용을 제대로 파악하고 있는지를 묻는 질문 혹은 사실을 토대로 암시된 정보를 추론하도록 하는 질문이다. 평가 질문은 사실에 대한 가치 판단을 묻는 질문을 말한다. 이러한 유형의 질문들은 독서 수업에서 자주 활용된다.

1. 사실 질문

- 이 부분에서 관찰한 내용은 무엇인가?
- 이렇게 주장한 사람은 누구인가?
- 삼각형의 정의는 무엇인가?

2. 해석 질문

- '사랑손님과 어머니'를 사랑손님의 시점에서 다시 서술한다면?
- 다음의 단어들을 보기의 기준에 따라 분류한다면?
- 한국 전쟁이 일어난 이유는 무엇인가?

3. 평가 질문

- 이 문제를 어떻게 해결해야 한다고 생각하는가?
- 이 문제에 대한 견해는 어떠하며, 그렇게 생각한 근거는 무엇인가?
- 남북통일은 꼭 필요하다고 보는가?

수업의 맥락에 맞는 질문 유형

수업에서 사용하기에 가장 좋은 질문 유형은 없다. 모든 질문 유형은 상호 보완적이다. 따라서 수업의 맥락에 맞게 적절한 질문 유형을 선택하는 것이 좋다.

과목 특성이나 학습 수준에 따라 적합한 질문 유형이 달라진다. 예를 들어 열린 질문은 이과 과목보다는 문과 과목에서 상대적으로 더 많이 사용된다. 또한 초등학생에게는 구체적 질문이 적절하고 중고등학생으로 올라가면 추상적 질문을 좀 더 사용하는 것이 좋다.

수업 단계		해당하는 질문 유형들				
도입	마음 열기	열린 질문	인지 질문 감정 질문	탐색질문	관계 질문	출발 질문
전개	생각 키우기	닫힌 질문	인지 질문	탐색 질문 집중 질문	정보 질문	전개 질문
마무리	생각 넓히기	열린 질문	인지 질문 실천 질문 메타인지 질문	집중 질문	정보-관계 질문	도착 질문
	삶에 반응하기					

적합한 질문 유형은 수업의 흐름에 따라서도 달라진다. 도입 단계에서는 흥미 유발 질문이나 관계 질문, 탐색 질문을, 전개 단계에서는 개념 도출 질문이나 정보 질문, 집중 질문, 인지 질문을, 마무리 단계에서는 탐구 질문이나 정보-관계 질문, 집중 질문, 실천 질문, 메타 인지 질문 등을 사용하는 것이 좋다.

적합한 질문 유형은 교사와 학생의 관계에 따라서도 달라질 수 있다. 교사와 학생이 아직 친밀하지 않은 경우에는 관계 질문을 주로 사용하다가, 어느 정도 친밀해 지면 정보 질문을 조금 더 사용하고, 신뢰가 형성된 경우에는 관계-정보 질문을 사용하면 좋다.

수업은 보통 열린 질문으로 시작하여 닫힌 질문으로 진행하다가 열린 질문으로 마무리하면 좋다. 그러나 토의 시에는 열린 질문을 닫힌 질문으로, 다시 닫힌 질문을 열린 질문으로 바꾸는 과정에서 학습 효과를 극대화할 수 있다. 미국 올바른질문연구소 로스스타인과 산타나가 제시한 '큐-포커스 Q-focus' 수업 모형은, 이 방식을 활용해 배움을 촉진하는 예이다. [13*] "고문은 정당하다"는 명제를 "고문이란 무엇인가?", "고문은 언제 사용하는가?" 등의 질문으로 바꾸고, "고문이 효과적인 이유는 무엇인가?"라는 열린 질문을 "고문은 효과적인가?"라는 닫힌 질문으로 바꾸며 토의를 진행하는 것이다. 이렇게 하면 학생들도 질문 방식에 따라 토의의 방향과 결과가 달라진다는 것을 알게 된다.

나쁜 질문 vs 좋은 질문

좋은 질문은 학생들의 생각과 마음을 열어주지만, 나쁜 질문은 그렇지 않다. 다음은 나쁜 질문 유형들이다. [14*]

1. 유도 질문

유도 질문은 질문 안에 교사가 원하는 답을 제시하거나 특정 답으로 이끌어가는 질문이다.

- **가정 끼워 넣기** : 이 그래프를 토대로 코스피 지수가 앞으로 얼마나 더 내려갈지 이야기 해 볼래?

- **연관된 생각 끌어들이기** : OECD 국가 중 교통사고율, 자살률 1위인 한국이 살기 좋을까, 아니면 OECD 국가 중 행복만족도 1위인 덴마크가 살기 좋을까?

- **원인과 결과** : 오늘 시험공부를 안 하면 내일 시험 성적이 어떻게 나올까?

- **동의 강요형 질문** : 역사의 과오를 반성하지 않는 일본 제품을 사는 것은 바람직한가?

- **부가형 질문** : 이 문제는 너무 쉬운 것 같아. 그렇지 않니?

- **협박성 질문** : 이번에도 숙제를 안 해오면 선생님이 너를 어떻게 볼 것 같니?

유도 질문이 나쁜 이유는 진실한 정보를 가로 막기 때문이다. 하지만 유도 질문은 프레이밍 질문과 구분되어야 한다. 프레이밍 framing 이란 사진을 찍을 때 피사체를 파인더의 테두리 안에 적절히 배치하여 화면을 구성하는 것으로, 프레이밍 질문은 미리 질문의 방향을 제시하여 상대가 이를 염두에 두고 답할 수 있도록 하는 질문이다. 예를 들어 "오늘은 운동에 대해 질문하려고 해요. 여러분은 어떤 운동을 좋아하나요?"라고 질문하는 것이다. 프레이밍 질문은 유도 질문과 달리 원하는 답을 암시하지 않는다는 점에서 좋은 질문이라 할 수 있다. [15*]

2. 모호한 질문

모호한 질문은 질문의 의도가 명확하지 않은 질문이다. 예를 들어 "성이란 무엇일까?"라고 질문한다면, 여기서 말하는 성이 인간 본성 本性 인지 성별 性別 인지 거룩함 聖 인지 건축물 城 인지 모호하다. 물론 어느 맥락에서 나온 질문이냐에 따라 추측할 수는 있겠지만, 정확한 정보를 얻기 위해서라면 모호한 질문은 삼가야 한다.

3. 복합형 질문

복합형 질문은 여러 내용을 동시에 물어보는 질문이다.

교사 : 너 요즘도 예지 좋아하니?
학생 : 아니요.
교사 : 그 말은 예전에는 예지를 좋아했다는 거구나!

교사는 '예지를 좋아하는지'와 '지금 좋아하고 있는지'를 동시에 묻고 있다. 이 경우 둘을 구분해서 질문해야 제대로 된 답을 얻을 수 있다.

4. '예 / 아니오'로만 답해야 하는 질문

"To-부정사에 대해 들어본 적이 있나요?"처럼 '예 / 아니오'로만 답할 수 있는 질문은, 간단한 지식을 확인할 때에만 쓰는 게 좋다. 이런 질문은 흥미 유발을 위한 출발 질문이나 지식을 적용하는 도착 질문, 발산적 사고를 촉진하는 질문으로는 적합하지 않다.

5. 논점 일탈 질문

논점 일탈 질문이란 학습 내용과 질문이 논리적으로 연결되지 않는 질문이다. 다음은 '과자 속 식품 첨가물'에 대한 가정 수업에서 교사와 학생이 나눈 대화이다.

> 교사 : 소희야, 너는 어떤 과자 좋아하니?
>
> 소희 : 저는 요즘 유행하는 ☆☆과자요.
>
> 교사 : 나도 그 과자 좋아하는데 구하기가 쉽지 않은 것 같아.
>
> 오성 : 맞아요. 저도 편의점 갈 때 마다 물어보는데 다 팔렸대요.
>
> 교사 : 그래. 어제 선생님도 마트를 다 뒤져봤는데도 결국 못 찾았어. 선생님이 어릴 때 좋아하던 과자는 ○○이었는데, …… (한참 딴 이야기하다가) 아, 그런데 너희들 식품 첨가물이 뭔지 아니?

좋아하는 과자가 뭐냐는 질문은 흥미 유발 질문으로는 좋지만, 식품 첨가물과 관련을 짓지 못하면 논점 일탈 질문이 된다.

수업에서는 큰 질문 (출발 질문-전개 질문-도착 질문)을 먼저 준비하고 그 사이를 연결하는 작은 질문을 만드는 것이 좋다. 이때 작은 질문은 큰 질문의 논리적 연결성을 살핀 후에 즉흥적으로 만들어 사용할 수도 있다.

6. 그 외 좋지 않은 질문들

수업과 큰 관련 없이 반복되는 즉흥적 질문, 벌을 주거나 위협하기 위해 사용되는 질문, "알겠지?" 등의 습관적 질문, 학생의 답에 아랑곳하지 않고 교사의 의도대로만 던지는 질문, 교사의 자문자답 自問自答, 공부 잘 하거나 답변을 잘할 것 같은 학생에게만 선별적으로 던지는 질문, 동일한 유형의 반복된 질문을 하는 것은 나쁜 질문 습관이다. [16*]

좋은 질문은 이런 것이다. [17*]

1. 짧고 단순한 질문

짧고 단순할수록 학생들이 대답하기 좋다.

- 논설문과 설명문의 차이는 무엇일까?
- 이 그림은 무엇을 의미할까?
- 너는 사형 제도를 찬성하니, 반대하니?

2. 확인 질문

확인 질문은 학생이 제대로 알고 있는지 점검하기 위한 질문이다. 이 질문을 통해 알고자 하는 것은 새로운 정보가 아니라, 학생의 행동, 패턴, 진실성이다.

- 논설문은 자신의 주장을 설득하기 위한 글이고, 설명문은 대상을 이해하기 쉽게 풀어서 쓴 글이라는 말이지?
- 이 그림을 네가 그렸니?
- 그러니까 너는 이 주장에 반대한다는 거지? 선생님이 듣기에는 찬성하는 것처럼 들려서 말이야.

3. 반복 질문

반복 질문은 동일한 내용의 답을 얻기 위해 같은 내용을 다르게 질문하는 것이다. 이 질문을 통해 복습이나 강조의 효과를 거둘 수 있다.

- 자신의 주장을 설득하기 위해 쓴 글을 무엇이라고 하는가?
- 신문 사설은 어느 종류의 글에 속하나?

4. 연속 질문

연속 질문은 교사가 원하는 수준의 답을 얻기 위해 짧고 단순한 질문을 연속하여 던지는 것이다.

교사 : 사형 제도에 대해 찬성하니, 반대하니?

학생 : 저는 반대합니다.

교사 : 왜 그렇게 생각하지?

학생 : 사형 제도를 폐지해서 실제로 흉악 범죄가 줄어든다는 통계가
　　　 없기 때문입니다.

교사 : 또 다른 이유가 있니?

학생 : 오심의 가능성도 무시할 수 없습니다. 오심으로 사형이 집행되었
　　　 다면, 나중에 누명이 풀려도 보상받을 길이 없기 때문입니다.

　연속 질문은 소크라테스 식 문답법과 비슷해 보이지만 차이가 있다. 소
크라테스 식 문답법이 근거의 타당성을 비판적으로 검토하기 위한 질문이
라면, 연속 질문은 학생들에게 완전한 답변을 얻기 위한 질문이다. 개념
도출 질문은 연속 질문의 대표적인 예이다.

5. 요약 질문

　요약 질문은 상대에게 자신의 말을 요약해서 정리할 것을 요구하는
질문이다. 이를 통해 학생들은 자신의 이야기를 정리하고 되돌아볼 수
있게 된다.

　　－ 지금까지 한 이야기를 요약해 볼래?

　　－ 선생님이 지금까지 설명한 공리주의와 칸트의 의무론의 특징을
　　　 말해 보겠니?

수업 대화에 활용할 수 있는 좋은 질문 방법들

다음의 몇 가지 방법을 잘 활용하면 수업에서 훨씬 더 풍성한 대화를 나눌 수 있다.

| 생각의 폭을 넓히는 '그리고? (그 밖에, 또 다른)' 질문 |

'그리고 (그 밖에, 또 다른)' 질문법은 미국의 정보 컨설턴트 제임스 파일과 매리앤 커린치가 제안한 질문 방법이다. [18*] 이 질문법은 답변에 대한 또 다른 이유를 물어보고 문제가 없다면 그 다음 질문을 하는 것으로, 생각의 폭을 넓히는 확대 질문 Extend Question에 해당한다.

다음은 '하인즈 딜레마'를 읽고 난 후의 수업 대화이다. 이어지는 〈대화 1〉과 〈대화 2〉를 비교해 보자.

교사 : 네가 하인즈라면 어떻게 했을 것 같니?

학생 1 : 저도 하인즈처럼 했을 것 같아요.

교사 : 왜?

학생 1 : 돈이 없으니 약을 살 수도 없고, 그렇다고 아내를 죽게 내버려둘 수는 없잖아요.

〈대화 1〉

교사 : 하지만 그건 도덕적, 법적으로 문제 있는 행동 아닐까?

학생 1 : 그래도 생명을 지키는 게 더 중요하다고 생각해요.

〈대화 2〉

교사 : **그 외에 다른 이유가 있니?**

학생 1 : 약사도 잘못한 부분이 있기 때문이에요. 신약 개발을 위해 노력한 것은 인정하지만, 너무 많은 이익을 노린 것은 잘못이라고 생각해요.

교사 : **그렇구나. 또 다른 이유도 있니?**

학생 1 : 아니요.

교사 : 좋아. 그러면 하인즈처럼 행동할 거라고 선택한 학생 중에서, 혹시 이 친구가 말한 이유 말고 **다른 이유를 이야기해 볼 사람?**

학생 2 : 저는 이 문제를 사회 구조적 측면에서 접근해야 한다고 생각해요. 소비자 가격을 원가보다 지나치게 비싸게 책정하지 못하도록 하는 제도적 장치나 사회적 규제가 필요한 건 아니었을까요?

〈대화 1〉은 한 가지 답변에 기초해서 다음 질문을 이어가고 있다. 이렇게 하면 논의 수준이 협소해지고, 자신의 생각을 충분히 이야기하지 못할 가능성이 있다. 그에 비해 〈대화 2〉는 이유에 대해 다각도로 생각해 보게 함으로써 풍부한 담론을 이끌어내고 있다.

| 생각을 깊이를 더하는 '왜' (꼬리 물기) 질문 |

꼬리 물기란 "왜?" 라는 질문을 계속 함으로써 더 깊은 생각으로 유도하는 심층 질문 Deep-dive Question 으로, 주제를 깊이 이해하는데 도움이 된다. 이 질문법은 근거와 이유를 비판적으로 검토하게 하고 생각의 깊이와 폭을 심화시킨다. 대표적인 꼬리 물기 질문법으로 소크라테스 식 문답법을 들 수 있다.

소크라테스 식 문답법은 질문과 답변, 그리고 그 답변의 근거를 묻는 식으로 진행된다. 소크라테스 식 문답법에는 소극적 측면인 '소크라테스적 반어 反語'와, 적극적 측면에서 상대가 원래 알고 있던 지식을 이끌어내는 '산파술'이 있다.

다음은 소크라테스 식 문답법과 관련된 예화이다. [19]*

소크라테스 : 자네는 정의가 뭐라고 생각하나?

트라시마코스 : 강자에게 유리한 것입니다.

소크라테스 : 강자도 물론 사람이겠지?

트라시마코스 : 예, 그렇지요.

소크라테스 : 그럼 강자도 실수를 하겠군.

트라시마코스 : 네.

소크라테스 : 그럼 강자의 잘못된 행동도 정의로운건가?

트라시마코스 : …….

다음은 이를 수업 대화에 적용한 예이다.

교사 : (하인즈 딜레마를 들려준 후) 하인즈의 행동을 도덕적이라 할 수 있을까?

학생 : 저는 그렇다고 생각합니다. 자신의 이익이 아닌 아내의 생명을 구하기 위한 것이었기 때문입니다.

교사 : 도둑질인데도?

학생 : 물론 도둑질 자체는 정당화될 수 없지만 동기가 선하기 때문입니다.

교사 : 도덕의 판단 기준은 결과가 아닌 동기라고 생각하는 것 같은데 맞니?

학생 : 네. 저는 결과보다 동기가 더 중요하다고 생각해요.

교사 : 그렇다면 만약 모든 사람이 선한 동기에서 이와 비슷한 행동을 한다면 어떻게 될까?

학생 : 물론 그럴 때는 문제가 생길 수 있겠지요. 하지만 상황에 따라 다르게 판단해야 한다고 생각합니다. 정상 참작이라는 것이 있잖아요.

교사 : 상황에 따라 다르게 판단할 수 있다고 생각하는 이유는 뭐지? 도덕규범은 보편적인 원리에 근거하고 있는 것 아닌가?

수업에서 소크라테스 식 문답법을 사용하면, 학생들이 자신의 생각을 드러내고 이를 비판적으로 바라볼 수 있게 된다. 하지만 자칫 교사가 주도하는 일방적 대화로 흐를 수 있고, 학생이 말을 잇지 못하면 다음 단계로 진행하기 어려워진다는 단점이 있다.

'3WHY?' 와 '5WHY?' 는 교사가 '왜'라는 질문을 각각 세 번, 다섯 번 연속해서 사용하는 방법이다. 수업에서는 보통 '3WHY?'만으로도 충분한 효과를 누릴 수 있다.

| 창의적 문제 해결을 돕는 '왜-만약-어떻게' 질문 |

'왜-만약-어떻게' 질문법은 워런 버거가 제시한 혁신적 아이디어를 만드는 3단계 질문 기술로, 창의적으로 문제를 해결하고자 할 때 좋다. [20*] 워런 버거는 에드윈 랜드가 즉석카메라를 발명하는 과정을 다음과 같이 설명한다. 랜드는 사진을 보려면 왜 기다려야 하냐는 딸의 질문을 받고, 스스로에게 "만약 카메라 안에 암실 비슷한 것을 만든다면 어떨까?"라고 질문했고, 이 질문은 "만약 카메라 뒤에 음화지와 양화지를 만든다면 어떻게 될까?"로 이어졌다. 그리고 그는 이러한 질문을 바탕으로 즉석카메라를 발명했다.

'왜-만약-어떻게' 질문법은 문제 중심 PBL 수업이나 프로젝트 수업에서 많이 활용된다. 과학 시간에 '달걀 낙하 실험'을 주제로 문제 중심 PBL 수업을 진행할 경우, 다음과 같은 질문들을 활용할 수 있을 것이다.

질문	질문 사례
왜	- 달걀에 충격을 가하면 쉽게 깨지는 이유는 무엇일까? - 달걀이 높은 곳에도 떨어뜨려도 깨지지 않도록 할 수 없을까?
만약	- 만약 달걀에 낙하산을 달아서 떨어뜨리면 어떨까? - 만약 빨대로 만든 정육면체 모형에 달걀을 넣어 떨어뜨리면 어떨까?
어떻게	- 빨대와 유리 테이프로 낙하산을 만들려면 어떻게 해야 할까? - 빨대로 정육면체 모형을 튼튼히 만들려면 어떻게 해야 할까?

이 질문법은 사회 시간의 사회 참여 프로젝트 수업에서 다음과 같이 활용될 수 있다.

질문	질문 사례
왜	- 학생들이 손쉽게 책을 빌려볼 수 없을까? - 왜 도서관은 자료실을 아침 9시부터 오후 6시까지만 개방할까?
만약	- 만약 오후 6시에서 10시까지 자료실을 개방한다면? - 만약 늦은 시간까지 자료실을 개방한다면 어떤 문제가 발생할까?
어떻게	- 어떻게 하면 도서관 측에 야간에 자료실을 개방해달라고 설득력 있게 제안할 수 있을까? - 도서관 야간 개방 시 발생하는 문제를 어떻게 해결할 수 있을까?

| 다양한 아이디어의 창출을 돕는 브레인스토밍(두뇌 폭풍) 질문 |

브레인스토밍 두뇌 폭풍, brainstorming 질문법은 주제에 대해 생각나는 질문을 자유롭게 기록하는 것이다. 이는 다양한 질문을 만들어 내고 발산적 사고 전략을 개발하는데 도움이 되며, 질문이 익숙하지 않은 학생들에게 질문하는 법을 알려주는 좋은 도구가 된다. 교사는 학생들이 만들어 낸 질문을 평가해서는 안 되며, 질문이 엉뚱하거나 이상하더라도 있는 그대로 인정하고 격려해야 한다. 또한 질문을 만들어 내기 어려워 할 때는 새로운 아이디어를 낼 수 있도록 자극하고 격려해 주어야 한다.

다음은 '사형 제도'에 관한 브레인스토밍 질문의 예이다.

- 사형 제도란 무엇인가?
- 사형 제도를 운영하고 있는 나라에는 어떤 나라들이 있는가?
- 흉악범을 죽이는 것도 일종의 살인이 아닌가?
- 우리나라가 사형 제도를 유지하면서도 실제로 사형을 집행하지는 않는 이유는 무엇일까?
- 사형 제도는 유지해야 하는가, 폐지해야 하는가?
- 피해자의 인권을 중시할 것인가, 가해자의 인권을 중시할 것인가?
- 사형 제도를 통해 과연 흉악 범죄가 줄어들고 있는가?
- 오심으로 사형 당한 사람의 권리는 어떻게 할 것인가?

브레인스토밍 질문법은 교육 과정을 재구성할 때나 프로젝트 수업, 코넬 노트로 질문 만들기 수업에서 자주 활용된다.

나쁜 질문을 좋은 질문으로 바꾸기

그러면 아래의 예를 보다 좋은 질문으로 만들어보도록 하자.

(좋은 질문의 사례는 미주를 참고할 것 21*)

예시	좋은 질문
1. 누군가로부터 배려 받은 경험이 있니?	
2. 공부할 시간을 빼앗는 청소년 온라인 게임은 규제할 필요가 있지 않나?	
3. 엄마가 좋아, 아빠가 좋아? ⇒	
4. 결혼과 성(性)은 무슨 관계가 있을까?	
5. 요즘도 친구들에게 욕을 많이 하니?	

좋은 질문을 하기 위한 10가지 습관

1. 학생 입장에 질문하라. (易地思之)

좋은 질문은 학생이 쉽게 답할 수 있는 질문이다. 교사가 만든 질문이 좋은 질문인지 아닌지 알아보기 위해 직접 예상 답변을 기록해보면 좋다. 학생 입장에서는 "좋은 시 詩 란 무엇일까요?"보다는 "좋아하는 시가 있나요? 있다면 어떤 시인가요?"라는 질문이 더 답하기 쉽다. 또한 질문은 학생의 수준에 맞아야 한다. 초등학교 5학년 학생에게 "인간의 본성이란 무엇일까요?" 혹은 "맹자와 순자의 인간관의 공통점과 차이점은 무엇일까요?"라고 질문하면 당황하게 될 것이다.

2. 교사가 질문을 독점하지 말라.

교사가 질문을 독점하면 학생들이 수업에 수동적으로 임하기 쉽다. 교사 중심 수업이 무조건 나쁜 것은 아니지만, 학생의 배움을 촉진하려면 학생들에게 질문할 수 있는 기회와 시간을 주어야 한다. 하브루타 수업은 이를 특히 강조하고 있다.[22] 미국 올바른질문연구소의 로스스타인도 교사 주도의 질문형 수업은 일방 통행식 소통이며, 이런 식으로 질문이 전문화되면 수업에서 공부 잘 하는 학생들에게만 질문이 허용될 수 있다고 지적한다. [23]

3. 학생의 질문을 다른 학생에게 연결하라.

학생이 질문을 할 때 바로 대답하지 않고 다른 학생의 의견을 묻는 것이 좋다. 예를 들어 과학 시간에 한 학생이 "하늘은 왜 파랗죠?"라고 질문했다면, "참 좋은 질문이네. 혹시 여기에 대해 설명해 줄 수 있는 사람 있니?"라고 묻는 것이다. 그렇게 하면 여러 학생들의 다양한 답변을 들을 수 있고, 그 과정에서 전체 학생들이 이에 대해 배울 수 있게 된다.

4. 특정 학생을 지목하여 질문하라.

수업에서 전체 학생을 대상으로 질문하면 선뜻 나서서 대답하는 학생은 별로 없다. 학생 입장에서는 오답에 대한 두려움도 있고, 괜히 나섰다가 친구들에게 안 좋은 인상을 심어줄 수 있다고 생각하기 때문이다. 하지만 교사가 "선희야, 이 문제 답이 뭐라고 생각하는지 이야기해 볼래?" 처럼 특정 학생을 지목하여 질문할 경우에는 답변을 얻을 가능성이 높다. 사회 심리학에서도 도움을 청할 때는 불특정 다수가 아닌 특정인을 지목하는 것이 더 효과적이라고 말한다. [24]*

5. 특정 학생을 지목하여 질문했으면 최소한 7초는 기다리라.

특정 학생에게 질문했는데 우물쭈물하고 있다면, 대부분의 교사는 기다리지 못하고 다른 학생에게 질문을 넘기곤 한다. 하지만 외향적인 학생은 교사의 질문에 즉시 답할 수 있어도 내성적인 학생은 그렇지 못하다. 성격 유형 이론에 따르면 내성적인 사람은 최소 7초 이상의 시간이 필요하다고 한다. 꼭 성격 유형 때문만이 아니더라도 교사는 학생들에게 답을 생각할 시간을 주어야 한다. 따라서 교사는 적어도 7초는 기다려 준 뒤에 그 후에도 답하지 못하면, "○○야, 그럼 다른 학생에게 물어봐도 될까?"라고 양해를 구하는 것이 좋다.

6. 절대로 자문자답(自問自答)하지 말라.

많은 교사들이 자문자답하는 이유는 진도에 쫓겨서 혹은 학생들이 잘 대답하지 않거나 교사가 원하는 대답을 하지 않기 때문이다. 하지만 교사가 자문자답을 하게 되면 학생들은 점점 교사의 질문에 답할 필요 _{응답반사} 가 없다고 생각하게 된다. 가만히 있어도 알아서 교사가 답을 말해 줄 것이기 때문이다. 자문자답은 최악의 질문법 중 하나이다.

7. 학생이 엉뚱한 질문을 하거나 오답을 말해도 부정적으로 반응하지 말라.

학생의 오답을 말하거나 엉뚱한 질문을 했을 때 교사가 부정적이거나 공격적인 반응을 보인다면 학생의 배움은 거기서 멈출 것이다. 학생이 잘못된 개념을 가지고 있다고 판단되면 다른 학생의 피드백을 유도함으로써 이를 수정해 줄 수 있다. 교사가 직접 수정하더라도 "질문(대답)해 줘서 고마워. 그런데 선생님의 생각에는 …….'' 이라는 식으로 이야기하는 것이 좋다. 수업과 연결될 수 있는 질문이라고 생각되면 성실히 대답하고, 그렇지 않다면 양해를 구하고 다음에 답하겠다고 말하는 것도 좋다. 교사가 쓸데없는 질문이라고 생각해서 부정적인 반응을 보이면 학생의 나쁜 질문 뿐 아니라 좋은 질문도 함께 사라지게 된다.

8. 질문을 한 후에는 경청하고 반응을 보이라.

학생들은 교사의 비언어적, 반언어적 표현을 통해 교사가 자신의 말을 경청하고 있는지 아닌지를 단박에 안다. 경청의 기본은 '눈 맞춤 Eye Contact' 이다. 교사는 학생이 답할 때 눈을 맞추고 진심으로 귀를 기울이며 반응을 보여야 한다. (자세한 내용은 6장을 참고하라.)

9. 구조화된 질문을 사용하라.

교사는 생각나는 대로 질문하지 말고 수업의 흐름에 따른 적절한 질문을 미리 고민해야 한다. 질문들은 논리적으로 연결되어야 하며, 이는 '출발 질문 - 전개 질문 - 도착 질문'이라는 질문의 3단계를 참고하면 좋다. (자세한 내용은 3장을 참고하라.) 좋은 수업은 큰 이야기와 작은 이야기가 공존하는 수업이라는 점에서,[25*] 수업에서 교사의 질문은 학생 개인, 짝, 모둠, 학급 전체 등 다양한 대상에 따라 적절하게 선정, 배열되어야 한다. (자세한 내용은 5장을 참고하라.)

10. 학습 단원의 특성, 학생들의 수준, 수업 맥락, 상황 등에 맞는 질문을 적절하게 사용하라.

수업에서 좋은 질문을 하는 데에는 교사의 고도의 전문성이 요구된다. 질문을 많이 하는 것보다 중요한 것은 적절한 질문을 하는 것이다. 교사는 학습 단원의 특성, 학생들의 수준, 수업 맥락, 상황 등에 맞는 질문을 고안할 수 있어야 한다.

이 외에도 권귀헌(2015)이 제시하는 교사의 좋은 질문 자세와 나쁜 질문 자세를 참고하면 좋다. [26*]

나쁜 질문 자세	좋은 질문 자세
– 질문을 위한 질문을 한다. – 갑작스럽게 질문한다. – 스스로의 지식과 지혜만을 신뢰하며 판단한다. – 학생의 판단의 근거를 의심하지 않고 그대로 수용한다. – 학생의 문제를 교사 개인의 걱정거리와 결부한다. – 학생의 의견 일부만 듣고 결론을 예상한다. – 학생의 질문을 중간에 끊어버린다. – 특정 학생에 대한 선입견을 가지고 질문한다. – 교사가 생각하는 답만을 정답으로 여기고 이를 강요한다.	– 교사의 질문에 대해 생각할 시간을 제공한다. – 정답을 제시하기보다는 스스로 답을 찾을 수 있도록 돕는다. – 질문을 할 수 있는 교실 분위기를 만든다. – 학생의 이야기를 경청하고 진심으로 반응한다. – 학생들의 호기심과 탐구 능력을 신뢰한다. – 결론이 어느 정도 짐작되어도 끝까지 듣는다. – 다양한 대안을 제시하고 학생이 직접 하나를 선택할 수 있도록 기회를 준다.

교사의 질문 수준이 학생의 사고 수준을 결정한다

배움은 가르침 없이 홀로 존재할 수는 없다. 하지만 '청출어람 靑出於藍'이라는 말처럼 배움은 가르침의 수준을 뛰어넘을 수 있다. 이를 위해서는 학생 스스로 깨쳐야 한다. 깨침은 배움과는 다르다. 깨치기 위해서는 기존의 인식이 있어야 하고, 그것이 새로운 인식으로 바뀌는 과정을 겪어야 한다. 그리고 새로운 인식이 정착될 수 있도록 스스로 노력해야 한다. 사람은 이런 깨침의 과정을 통해 주체적이고 능동적이며 개성 있는 개인으로 성장해 간다.[27] 이러한 깨침은 질문을 통해 이루어진다.

따라서 교사의 질문은 학생들의 사고 수준을 결정한다고 할 수 있다. 교사가 열린 질문을 많이 사용하면 학생들은 열린 사고를 많이 할 것이고, 닫힌 질문을 많이 사용하면 닫힌 사고를 많이 하게 될 것이다. 추상적으로 질문하면 추상적으로 답할 것이고, 구체적으로 질문하면 구체적으로 답할 것이다. 단편적인 지식만을 질문한다면 단편적인 지식에만 관심을 가질 것이고, 꼬리 물기 질문을 하면 이에 답하는 과정에서 학생 스스로 깨닫게 될 것이다. 흥미 유발 질문을 적절하게 사용하면 지식에 흥미를 가질 것이고, 공격적으로 질문하면 제대로 답하지 못할 뿐 아니라 마음의 문도 닫을 것이다.

'학문學問'이란 글자 그대로 풀이하자면 '배움과 질문'이다. 즉, 질문을 통해 배우는 것이 학문의 본질이라는 것이다. 질문은 학문과 배움의 출발점이다.

질문이 살아있는 수업

- 공개 수업은 교사와 학습 주제가 각기 달라도
  왜 비슷비슷하게 여겨질까?

- 질문이 살아있는 수업 디자인을 어떻게 할 수 있을 것인가?

- 핵심 질문이란 무엇인가?

- 수업 단계에 맞는 질문은 어떻게 할 수 있을까?

- 정교하게 수업디자인을 해서 수업을 했는데도 불구하고
  무엇인가 부족하다는 느낌이 드는 이유는?

- 수업 디자인을 한 대로 실제 수업을 해야 하는가?

질문이 살아있는 수업 디자인

당연하다고 여겨지는 모든 것들에 의문을 품어라

… 디터 람스

단 하나의 질문이 당신의 인생을 바꿔놓을 수도 있다

… 미하이 칙센트미하이

왜 공개 수업은 다 비슷해 보일까?

필자가 수많은 수업을 참관하면서 깨달은 것은, 학교 급이나 과목에 상관없이 수업 디자인의 골격은 비슷하다는 것이다. 공개 수업은 특히 그렇다. 공개 수업은 보통 전시 학습을 확인하고 학습 목표 제시를 한 뒤, 흥미 유발을 위해 짧은 동영상을 보여주는 것으로 시작한다. 그 다음에 학습 내용의 핵심 개념을 설명하고 2~3가지 활동을 한 후 학생들이 발표를 하고, 교사가 이에 대해 간단히 피드백하며 과제를 제시하거나 차시를 예고한 후 마무리한다. 이러한 일련의 수업 디자인은, 교직 이수 과정에서 배운 '도입 - 전개 - 마무리'라는 3단계 수업 지도안의 흐름과 무관하지 않을 것이다.

기존의 수업 디자인 방식은 행동주의 심리학과 정보 처리 심리학에 이론적 배경을 두고 있다. 행동주의 심리학은 관찰 가능한 외형적 행동에 초점을 두고 있으며, 자극과 반응의 관계를 중심으로 한다. 행동주의 심리학이 수업 디자인에 끼친 영향은 다음과 같다. [28*]

- 수업 도입 단계에서 목표를 제시하기
- 반응 결과에 대해 외재적 강화물을 제공하기
- 수업을 계열적으로 조직하고 제시하기
- 목표에 진술된 행동을 계속 평가하기
- 교사가 교수 학습 과정에 적극 개입하기

기존의 수업 디자인 방식에는 일정한 패턴이 있다. 이는 수업이 과학이라는 입장에서 접근하고 있기 때문이다. 수업 장학이나 평가에서 활용되는 평가 척도나 체크리스트 역시 이 틀에 맞춰 개발되어 있기 때문에, 이 틀에서 벗어난 수업은 수업 장학이나 평가에서 좋은 결과를 얻기 어렵다. 일부 교육청이나 학교에서는 표준화된 수업 디자인 틀을 제시하고 이에 따라 수업을 디자인을 하도록 지도하기도 한다. 사정이 이렇다보니 대부분의 수업은 획일화되어 있다.

물론 표준화된 수업 디자인 모델에도 장점은 있다.

- 새내기 교사가 수업 디자인을 훈련하는 단계에서는 매우 도움이 된다.
- 수업 평가 시 동일한 기준에 따라 피드백하기 쉽다.
- 개별적으로 수업을 디자인할 때 단점을 최소화할 수 있다.

하지만 다음과 같은 한계가 존재한다.

- 수업 디자인 방식이 다소 획일적이고, 수업자의 개성이 충분히 드러나기 어렵다.
- 이 틀을 벗어난 수업은 좋은 평가를 받기 힘들다.
- 수업자의 장점을 극대화하는데 한계가 있다.

따라서 수업을 디자인하는 방식은 학생들의 특성, 학습 내용, 교수 유형, 과목 특성 등에 따라 다양화되어야 한다.

수업 디자인이란 무엇인가?

수업 디자인이란 '교사가 수업을 준비하고 전개하는 일련의 과정'을 말한다. 교육과정은 수업 디자인을 통해 실제 수업으로 구현된다. 따라서 교사의 수업 전문성은 수업 디자인 능력에 달려있다고 볼 수 있다.

수업을 제대로 이해하려면 수업에 대한 좋은 질문을 던질 수 있어야 한다. 대개 수업에 대한 질문은 무엇 교육과정 과 어떻게 교수학습방법 에만 치중되어 있었다. 하지만 누가 존재론 및 관계론 과 왜 교육철학 에 대한 질문이 빠지면 좋은 수업을 디자인하기 힘들다. [29*]

- **누가(존재론/관계론)** : 학습자 이해 (학습 수준과 의지, 발달 단계, 관심사 등), 수업자 이해 (교사의 내면, 성장과정, 교수유형 등), 교사와 학생과의 관계성 등

- · **왜 (교육철학)** : 교육관, 수업관, 교사관, 학생관, 지식관, 교사의 개인적인 신념 등
- · **무엇 (교육과정)** : 지식에 대한 이해, 교육과정 재구성 문제 등
- · **어떻게 (교수학습방법)** : 교수학습방법, 발문, 학습동기유발 방법 등

수업 디자인은 [누가 존재론 및 관계론] → [왜 교육 철학] → [무엇을 교육과정] → [어떻게 교수 학습 방법] 의 순으로 이루어진다. 수업 디자인의 단계를 정리하면 다음과 같다. 30*

학생 이해 → 내용 분석 → 핵심 질문 → 교육과정 재구성

→ 학습 구조 디자인 → 수업 실행 → 평가 및 피드백

학생 이해는 '누가'이고 내용 분석 및 핵심 질문은 '왜'이다. 교육과정 재구성은 '무엇'이고, 학습 구조 디자인은 '어떻게'이다.

그런데 많은 교사들이 수업 디자인을 할 때 무엇 교육과정 에만 신경을 쓴다. 수업 준비 과정을 '교재 연구'라고 표현하는 것은 이러한 태도를 반영하는 것이다. 즉, 교과서 내용을 이해하고 구조화시키는 데만 초점을 맞추

어 수업 준비를 하는 것이다. 이러한 경우, 가르침은 있으나 배움은 충분히 일어나지 않을 수 있다. 많이 안다고 해서 잘 가르치는 것은 아니고, 교사가 박식하다고 해서 학생들도 많은 것을 배울 수 있는 것은 아니기 때문이다.

또한 공개 수업을 디자인하는 경우 '어떻게 교수 학습 방법 – 무엇 교육과정' 순으로 준비하는 경우가 많다. 예를 들어 과제 분담 학습 모형을 선택한 후 그에 맞는 단원을 찾는 것이다. 이렇게 되면 수업에서 학습 주제가 아닌 수업 모형 자체만 두드러지게 된다. 예컨대, 협동학습을 한다고 할 때, 과제 분담학습 모형을 먼저 정하고 그에 맞는 교과서 단원을 찾아 수업디자인을 하는 것이다. 이 경우, 학습 주제보다는 과제분담학습 모형이라는 수업 모형만 두드러지게 된다.

수업 디자인의 단계는 다음과 같다.

| 학생 이해 |

수업 디자인은 배움의 주체인 학생들을 분석하는 것으로 시작된다. 상품을 생산할 때 소비자의 성향을 먼저 분석하듯, 수업을 준비할 때도 학생들의 학습 수준과 의지, 거주 지역의 특성, 부모의 사회 경제적 배경, 학교급과 학교의 독특성 등을 먼저 분석하고, 이에 따라 학습 난이도와 분량, 해당 차시 수업 계획 등이 결정해야 한다.

다음은 진로 수업에서 학생들의 관심사를 알아보기 위해 만든 사전 설문지의 예이다.

3장 . 질문이 살아있는 수업 디자인

' 나의 스윗스팟을 찾아라 '

이 수업은 검정고시에도 안나오고. 수능시험에도 안나온단다.
그러나. 우리 학교에서 가장 중요한 수업인데. 혹시 그 이유를 아니 ?
그런데 너희들이 열정이 없으면 '너희를 위해 샘이 해줄 수 있는 일이 없단다'
우리 함께 수업을 만들자 !

< 나에 대한 이해 >
1. 다중지능검사 : 같은 지능 학생들이 모여서. 그 지능을 이용한 재미있는 Activity(활동) 경험하기
2. 다중지능 동영상 보기 : 각 다중지능이 뛰어난 사람들의 이야기를 동영상으로 시청하기
3. 다중지능 마인드맵그려보기 : 3층에 있는 선배들 만든 자료처럼, 다중지능별로 마인드맵 (인물조사. 직업조사. 이슈와 사건 등) 그려보기
4. 나의 성격테스트, MBTI로 나 바라보기
5. 나의 흥미조사. 관심사 조사, 나만의 재미었던 여행
6. 내 심장을 뛰게하는 동사들, 내가 잘 하는 게 뭐지?
7. 버킷리스트 만들어보기

< 중3, 우리들의 이야기 >
1) 나의 감정일기 :
2) 인생그래프, 내 인생의 감정그래프 - 겹쳐그려보기
3) 관계에 대한 고민나눔. 함께 풀 수 있는 방법은 없을까?
4) 버리고 싶은 기억들. 캠파이어

< 꿈을 향해 가기 >
1. 꿈변천사 그래프
2. 소명학교 학생들 대상으로 '진로고민 설문조사하기'
3. 진로에 관련된 상담받기
4. 행복의 조건과 가치관 경매, 나의 가치 우선순위 확인하기
5. 직업 빙고게임 : 다양한 직업을 게임을 통해 알아본다.
6. 직업관련된 문제 토론 : 청년실업문제. 열정페이문제. 학벌사회의 부의 대물림
7. 희망직업순위, 희안한 직업들 소개하기
8. 주위에 직업인들 인터뷰해서 발표하기
9. 직업체험활동

< 학습. 진학 >
1. EBS 다큐 '우리는 왜 대학에 가는가?
2. 꼴찌탈출 공부법
3. 문이과 선택법
4. 대학에 대한 소개
5. 대학 진학 학과소개 - 선배초청특강

< 수업을 위한 그대의 재미있는 아이디어 나누어 주세요 ! >

위에있는 프로그램들 다좋은것같아요!!
그중에서도 ☆참버더해보싶어요 !!!

특히 버리고싶은기억들 이요 ~

베이킹, 입시미술, 노트안들기, 안들기쉬주오

PD방송국, 미술감독, 뷰티샵
같이 여행 가요 ♥
↳ 같은진로 끼리모여서 쌤들과 같히 근처직연따라다니면십어요

| 내용 분석 |

학습자의 특성을 분석했으면 다음으로 학습 목표와 학습 내용을 이해해야 한다. 교과서 분석보다 먼저 해야 할 것은 국가 수준 교육과정을 이해하는 것이다. 이 때 마인드 맵과 코넬 노트를 활용하면 좋다.

마인드 맵은 전체 교육과정이나 단원의 주제를 하나의 그림으로 정리하는 것이다. 교육과정 재구성의 전 단계로 활용할 때는 브레인스토밍 방식으로, 교육과정을 이해하는 목적으로 활용할 때는 요약하고 구조화하는 방식으로 정리할 수 있다.

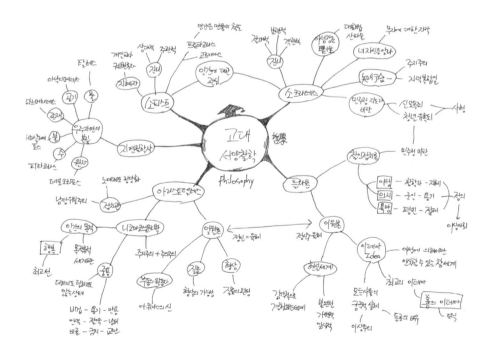

코넬 노트는 노트 한 쪽을 둘 혹은 셋으로 나누어, 핵심어, 세부 설명, 참고사항을 정리하는 노트 필기법이다. 다음은 '플라톤'에 대한 내용을 코넬 노트로 정리한 예이다.

Page :   Date :

플라톤

생애	그리스 아테네 귀족 출신, 소크라테스의 제자
	소크라테스의 억울한 죽음 → 민주주의에 대한 실망 우민정치
	철인정치 실현을 위한 노력 - 이탈리아 등 해외활동
	아카데미아 학원 건립 플라톤 사후 1000년 지속
	대표저서 : '국가', '소크라테스의 변명' 등
이데아(Idea)	오직 순수한 영혼의 사유 동굴의 비유
	이성(로고스)에 의해서만 알 수 있는 참다운 세계
	영원 불변하고 절대적이며 완전한 세계
	최고의 이데아 → '선(善)'의 이데아
이원론	세계를 현실세계(감각세계)와 이데아 세계로 분류
이상주의	눈에 보이는 현실 세계는 거짓 불완전·가변적 세계
	눈에 보이지 않는 이데아 세계는 참다운 세계
철인정치	머리 - 이성 - 철학자 - 지혜
이상국가론	가슴 - 의지 - 군인 - 용기
	배 - 욕망 - 서민 - 절제
	지혜, 용기, 절제의 조화 → 정의
	'철학자가 왕이 되거나 철학을 공부하여 정치적 지도력을 가져야함'

· 플라톤의 책 속 주인공 이름이 소크라테스인 이유는?

· 이데아란 무엇인가?

| 핵심 질문 |

학생을 분석하고 교육과정을 이해했다면 이제 학습 목표를 정하고 그에 맞는 핵심 질문을 만들어야 한다. 핵심 질문이란 교사가 수업을 통해 학생들과 나누고자 하는 핵심 메시지를 담은 질문이다. 핵심 질문은 학습 목표와 관련된 질문이다. 하지만 핵심 질문은 기존 학습 목표를 단순히 의문문으로 만드는 것이 아니다. 핵심 질문은 추상적인 질문보다는 가급적 구체적인 질문으로 만들되, 전체 학습 내용을 관통할 수 있는 중요 질문이 좋다. 핵심 질문은 학습 목표에 대한 교사의 깊이 있는 고민이 담긴 질문이다. 이때는 브레인스토밍을 통해 다양한 질문을 검토하면서 적절한 질문을 만드는 것이 좋다. 교육 과정과 학습 내용을 충분히 이해하고 교사 스스로 고민하며 묵상할 때 좋은 질문을 만들 수 있다.

다음은 플라톤 단원 수업에서 사용할 수 있는 질문의 예이다.

수업 질문 1.	플라톤이 민주정을 비판한 이유는 무엇인가?
2.	플라톤이 이성을 강조한 이유는 무엇인가?
3.	플라톤이 생각한 이상 국가는 무엇인가?
4.	동굴의 비유를 통해 플라톤이 말하고자 하는 바는 무엇인가?
5.	이데아란 무엇인가?
6.	소크라테스, 플라톤, 아리스토텔레스의 사상의 공통점과 차이점은?
7.	화이트헤드가 서양 철학을 플라톤 철학의 각주라 평가한 이유는?
핵심 질문	플라톤 사상의 핵심과 플라톤이 지향한 이상적인 정의로운 국가는 구체적으로 어떤 모습일까?
출발 질문	우리나라에서는 어떤 사람이 대통령이 되어야 한다고 생각하는가? 영화 '다이버전트'(2014)를 보고 느낀 점은 무엇인가?
전개 질문	플라톤의 생애와 사상의 특징은 무엇인가? 플라톤이 생각한 이상 국가와 정의란 무엇인가?
도착 질문	대통령이 된다면 우리나라를 어떻게 만들고 싶은가?

| 교육과정 재구성 |

다음으로 할 일은 핵심 질문에 따라 교육과정을 재구성하는 것이다. 핵심 개념을 중심으로 간단하게 다룰 것인지, 심화 개념까지 포함하여 세밀하게 접근할 것인지에 따라 학습 분량이 달라진다. 교과서만으로는 충분하지 않기 때문에 그에 맞는 학습 자료를 찾아 학습지나 워크북을 만드는 것도 좋다.

다음은 플라톤 단원 학습지의 예이다.

학습지 1

플라톤의 생애와 사상

플라톤 (Greek: Πλάτων, Plátōn, 기원전 428/427 또는 424/423 – 기원전 348/347)은 서양의 여러 학문에 영향을 끼친 그리스의 철학자이자 사상가이다. 그는 소크라테스의 제자요 아리스토텔레스의 스승이었으며, 아테네에 현대 대학의 원형이라 할 수 있는 세계 최초의 고등 교육 기관인 아카데메이아 (academia)를 세운 장본인이기도 하다. 플라톤은 아카데메이아에서 폭넓은 주제에 대해 강의했으며, 정치학, 윤리학, 형이상학, 인식론 등 여러 철학적 논점에 대해 저술했다.

플라톤의 대화편은 소크라테스를 주요 인물로 하고 있다는 점에서, 어디까지가 소크라테스의 견해고 어디까지가 플라톤의 견해인지에 대한 논란을 불러 일으켰다. 소크라테스 자신은 어떤 글도 남기지 않았기 때문이다. (이를 종종 '소크라테스의 문제'라 부른다.) 그러나 플라톤이 소크라테스의 가르침에 많은 영향을 받은 것은 확실하다. 그가 이성 우위의 전통을 지닌 서양 철학에 미친 영향은 엄청나다. 영국 철학자인 화이트헤드는 "서양의 2000년

철학은 모두 플라톤의 각주에 불과하다." 고 했으며, 시인 에머슨은 "철학은 플라톤이고, 플라톤은 철학이다" 라고 평했다.

1. 생애

플라톤은 아테네의 명문 가정에서 태어났다. 젊었을 때 소크라테스에게 배우며 결정적 영향을 받았는데, 그의 저서는 모두 소크라테스를 주인공으로 한 변증론에 관한 대화편이어서 그의 스승의 학설과 구별하기 힘들다.

스승 소크라테스의 죽음에 큰 충격을 받은 그는, 정치가로서의 꿈을 버리고 정의에 대해 가르치기로 결심했다. (이하 생략)

학습지 2

대통령이 된다면?

1. 만약 대통령이 된다면 우리나라를 어떻게 만들고 싶은지 분야별로 생각해 보자.

   · 정치 :

   · 경제 :

   · 외교 및 안보 :

   · 사회 및 복지 :

   · 교육 및 문화 :

   · 기타 :

2. 플라톤이 생각했던 이상 국가가 이루어졌다면 과연 행복한 세상이 되었을지, 오늘날의 관점에서 자신의 생각을 써 보시오.

| 학습 구조 디자인 |

교육과정을 재구성하고 나면 그에 맞는 교수 학습 방법을 찾아야 한다. 학습 구조란 어떻게 가르칠 것인가와 관련된 것으로, 교사와 학생, 학생과 학생 사이의 상호 작용 방식을 말한다. 학습 구조에는 교사의 일방적인 전달 중심의 일제학습, 학생 간 부정적인 상호 의존 관계인 경쟁학습, 학생 간 긍정적인 상호 의존 관계인 협동학습, 학생 개별의 특성과 수준에 맞게 접근하는 개별학습이 있다.

교수 학습 방법 또한 강의식 설명법, 협동학습, 문제 중심 PBL 수업, 토의 토론 수업, 프로젝트 수업, 거꾸로 수업, 하브루타 수업, 스마트 수업 등 다양하다. 최근에는 교사 중심의 직접적 교수 전략과 학생 중심의 간접적 교수 전략 외에도 이 둘의 장점을 결합한 참여적 교수 전략이 강조되고 있다. 참여적 교수 전략은 교사의 계획과 학생의 자발성의 조화를 추구하는 교수 전략을 말한다. [31] 교사가 다양한 교수 학습 방법을 알고 실천할 수 있으면 수업을 풍부하게 디자인할 수 있을 뿐 아니라, 학생들의 배움을 이끌어내는데도 큰 도움이 된다.

다음은 플라톤 단원을 협동학습 중심으로 디자인 한 수업이다.

도입 (마음 열기) ⇒ 매체 활용, 문답법, 짝 토의, 짝 대신 말하기
- 영화 '다이버전트'의 일부분을 감상한다.
- 출발 질문 : 영화를 보고 느낀 점은 무엇인가? 영화에서처럼 사람

들을 능력과 기질에 따라 사회에 배치한다면 어떨까?

· 짝 토의 및 짝 대신 말하기 활동을 한다.

플라톤의 사상과 생애 (생각 쌓기) ⇒ 과제 분담 학습

· 전개 질문 : (앞의 학습지 참조)

· 학습 주제를 4개로 나누어, 모둠원에게 각기 다른 학습지를 배부
  하고 학습하도록 한다.

· 각자 공부한 다음 자기가 공부한 내용을 모둠원들에게 설명한다.

· 교사가 학습 내용을 퀴즈로 확인하고 보완 설명한다.

대통령이 된다면? (생각 넓히기) ⇒ 생각-짝-나누기 / 칠판 나누기

· 도착 질문 : 대통령이 된다면 우리나라를 어떻게 만들고 싶은가?

· 생각-짝-나누기 : 각자 생각하고 기록한 뒤 짝끼리 번갈아 말하고
  모둠 안에서 돌아가며 말한다.

· 칠판 나누기 : 모둠 의견과 생각을 정리하여 모둠 칠판에 기록하
  고 칠판에 붙인다. 교사가 각 모둠의 발표 내용을 비교하여 피드
  백한다.

· 각 모둠에서 발표한 내용을 동료 평가 방식으로 투표하고, 그 결과
  를 수행평가에 반영한다.

· 교사가 마무리 설명을 하고 느낀 점을 말한다.

| 수업 실행 |

　　수업 지도안이 완성되면 그에 따라 수업을 실행한다. 수업 디자인은 정
교하게 구성하되 실제 수업은 학생과의 상호 작용과 배움의 흐름, 속도 등
을 고려하여 유연하게 진행하는 것이 좋다.

다음은 완성된 플라톤 단원의 수업 지도안 예이다.

수업 지도안	
마음 열기 (배경 설정)	· 영화 '다이버전트' 감상 　– 영화의 하이라이트 편집본 감상 및 교사의 질문 · "영화를 보고 느낀 점은?" 　"영화에서처럼 사람들을 능력과 기질에 따라 사회에 　배치한다면 어떨까?" 　– 학습지에 기록하기, 짝 토의 　– 짝 대신 말하기 활동
생각 키우기 (전개)	· 플라톤이 살았던 고대 아테네 국가의 시대적, 사회적 배경 설명 · 플라톤에 대한 학습지 배부 (과제 분담 학습 모형) 　1번 : 플라톤의 생애 / 2번 : 이데아론 　3번 : 철인 정치 / 4번 : 플라톤 철학이 후세에 끼친 영향 · 모둠 퀴즈 · 플라톤 사상에 대한 보완 설명
생각 넓히기 (재구성)	· "대통령이 된다면 우리나라를 어떻게 만들고 싶은가?" 　– 생각-짝-나누기 (모둠 토의) 및 칠판 나누기 발표 　– 동료 평가 (칭찬 스티커 활용) · 학생 활동에 대한 교사의 피드백 및 마무리 설명
삶에 반응하기 (초월)	· "보다 바람직하고 정의로운 사회를 만들기 위해 나는 무엇을 　할 수 있을까?" 　–질의 응답 　–실천 과제를 만들어 도전해 보기
평가 및 보상	· 퀴즈 및 수행 평가 반영

| 평가 및 피드백 |

수업을 평가하고 피드백하기 위해서, 수업에서 나온 다양한 결과들 - 학생 노트 및 학습지 결과물, 학생 보고서, 수업 활동을 찍은 사진, 수업 지도안 - 등을 포트폴리오 형태로 정리하는 것이 좋다. 수업 성찰 일지를 쓰거나 동영상을 촬영하거나 수업 공개를 하고 다른 사람들로부터 피드백을 받는 것도 좋다. 일상 수업의 모습은 학생들이 가장 잘 알고 있다는 점에서 학생 수업 평가나 배움 일지를 통해 학생들에게 정기적으로 피드백을 받는 것도 매우 좋은 방법이다.

위에 언급한 순서를 바꾸거나 특정 단계를 생략하면 실제 수업에서 문제가 발생할 가능성이 높다. 예를 들어 교육과정을 재구성하기 전에 학습 구조를 먼저 디자인하게 되면 수업에서 내용은 잘 드러나지 않고 방법만 두드러지기 쉽다. 이는 특히 공개 수업에서 자주 나타난다.

또한 핵심 질문을 충분히 고민하지 않으면 수업의 방향을 쉽게 잃어버리거나 수업의 핵심이 잘 드러나지 않을 수 있으며, 학생들에게 별 다른 감동도 흥미도 불러일으키지 못하게 될 수 있다.

출발 질문 ⇒ 전개 질문 ⇒ 도착 질문

　수업 디자인의 핵심은 핵심 질문을 만드는 것이다. 핵심 질문을 만드는 것은 수업 디자인의 기본 뼈대 기둥/Post 를 세우는 일이다. 핵심 질문을 토대로 수업의 맥락에 따라 출발 질문, 전개 질문, 도착 질문을 만드는 것이 좋다.

　출발 질문은 도입에 해당하는 질문으로, 학습 주제와 학생들의 구체적인 삶을 연결함으로써 흥미와 지적 호기심을 자극하고 학생들을 수업에 참여시키기 위한 질문이다. 예를 들어 윤리 시간에 '베버의 프로테스탄티즘과 자본주의 정신' 부분을 수업한다면 도입에서 바로 명제 형태의 학습 목표를 제시하기 보다는 "사람들은 왜 돈을 좋아할까?", "왜 자본주의는 당시 경제적으로 부유했던 중국 황하 문명권이나 아랍 문명권이 아닌 경제적으로 덜 발달되었던 서유럽에서 시작되고 발전되었을까?" 등의 질문으로 시작하는 것이다.

　전개 질문은 본시 학습에서 다루는 학습 목표와 내용에 관한 질문으로, 주로 지식과 이해를 묻는 수렴적 질문, 닫힌 질문이다. "베버가 말한 자본주의 정신이란 무엇인가?", "청교도 윤리는 자본주의 정신 형성에 어떠한 영향을 미쳤는가?" 등이 그것이다. 전개 질문을 쉽게 만드는 방법 중 하나는 학습 목표를 의문형으로 바꾸는 것이다. 예를 들어 학습 목표가 '문장에서 주어와 서술어를 구분하여 말할 수 있다'라면, 전개 질문은 "다음 문장에서 주어와 서술어는 무엇인가?"가 된다.

도착 질문은 배운 지식과 실제 삶을 연결하는 질문으로, 적용, 분석, 종합, 비판에 해당하는 발산적 질문, 열린 질문이다. 수업 흐름상으로는 생각 넓히기 재구성, 삶에 반응하기 초월 단계에 해당한다. "오늘날 한국 사회에서 건강한 자본주의가 발전하려면 구체적으로 어떤 노력이 필요할까?", "우리나라의 금속 활자술이 서양보다 200년이나 앞섬에도 불구하고, 왜 우리나라는 서양 문명처럼 금속 활자로 인해 획기적으로 발전하지 못했을까?" 등이 그것이다.

이를 도표로 정리하면 다음과 같다.

핵심 질문	수업단계		특징
출발 질문	도입	마음 열기	· 학습 흥미 유발 · 학생들의 지적 호기심 유발 (열린/발산적 질문)
전개 질문	전개	생각 키우기	· 학습 내용과 관련된 질문 · 지식과 이해와 관련된 질문 (닫힌/수렴적 질문)
도착 질문	마무리	생각 넓히기	· 지식과 삶을 연결하기 · 적용, 분석, 종합, 비판과 관련된 질문 (열린/발산적 질문)
		삶에 반응하기	

다음은 출발 질문, 전개 질문, 도착 질문의 예이다. [32*]

과목	주제	출발 질문	전개 질문	도착 질문
국어	홍길동전	- 꼭 하고 싶은 말을 하지 못했던 경험이 있는가? - 홍길동이 공문서 예시 이름으로 많이 사용되는 이유는 무엇일까?	- 제목이 홍길동전인 이유는? - 홍길동은 왜 아버지를 아버지라고 부르지 못했을까? - 등장인물과 인물들의 특징은 무엇인가?	- 오늘날 사회적 차별이 행해지는 곳은 어디일까? - 사회적 차별을 없애기 위해 학생으로서 할 수 있는 행동은 무엇일까?
도덕 윤리	행복	- 나는 무엇 때문에 학교에 다니나? - 우리는 언제 행복을 느끼는가? - 가장 행복했던 순간은 언제였는가? - 세계에서 가장 못 사는 나라 중의 하나인 부탄이 세계 행복 지수 1위인 이유는?	- 행복이란 무엇인가? - 행복의 조건은 무엇인가?	- 만약 앞으로 3개월 밖에 못 산다면 꼭 해 보고 싶은 3가지는?
역사	조선 후기 신분제 사회와 공명첩	- 타임머신을 타고 조선 시대로 갔는데, 사람들이 나를 천민 취급을 한다면? - 백지 위임장을 받는다면 뭐라고 쓰고 싶은가?	- 공명첩이란 무엇인가? - 공명첩이 조선 후기 신분제 사회에 끼친 영향은 무엇 인가?	- 만약 서울 시장을 돈으로 사고 팔 수 있다면?

수학	확률	- 2명이 내기를 할 때 이길 확률은 얼마이며 3명, 4명이 내기를 하는 경우에는 어떠한가? - 자신이 유리하다고 체감하는 것은 몇 명이 내기할 때까지인가?	- 확률이란 무엇인가?	- 로또에서 1등 할 확률은 얼마일까? - 당첨 확률이 낮아도 많은 사람들이 로또를 하는 이유는 무엇일까?
생물	자극과 반응	- 맛있는 음식을 보면 신체에 어떤 변화가 생길까?	- 신경계란 무엇인가? - 뉴런의 구조와 종류는?	- 실생활에서 의식적 운동과 무의식적 운동의 사례를 찾는다면?
지구 과학	달	- 왜 동양 사람들은 달에서 토끼를 보고, 서양 사람들은 늑대를 보는 것일까? - 달을 볼 때 항상 똑같은 토끼 무늬만 보이는 이유는 무엇일까?	- 달은 어떻게 생겼을까? - 달의 공전 방향과 주기는? - 달도 자전을 할까?	- 달 표면 위에 깃발이 세워져 있다고 가정하고, 달이 공전만 했을 때와 자전과 공전을 동시에 했을 때 지구에서 보이는 달의 모습을 그림으로 표현한다면? - 보름달 속의 토끼 모양이 시간이 지나면서 달라지는 이유는? - 달 속의 토끼 모양 그림을 시간 순으로 배열한다면?

영어	외모 묘사하기	– 외모와 관련된 영어 단어에는 어떤 것이 있을까?	– 다음 영어 지문에서 묘사하고 있는 외모의 사람은 누구인가?	– 짝꿍의 외모를 영어로 표현한다면?
기술 가정	사랑과 결혼	– 지식 채널e "사랑에 빠진 암소와 호랑이"에서 둘이 최선을 다했는데도 불구하고 이 둘이 행복하지 않은 이유는?	– 이성 교제란? – 배우자를 선택할 때 고려해야 할 점은?	– 성격은 좋으나 외모, 재산 수준이 평범한 사람, 외모는 뛰어나지만 성격과 재산 수준은 그리 좋지 않은 사람, 재산은 많으나 외모는 별로이고 성격은 평범한 사람 중에서 누구를 배우자로 선택할 것이며 그 이유는 무엇인가?

다음은 질문을 중심으로 수업을 디자인한 예이다.

사례 1 33*

학습 주제 운율과 라임 (중학교 음악)

1. 출발 질문 "여러분은 어떤 노래를 좋아하나요?"

· 교사가 학생들에게 좋아하는 노래와 이유를 묻는다.

· 교사가 CD 플레이어로 '나는 문제없어' 라는 대중가요를 들려주며 노래 가사를 보여주고 학생들과 함께 노래를 부른다.

2. 전개 질문 "운율과 라임이란 무엇인가요?", "다음 노래 (대중가요) 속에 들어있는 운율과 라임을 찾아본다면?"

· 교사가 운율과 라임의 개념을 간단히 설명한다.

· 교사가 학생들에게 걸그룹 뮤직 비디오, 개콘 '힙합의 신', K-POP 스타 출연자의 랩송을 보여주고 그 속에 숨어 있는 운율과 라임을 분석하여 이야기한다.

3. 도착 질문 "모둠별로 우리 학교의 철학을 랩으로 표현한다면?"

· 교사가 해당 학교의 철학에 대해 간단히 설명하고, 학교 철학을 표현할 수 있는 단어들을 학습지로 만들어 모둠별로 배부한다.

· 교사가 직접 만든 랩 가사를 보여주고 랩송을 불러준다.

· 모둠별로 토의하면서 랩 가사를 만든다.

· 칠판 나누기를 통해 모둠별 작품을 학급에 게시한다.

· 교사가 모둠별 랩 가사를 읽으며 피드백을 실시한다.

· 차시 예고한다.

사례 2 34*

학습 주제 사람의 유전 (고2 생명 과학)

1. 출발 질문

"보여주는 연예인 가족 사진에서 부모와 자녀가 닮은 부분은 어디인가?"

"숨어있는 유전자는 어디에 있는가?"

· 연예인 가족 사진을 보여주고 자녀와 부모가 닮은 부분을 찾아내도록 한다.

· 숨어있는 유전자는 어디에 있는지 질문하고 이야기하도록 한다.

2. 전개 질문

"사람의 유전은 완두나 초파리와 달리 간접적으로밖에 연구할 수
없는 이유는 무엇일까?"

"일란성 쌍둥이와 이란성 쌍둥이의 형질 차이는 무엇 때문일까?"

"부모님은 모두 쌍꺼풀과 보조개가 있는데, 나는 둘 다 없고 오빠는
쌍꺼풀은 있는데 보조개는 없다. 왜 그럴까? 또한 각각의 유전자는
23쌍 염색체 중 어디에 있을까?"

"A그룹 유전 형질 (쌍꺼풀, 보조개, 귓불 모양, 혀 말기, 혈액형)과
B그룹 유전 형질 (키, 몸무게, 피부색, 지문)은 어떤 차이가 있을까?"

"두 종류의 표현형에서 열성과 우성을 구분하는 방법은?"

"표현형을 가지고 유전자형을 정하는 방법은?"

· 각 전개 질문에 대해 모둠 토론을 한 후 모둠 발표를 하도록 한다.

· 가계도 그리는 방법과 규칙을 알려주고, 자기 가족의 특정 형질
가계도를 그리게 한다.

· 각 주제에 대해 교사가 피드백을 한다.

· 번호별 퀴즈 활동을 통해 형성 평가를 실시한다.

3. 도착 질문

"부모가 원하는 형질만 골라서 자녀에게 유전시킬 수 있다면 어떻게 될까?"

· 도착 질문을 통해 학생들이 이 주제에 대해 심도 있게 고민할 수 있도록 한다.

· 답변 예시 : 유전적 다양성의 감소는 전체 집단의 안정성을 감소시킬 수
있음, 인간의 자유 의지가 약해질 수 있음, 인간의 존엄성에 위협을 느낄
수 있음 등

실제로 수업을 디자인해 보면 출발 질문과 도착 질문을 만드는 것이 전개 질문을 만드는 것보다 어렵다. 하지만 출발 질문과 도착 질문을 잘 만들게 되면 그 다음 단계의 수업을 디자인하는 것이 좀 더 수월해 진다.

좋은 출발 질문은 다양하고 구체적인 답변을 유도하며 학생 입장에서도 답하기 쉬운 질문이다. 시 수업이라면 "시를 좋아하는가?" 보다는 "여태까지 읽어 본 시 중에 감동적이었던 시는 무엇이며, 그 이유는 무엇인가?" 라는 질문이 더 좋을 것이다. 하지만 이 역시 시를 거의 안 읽는 학생들에게는 답하기 어려운 질문이다. 하지만 "사랑과 자전거의 공통점은 뭘까?" 라고 질문한다면 평소에 시를 접하지 않던 학생들도 다음과 같은 다양한 답변을 할 수 있을 것이다.

- 같은 방향을 향해 달린다.
- 처음에 속도를 낼 때는 힘들지만, 어느 정도 속도가 나면 상대적으로 달리는 것이 수월해 진다.
- 남의 것이 좋아 보인다.
- 속도를 조절하지 않으면 낭패를 당하기 쉽다.
- 흔들리면 위험하다.
- 연습이 필요하다.

이러한 아이디어들을 협동학습의 방법 (생각-짝-나누기, 하나가고 셋 남기, 칠판 나누기 등)을 통해 모은 뒤, 이 아이디어를 기반으로 사랑에 대한 시를 만들게 하면 좋을 것이다.

출발 질문 시에 주로 열린 질문을 사용하고, 닫힌 질문은 전시 학습을 확인하는 정도로만 사용하는 것이 좋다. 또한 추상적이고 일반적인 질문은 학생들의 흥미를 유발하기 어려우므로 구체적으로 질문하는 것이 좋다. 덧붙여 학생들의 관심사와 연결된 눈이 번쩍 뜨이는 질문을 해야 학생을 수업으로 이끌 수 있다는 점에서 다소 도발적인 질문을 하는 것이 좋다. 학생들의 수업 참여도는 도입 5분 안에 결정된다는 것을 잊지 말아야 한다. 출발 질문은 질문의 난이도가 상대적으로 낮으면 좋다. 그래야 학생들이 쉽게 답변을 할 수 있기 때문이다.

출발 질문은 전개 질문과 논리적으로 연결되되 적당한 거리를 유지해야 한다. 거리가 너무 멀면 둘을 연결하는데 시간이 많이 걸릴 수 있는 반면, 거리가 너무 가까우면 흥미 유발에 실패할 수 있다.

예를 들어 일본식 개명 (창씨개명)에 대한 수업에서 전개 질문이 "일본식 개명이 무엇인가?"인데, 출발 질문이 "혹시 이 중에 할아버지가 창씨개명을 하셨던 경험이 있는 사람 있나요?"라면 답변도 한정될 뿐 아니라, 전개 질문으로 바로 연결되기 때문에 풍성한 수업을 기대하기 어렵다. 또한 "일본 하면 제일 먼저 무엇이 떠오르나요?", "일제 물건을 꼭 사야 할까요?"라는 출발 질문은, 일본식 개명과 논리적 연관성이 거의 없기 때문에 수업의 논점을 비껴갈 수 있다.

전개 질문은 대부분의 교사들이 이미 사용하고 있는 방식의 질문이므로 만들기 그리 어렵지 않다. 문답법 수업에서처럼 교사가 질문의 주도권을 가지고 진행할 수 있겠지만, 하브루타 수업이나 학습코칭에서처럼 학생에게 질문의 주도권을 넘겨줄 수도 있다. 교사들은 보통 학생들에게 질문의 주도권을 넘기는 것을 불안해하지만, 실제 수업을 해 보면 학생들은 예상보다 훨씬 좋은 질문들을 만들어내고 열심히 참여한다. 또한 학생들끼리 질문할 수 있는 기회를 주면 다양한 질문을 이끌어낼 수 있다. 학생들의 참여나 질문 수준이 교사의 기대에 못 미치거나 학생들 스스로 해결하지 못한 질문은 교사가 피드백하며 보완해 주면 된다.

도착 질문은 학습 내용과 학생의 삶을 연결하는 질문이다. 지식은 삶으로 연결될 때에만 의미가 있다는 점에서 도착 질문은 수업에서 매우 중요한 부분이다. 하지만 현실적으로 모든 수업에서 도착 질문을 사용하기는 어렵다. 실천으로 연결하기 힘든 지식들도 많을 뿐더러, 학습 내용이 많고 수업 시수가 충분하지 않은 경우도 있기 때문이다. 이 경우에는 학습 주제별, 혹은 중단원이나 대단원 단위로 활용하면 좋다.

도착 질문은 가급적 구체적으로 실천할 수 있고 확인 가능한 내용으로 만드는 것이 좋다. 예를 들어 수업 주제가 '행복'이라면, "행복하기 위해 꼭 이루고 싶은 것은 무엇인가?"보다는 "3개월밖에 못 산다면 죽기 전에 꼭 해 보고 싶은 일 3가지는 무엇인가?"라는 질문이 더 좋다.

도착 질문은 출발 질문, 전개 질문에 비해 다소 어렵게 만들어도 좋다. 학생들의 지적인 도약을 위해 심화 지식에 대한 관심과 호기심을 자극하는 것도 좋은 방법이다.

과목별 좋은 질문의 사례들

좋은 질문을 뽑으려면 먼저 학습 목표와 내용에 대해 깊이 묵상해야 하며, 교과서에 말을 걸고 질문을 던지는 훈련을 해야 한다. 브레인스토밍을 하거나 동료 선생님들과 함께 수업을 디자인하는 것도 좋은 방법이다.

다음은 과목별 좋은 질문의 예이다. [35*]

| 초등학교 5학년 사회 | 우리나라 경제의 성장과 발전

우리나라의 경제적 특징 "우리나라의 경제적 특징은 무엇인가?"
 - 허니버터칩 과자의 아류품이 많이 생긴 이유는 무엇인가? 대형 마트에서 허니버터칩에 다른 상품을 끼워 파는 이유는?
 - 개인의 경제 활동의 자유에는 어떤 것이 있는가?
 - 벼룩시장에서 물건을 잘 팔 수 있는 전략은 무엇인가?
   모둠별로 크리스마스 씰 판매 전략을 세운다면?

우리나라의 경제의 성장 과정 "우리나라의 경제의 성장 과정은 어떠한가?"
 - 50년 전과 비교해 볼 때 현재 서울의 모습이 크게 변화한 까닭은 무엇인가? 한국이 필리핀보다 상대적으로 경제 성장을 이룬 이유는 무엇인가?
 - 우리나라의 경제의 성장 과정을 설명한다면?
 - 20년 뒤 우리나라의 경제 상황이 현재보다 나아졌을지 후퇴했을지 그대로일지 예측해 보고 이유를 말해 본다면?

우리나라의 경제 성장을 위한 노력한 사람들

"우리나라 경제 성장을 위해 노력한 사람들은 누구인가?"

- 다음 10가지 품목 중 우리나라의 세계 1위인 품목 5개는 무엇인가? 삼성의 갤럭시 스마트폰이 애플의 아이폰과 견줄 수 있는 수준으로 발전한 이유는 뭐라고 생각하는가?
- 우리나라의 경제 성장을 위해 근로자, 기업가, 정부는 각각 어떤 노력을 기울였는가?
- 돈을 많이 버는 것만이 경제 성장일까?

세계 속의 우리 경제 "우리나라의 무역 상황은 어떠한가?"

- 우리나라의 1950년대 주요 수출 품목과 현재의 주요 수출 품목은 무엇일까?
- 라면의 주재료들의 원산지는 어디일까?
- 다른 나라와 무역을 하는 이유는 무엇일까?
- 우리나라 농민들이 쌀 수입 개방을 결사반대하는 이유는 뭐라고 생각하는가?

| 중학교 2학년 국어 | **소설**

미스터 방 "방삼복의 처세술을 평가한다면?"

- 지금까지 읽은 소설 중 가장 이기적인 인물이라고 생각한 캐릭터와 그 이유는 무엇인가?
- '미스터 방'의 결말이 완결되지 않은 이유는 무엇일까?
- '미스터 방'을 현대 경제의 관점에서 재해석한다면?

사랑손님과 어머니

"사랑손님과 어머니의 사랑은 순수한 사랑인가, 불륜인가?"

- 부모님은 어떻게 만나고 결혼하셨는가?

- 사랑손님과 어머니의 사랑은 불륜인가, 순수한 사랑인가? 그렇게 생각하는 이유는 무엇인가?

- 옥희의 시선으로 전개된 이야기를 손님의 시각에서 전개할 때, 추가 혹은 삭제될 부분은 어디일까?

운수 좋은 날 "반어적 표현이란 무엇인가?"

- 최근 운이 좋다거나 운이 없다고 생각한 경험이 있는가?

- 김 첨지가 아내가 아픈데도 불구하고 집에 들어가지 않고 술을 마시는 이유는 무엇이라고 생각하는가?

- 김 첨지의 아들은 나중에 어떻게 되었을까?

동백꽃 "진정한 화해란 무엇일까?"

- 친구들끼리 싸웠다 화해한 경험이 있는가? 있다면 어떤 상황이었는가?

- 점순이가 닭싸움을 시키는 이유는 무엇인가?

- 점순이와 '나'의 뒷이야기는 어떻게 전개되었을까?

수난이대 "아버지와 아들의 이야기를 보고 무엇을 느꼈는가?"

- 영화 '국제 시장' 보고 무엇을 느꼈는가?

- 이 소설의 부제를 단다면?

- 불의의 사고로 장애인이 되었다면 어떻게 살아갈 것인가?

| 중학교 1학년 과학 | 우리 생활에 영향을 미치는 과학

우리의 호기심을 풀어주는 과학
"우리의 호기심을 과학적으로 접근한다면?"

- 과학이란 (　)이다. 왜냐하면 (　　)이기 때문이다.
- 씨름도 (김홍도)에서 이기고 있는 사람은 누구라고 생각하는가?
- 혈액형으로 성격을 파악하는 것은 과학적인 것인가?

우리 생활에 영향을 미치는 과학
"과학이 우리 생활에 미치는 영향은 무엇인가?"

- 40년 뒤 인간의 체형은 어떻게 변할까?
- 과학 기술의 빛과 그림자는 무엇인가?
- 원전 추가 건설을 해야 하는가, 하지 말아야 하는가?

직업과 관련된 과학 "과학과 직업은 어떤 관련이 있는가?"

- 프로게이머가 된 후, 타임머신을 타고 50년 전으로 돌아가 내 직업에 대해 설명해야 한다면 뭐라고 할 것인가?
- 15년 뒤 새롭게 생겨나거나 사라질 직업은 무엇일까?
- 앞으로는 한 사람이 직업을 5번 이상 바꾸게 되는 시대가 온다는데, 이를 대비하기 위해 자신에게 필요한 능력을 3가지 꼽는다면?

수권의 역할과 구성 (지구상의 물) "지구에서 물은 어떤 역할을 하고 있는가?"

- 사람과 바다의 공통점과 차이점은 무엇인가?
- 물은 어떤 과정으로 순환하는가?
- 일상에서 물을 아껴 쓰고 재활용할 수 있는 구체적인 방안은 무엇일까?

천천히 흐르는 얼음 덩어리, 빙하 "빙하를 통해 알 수 있는 것은 무엇인가?"

- 지구의 과거 모습을 알 수 있는 방법에는 무엇이 있을까?

- 빙하 코어에 이산화탄소의 농도가 높았다면 예상되는 지구의 온도는 얼마인가?

- 남극의 빙하와 만년설이 다 녹는다면 어떻게 될까?

여러 물질이 녹아 있는 바닷물 "바닷물은 어떤 물질들로 이루어져 있을까?"

- 소금은 어디에 쓰이나?

- 바닷물은 어떤 성분으로 구성되어 있는가?

- 바닷물에 염분이 없어진다면 어떤 일이 생길까?

| 고등학교 생활과 윤리 | **생명/성/가족 윤리**

삶과 죽음의 윤리 "삶과 죽음을 어떻게 바라볼 것인가?"

- 주변에서 친한 사람이 죽은 경험이 있거나, 장례식장을 다녀온 경험이
  있는가?

- 삶과 죽음의 의미는 무엇인가?

- 낙태, 자살, 안락사, 뇌사 문제를 어떻게 바라볼 것인가?

생명 과학과 윤리 "생명을 존중해야 하는 이유는 무엇인가?"

- 어디에서부터 생명의 시작인가? 정자와 난자 만나는 순간인가, 태아의
  심장이 뛸 때부터인가, 아니면 태어날 때부터인가?

- 창조와 진화를 어떻게 바라보아야 하는가?

- 존엄사, 장기 이식, 인체 실험, 생명 복제, 유전자 조작을 어떻게 바라볼
  것인가?

성(性)과 사랑의 윤리 "성(性)과 사랑의 문제를 어떻게 바라볼 것인가?"

- 이성친구와의 스킨십은 어느 정도까지 허용할 수 있을까?
- 걸 그룹 의상 규제 의견에 대해 어떻게 생각하는가?
- 성차별을 받은 경험이 있다면?
- 성의 의미와 가치는 무엇인가?
- 혼전 임신, 성차별, 성적 소수자 문제, 성의 상품화 현상을 어떻게 바라볼 것인가?
- 성적 자기 결정권이란 무엇인가?

가족 관계의 윤리 "가족 윤리의 문제를 어떻게 바라볼 것인가?"

- 최근 간통의 형사처벌이 위헌으로 결정되었는데 이에 대해 어떻게 생각하는가?
- 결혼이란 무엇인가?
- 가족, 형제, 자매, 부부, 친족 간에 지켜야 할 윤리는 무엇인가?
- 고령화 사회를 어떻게 준비해야 하는가?
- 자녀를 언제까지 부모가 데리고 있어야 하는가?
- 자녀에게 유산을 물려주어야 하는가?
- 국가가 담당해야 할 노인 복지 수준은 어느 정도까지라고 생각하는가?

친구/이웃 관계의 윤리 "친구와 이웃과의 문제를 어떻게 접근해야 하는가?"

- 친구란 (   )이다.
- 친구와 이웃 사이에서 생기는 갈등 유형은 무엇인가?
- 친구와 이웃과의 관계에서 지켜야 할 윤리는 무엇인가?
- 아파트 층간 소음 문제를 어떻게 해결할 것인가?
- 님비, 핌비 현상을 어떻게 바라볼 것인가?
- 우정과 관련한 명언에는 어떤 것들이 있는가?

| 고등학교 세계 지리 | 세계 기후와 주민 생활

지역에 따른 기후 변화 "지역마다 기후가 다른 이유는 무엇인가?"

- 지역마다 가옥 형태가 다른 이유는 무엇일까?
- 하루 종일 해가 지지 않는 곳은 어디일까?
- 지구가 네모난 모양이라면 위도별 기온은 어떤 형태로 나타날까?

열대 기후의 특징과 주민 생활 "열대 기후의 특징은 무엇인가?"

- 정글에 살게 되어 제시한 20가지 도구 중 생존에 필요한 도구 5가지를 선택해야 한다면 무엇을 선택하겠는가?
- 열대 우림 기후와 사바나 기후는 어떻게 다른가?
- 열대 기후 지역에 여행을 갈 때 준비해야 할 것은?

온대 기후의 특징과 주민 생활 "온대 기후의 특징은 무엇인가?"

- 전 세계에 흩어진 한국인들이 잘 적응하며 살고 있는 이유는 무엇인가?
- 런던이 서울보다 더 위쪽에 있는데도 겨울 기온이 서울보다 더 높은 이유는 무엇인가?
- 지중해성 기후, 서안 해안성 기후, 그리고 계절풍 기후의 대표적인 농작물은 무엇인가?

냉대 기후의 특징과 주민 생활 "냉대 기후의 특징은 무엇인가?"

- 냉대 기후에서 자라는 나무는 주로 어디에 사용되며 그 이유는 무엇인가?
- 냉대 기후의 특징과 토양의 색깔은 어떠한가?
- 100년 후 냉대 지역에서 사라질 것이라 예상되는 것은 무엇이며 그 이유는 무어라 생각하는가?

| 고등학교 수학 | **함수와 확률**

함수의 극한 "함수의 극한이란 무엇인가?"

- 함수의 극한이란 무엇인가?
- '가깝다'와 '멀다'에 대한 나의 정의는 무엇인가?

함수의 연속 "함수의 연속이란 무엇인가?"

- 견우와 직녀가 마주 보고 있는 상태에서 견우만 이전 이동 거리의 절반만큼만 이동할 수 있다면, 견우는 몇 번을 움직여야 직녀를 만나게 될까?
- 구간이란 무엇인가?
- 주변에서 찾아볼 수 있는 연속적인 것과 불연속적인 것에는 무엇이 있을까?

조합과 이항 정리 "조합과 이항 정리란 무엇인가?"

- 우리 모둠에서 모둠장 2명을 뽑는 경우의 수와 모둠장 1인, 부모둠장 1인을 뽑는 경우의 수는 각각 얼마인가?
- 중복 조합과 이항 정리란 무엇인가?
- 로또 (45개 숫자)에서 1등 (6개 숫자를 모두 맞히기)을 할 수 있는 경우의 수는?

확률 "확률이란 무엇인가?"

- 확률이란 무엇인가?
- 두 명이 내기를 했을 때 이길 확률은 얼마이며, 3명, 4명인 경우는 어떠한가? 유리하다고 체감하는 경우는 몇 명과 내기를 할 때까지인가?
- 통계적 확률과 이론적 확률의 결과는 같은가 다른가? 이 사실로 설명할 수 있는 것은 무엇인가?

지행일치(知行一致)를 추구하는 4단계 접근

기존의 수업 디자인 방식은 인지적 영역, 그 중에서도 지식과 이해에 초점을 맞추고 있다. 그러나 좋은 수업은 인지적 영역 뿐 아니라 정의적, 실천적 영역까지 다루는 수업이다. 삶과 연계되지 않은 지식은 한계가 있다. 인지적으로 탁월하고 정교하게 구성된 수업이라도, 이로 인해 학생들의 생각과 행동이 변화되지 않는다면 온전한 수업이라 하기 어렵다.

브루멜른은 지식과 삶의 통합을 추구하면서, '도입 - 전개 - 마무리'의 3단계 접근법에서 벗어나 '배경 설정 - 전개 - 재구성 - 초월'이라는 4단계 접근법을 제시했다. [36] 김태현은 이를 '마음 열기 - 생각 쌓기 - 생각에 날개 달기 - 삶에 접속하기'로 재해석했다. [37] 필자는 '마음 열기 - 생각 키우기 - 생각 넓히기 - 삶에 반응하기'라는 용어로 4단계 접근을 설명하고자 한다.

기존의 3단계 접근법과 브루멜른의 4단계 접근법의 가장 큰 차이점은, 4단계인 초월 삶에 반응하기 단계에 있다. 이 단계는 배운 지식을 삶에 구체적으로 적용하고 실천하는 단계이다. 파커 파머의 말처럼 오늘날의 수업은 가슴보다는 머리, 느낌보다는 사실, 실천보다는 이론, 배움보다는 가르침에 초점을 맞추고 있다. 이 간극을 줄이기 위해서 교사는 수업에서 앎과 삶을 일치시키기 위해 노력해야 한다.

물론 '삶에 반응하기' 단계를 매 차시마다 시도하는 것은 어렵다. 교사의 부담도 클 뿐더러 실천으로 연결하기 어려운 주제들도 있고, 가능하다하더

단계	내용	사례 (사회 정의)
마음 열기	· 학습 흥미 유발	– 살면서 부당한 대우를 받았다고 　느꼈던 적이 있다면 언제였나? 　(문답법)
생각 키우기	· 학습 내용의 이해 · 지식과 이해에 초점	– 정의란 무엇인가? (문답법, 토의) – 비폭력 투쟁이란 무엇인가? (설명) – 비폭력 투쟁의 사례는 무엇인가? 　(과제 분담 학습 모형) – 내부 고발자란 무엇인가? (설명)
생각 넓히기	· 학습 주제에 대한 　분석, 종합, 비판에 　초점	– 내가 만약 성진이라면 어떤 　선택을 할 것인가? 　(일화를 활용한 의사 결정 모형)
삶에 반응 하기	· 지식과 삶의 연결 · 지식의 실천	– 사회의 부당함에 맞서 학생으로서 　내가 실천할 수 있는 것은 무엇일까? 　(사회 참여 프로젝트 활동)

라도 제한된 수업 시간 내에 소화하기 어려운 경우도 있기 때문이다. 따라서 학습 주제와 성격에 따라 가능한 부분에서 시도하는 것이 좋다.

　수업 디자인을 할 때는 차시별보다는 학습 주제별로 접근하는 것이 좋다. 다음은 위에서 제시한 사회 정의에 관한 수업의 차시별 계획이다. 여기서는 4차시 수업으로 구성해 보았다.

사례 (사회 정의)	차시별 계획
– 살면서 부당한 대우를 받았다고 느꼈던 적이 있다면 언제였나? (문답법)	1차시
– 정의란 무엇인가? (문답법, 토의) – 비폭력 투쟁이란 무엇인가? (설명) – 비폭력 투쟁의 사례는 무엇인가? (과제 분담 학습 모형) – 내부 고발자란 무엇인가? (설명)	2차시
– 내가 만약 성진이라면 어떠한 선택을 할 것인가? (일화를 활용한 의사 결정 모형)	3차시
– 사회의 부당함에 맞서 학생으로서 내가 실천할 수 있는 것은 무엇일까? (사회 참여 프로젝트 활동)	3,4차시

수업 디자인과 실제 수업은 다를 수 있다

수업 디자인과 실제 수업은 다를 수 있다. 교사가 아무리 수업을 정교하게 디자인한다 해도 실제 수업은 전혀 다르게 흘러갈 수 있다.

필자가 참관한 중학교 과학 수업의 예를 들어보겠다. 그 날 수업의 목표는 지난 시간에 배운 용해도 개념을 토대로 붕산과 염화나트륨의 혼합물을 분리하는 실험을 하는 것이었다. 선생님은 도입에서 지난 시간에 배운 용해도 개념을 확인했는데, 대부분의 학생들이 잘 이해하지 못하고 있었다. 하지만 선생님은 당황하지 않고 전 시간에 배운 내용을 다시 한 번 친절하게 설명해 주었는데, 그러다보니 정작 시간이 수업 시간이 10분밖에 남지 않게 되었다. 선생님은 실험은 다음 시간으로 미루고, 붕산과 염화나트륨의 혼합물을 어떻게 분리해야 할 것인지 모둠 토의를 하는 것으로 수업 내용을 변경했다. 의도대로 진행되지 않더라도 현재 학생들의 배움의 위치를 고려하여 유동적으로 반응한 것이다.

교사들은 대부분 도형 심리학 상 네모(□)형에 속하는 탓에, 어떤 상황이든 준비한대로 수업을 진행하려는 면이 있다. 그러나 학생과의 상호 작용이나 학생들의 배움의 속도와 상관없이 수업을 진행하다가는 교사 따로 학생 따로 노는 수업이 될 수 있다. 준비한 것을 못하게 되면 다음 수업에서 일부를 줄이고 다루지 못했던 부분을 다루면 된다. 이러한 유연한 태도는 수업 연구가 충분히 되어 있을 때 자연스럽게 나온다. 수업의 유연성은 차시 단위가 아닌 학습 주제 단위로 수업을 디자인할 때 나온다.

가르침은 배움을 위해 존재한다는 것을 잊어서는 안 된다. 수업은 철저하게 디자인하되 실제 수업은 유연하게 접근해야 한다.

질문이 살아있는 수업

- 학교 교사보다 학원 강사가 수업을 더 잘하는 것처럼 느껴지는 이유는?

- 교육과정 재구성이란 무엇인가?

- 교육과정 재구성을 왜 해야 하는가?

- 교육과정 재구성을 어떻게 할 수 있는가?

- 교과내 재구성과 범교과적 재구성은 어떻게 할 수 있는가?

- 다중지능이론이란 무엇인가?

- 다중지능이론에 따라 교육과정 재구성을 한다면?

4장

질문이 살아있는 교육과정 재구성

지혜의 핵심은 올바른 질문을 할 줄 아는 것이다

··· 존 사이먼

교육과정 재구성이란 무엇인가?

교육과정 재구성이란 국가 수준의 교육과정을 교사가 학생 및 교사, 학교 등의 상황에 맞게 새롭게 구성하여 수업에 활용하는 것을 말한다. 국가 수준 교육과정은 우리 사회가 해당 연령의 학생들에게 꼭 가르쳐야 할 지식이 무엇인지 토의하여 합의한 것이다.

교육과정 재구성과 관련된 개념들로 융합 교육과정, 프로젝트 학습, 다중 지능 수업 등을 들 수 있다. 융합 교육과정이란 교과 간의 울타리를 허물고 지식이나 다양한 학습 경험들을 학생의 흥미, 주제, 활동 중심으로 상호 관련지어, 전체로서의 학습 의미를 완성시키고 인간의 전인적 발달을 성취하기 위한 교육과정이라 할 수 있다. [38*] 프로젝트 학습, 다중 지능 수업 등은 융합 교육과정을 구현하기 위한 방식이라 할 수 있다. 융합 교육과정과 교육과정 재구성이라는 말은 혼용되지만, 보통 교육과정의 주체가 국가인 경우에는 융합 교육과정이라는 표현을, 교사인 경우에는 교육과정 재구성이라는 표현을 자주 사용한다. [39*] 여기에서는 교사 입장에서 접근한다는 점에서 교육과정 재구성이라는 표현을 사용하고자 한다.

국가 수준 교육과정은 보통 수도권에 사는 중위권 학생들을 대상으로 구성하기 때문에 도시에 살지 않는 학생에 대한 배려는 상대적으로 부족하다. 또한 상대적으로 성적이 낮은 학생들에게는 어렵게, 성적이 좋은 학생들에게는 쉽게 느껴지게 된다. 따라서 교육과정 재구성의 핵심은 지식과 학생의 삶 사이의 거리를 좁히는 데 있다고 할 수 있다.

교육과정의 수준은 교육과정을 구성하는 주체에 따라 국가 수준 교육과정, 지역 수준 교육과정, 학교 수준 교육과정, 교사 수준 교육과정으로 나뉜다. 그러나 국가 수준 교육과정은 최종적으로 교사에 의해 구현된다는 점에서, 엄밀히 말해 교육과정은 교사 수준에서 결정된다고 할 수 있다.

다만 국가 수준 교육과정이나 교과서에 충실히 구성하는가, 적극적으로 재구성하는가, 아니면 국가 수준 교육과정 자체를 초월하거나 무시하고 구성하는가에 따라 정도의 차이가 있다. 이를 교과서 진도형, 교육과정 재구성형, 교육과정 초월형 혹은 무시형으로 이라 부를 수 있다. [40*]

교과서 진도형은 교과서가 곧 교육과정이라는 전제 하에, 교과서에 따라 진도를 나가는 데 초점을 맞춰 수업을 진행한다. 반면 교육과정 재구성형은 교과서는 교육과정을 구현하기 위한 교재라는 전제 하에, 학습 주제나 단원의 특성, 학생의 관심사나 성적 수준 등에 맞춰 교육과정을 재구성하여 수업을 진행한다.

마지막으로 교육과정 초월형 혹은 무시형은 국가 수준 교육과정을 넘어 교사가 직접 교육과정을 만들어 수업한다. 초월형과 무시형의 가장 큰 차이는 교사의 전문성에 있다. 교육과정에 대한 고도의 전문성이 있으면 초월형이 되지만 그렇지 않으면 무시형이 된다. 따라서 교사의 수업 전문성이 낮은 상태에서는 초월형을 추구해도 실제로는 무시형으로 전락하게 된다. 초월형은 교사가 곧 교육과정이라는 점에서 교사에의 의존도가 매우 높다.

안타깝게도 우리나라 인문계 고교의 경우, 교육과정을 정상적으로 운영하지 못하고 있다. 3년 교육과정을 2년 동안 진행하고, 고3에서는 교육방송 교재로 수능을 준비하는 상황이다. 이 경우는 초월형보다는 무시형에 가깝다고 볼 수 있다.

교육과정 재구성의 범위와 수준은 교사의 교육 철학과 밀접히 관련된다. 객관적인 지식관을 지닌 경우에는 교과서 진도형을 선호하게 되는 반면, 구성주의적 지식관을 지닌 경우 상대적으로 교육과정 재구성형을 선호하게 된다. 또한 국가 수준 교육과정에 대한 반감이 깊다면 이를 무시하려 할 것이고, 교사의 전문성이 뛰어나다면 교육과정을 초월하고자 할 것이다.

여기에서는 교육과정 재구성형에 초점을 맞추고자 한다.

교육과정 재구성은 왜 필요한가?

우선 교사는 교과서의 집필자가 아니기 때문이다. 교과서를 집필하게 되면 그 과정에서 교육과정과 교과 지식을 깊이 이해하게 된다. 그러나 남이 쓴 교과서로 수업을 하게 되면 교과서에 기술된 표면적 지식만을 전달하려는 경향이 나타난다. 이렇게 되면 수업 내용의 깊이는 상대적으로 얕을 수밖에 없다.

둘째, 교과서와 학생 사이에 간극이 존재하기 때문이다. 우리나라 교과서들은 보통 지식을 요약해 놓은 형태로 기술되어 있어, 학생들이 교과서만 가지고 자기 주도적 학습을 하는 것이 쉽지 않다. 또한 교과서의 지식 수준이 학생들의 수준과 맞지 않는 경우가 있다. 그렇게 되면 성적이 우수한 학생들은 쉽다고 느끼고 그렇지 못한 학생들은 어렵다고 느낀다. 따라서 교사는 교과서와 학생 사이에 징검다리를 놓아주어야 하며, 그 징검다리는 학습지 혹은 워크북이 될 수 있다.

셋째, 교과서는 무난한 반면 학생들에게 매력적으로 다가가기 어려운 면이 있기 때문이다. 교과서에 실린 예화나 활동들은 학생들의 흥미를 유발하기에 다소 밋밋한 경우가 많다. 따라서 교육과정 재구성을 통해 학생들의 관심사에 맞는 방식으로 접근할 필요가 있다.

넷째, 질문이 살아있는 수업을 하려면 교육과정 재구성이 필요하다. 교육과정의 분량이 많으면 교사는 교과서 진도 나가기에 급급할 수 있다. 이러한 상황에서는 사고의 폭을 넓히고 깊이를 더하는 질문들을 중심으로 수업하기 힘들다. 그러므로 교육과정 재구성을 통해 어느 정도 여백을 만들고 그 여백을 활용해야 질문을 중심으로 풍성한 수업을 진행할 수 있다.

그 외 일반적인 측면에서 교육과정 재구성이 필요한 이유는 다음과 같다. [41*]

- 교육과정은 고정된 것이 아닌 가변적인 것이다.
- 교육과정에는 학생의 특성, 경험, 흥미, 적성, 관심, 성취 수준이 반영되어야 한다.
- 교사는 학생에게 가치 있는 것이 무엇이며 그것을 왜 가르쳐야 하는지 고민해야 한다.
- 교육과정의 방향은 설계자의 교육 철학과 신념에 따라 결정된다.
- 각 교과마다 내용이나 주제가 중복되는 경우가 많다.
- 교사, 학생, 학부모, 지역 사회 등 다양한 교육 주체들이 교육과정 구성에 참여할 필요가 있다.

교육과정 재구성은 어떻게 해야 하는가?

교육과정 재구성의 방식은 다학문적 접근, 간학문적 접근, 탈학문적 접근 등으로 나눌 수 있다. [42*]

다학문적 접근은 한 교과의 특정 단원을 중심으로 다른 교과에서 관련된 내용을 끌어오는 방식이다. 예를 들어 과학 수업에서 '물'에 대해 공부한다면 국어과, 도덕과, 사회과 등에서 이와 관련한 내용을 팀 티칭 형태로 가르치는 것이다. 간학문적 접근은 교과 간 공통 소재를 중심으로 여러 교과의 내용을 연결하는 방식이다. 주제가 '가정'이라면 국어과, 도덕과, 사회과, 기술 가정과 등에서 다루고 있는 가정과 관련된 내용을 모아 재구성하는 것이다. 탈학문적 접근은 학습 내용을 결정한 후 국가 교육과정에 관련된 내용이 들어있는가 만을 확인하는 방식이다. 세월호 사건을 중심으로 교육과정을 재구성하는 경우가 이에 해당한다.

교육과정 재구성은 교과 범위 및 담당 교사에 따라서 교과 내 재구성과 범교과적 재구성으로 나눌 수 있다. 교과 내 재구성은 한 명의 교사가 담당 교과 내에서 교육과정을 재구성하는 방식이며, 범교과적 재구성은 한 명 혹은 여러 명의 교사가 하나의 주제를 중심으로 교과를 넘어서서 교육과정을 재구성하는 방식이다.

또한 교육과정 재구성의 주체가 누구인가에 따라, 교사 중심 재구성 방식과 학생 중심 재구성 방식으로 나눌 수 있다. 교사 중심 재구성 방식은 개별 교사나 교사 그룹이 협력하여 교육과정을 재구성하는 것이고, 학생 중심 재구성 방식은 학생이 주도권을 가지고 교육과정을 재구성하는 것으로 프로젝트 학습이 이에 해당한다.

교과 내 교육과정 재구성

교과 내 교육과정 재구성은 교사 개인이 실천할 수 있는 교육과정 재구성 방식이다. 광명 운산고등학교의 연현정 선생님은 과학적 탐구력에 초점을 맞춰 다음 7가지 질문으로 지구 과학 교육과정을 재구성하고 한 학기 동안 수업을 진행하였다.

고등학교 지구 과학 교육과정 구성 내용 (Ⅲ. 신비한 우주, 다가오는 우주)

단원명	학습 목표 및 내용
1. 천체의 관측 » 천체 관측 » 태양의 활동과 관측 » 달의 운동과 관측 » 행성의 운동과 　태양계 모형 » 별의 관찰	· 천체 관측 도구의 기본 원리와 사용법 이해 · 달, 태양, 행성 등의 관측을 통해 태양계 이해 · 태양 표면에서 나타나는 현상에 대해 이해 · 달의 운동과 위상 변화 관찰 및 특징 이해 · 태양-지구-달의 관계 이해 · 행성의 겉보기 운동 이해 · 각 행성의 관측 시기 이해 · 별의 밝기와 등급 이해 · 별까지의 거리 이해 (연주시차를 이용)
2. 태양계 탐사	· 우주 탐사선의 역사적 추이 조사 · 태양계 탐사 방법과 목적 이해 · 태양계를 구성하는 천체들의 특징 비교 설명 · 지동설과 천동설 비교 설명 · 우주관의 변천과정 조사, 이해

교육과정 재구성을 위한 7가지 핵심 질문

1. 낮과 밤이 생기는 이유는 무엇인가?
2. 천체의 위치는 어떻게 나타낼 수 있을까?
3. 지구가 자전하면 어떤 현상이 일어날까?
4. 지구의 공전은 어떻게 일어날까?
5. 달이 항상 같은 면만 보이는 이유는 무엇인가?
6. 달의 모습이 주기적으로 변하는 이유는 무엇인가?
7. 일식과 월식의 원리는 무엇인가?

교육과정 재구성 학습지 사례 "왜 달은 항상 같은 면만 보일까?"

주제	달
문제 제기	- 늘상 보고 있는 것들을 과연 우리는 제대로 보고 있는 것일까? - 달이 항상 같은 면만 보이는 이유는 무엇인가?
배경 지식 쌓기	〈달 형성에 대한 가설〉 가장 널리 알려진 모형에 의하면, 달은 태양계가 만들어지기 시작한 시기에 화성 크기의 물체가 지구와 충돌하면서 형성되었다고 한다. 그 충돌은 지구의 표면을 녹여 어린 지구의 지각과 맨틀에 있던 많은 양의 암석을 분출시켰으며, 이렇게 분출된 조각들 중의 일부가 지구 주위의 궤도에 들어가 하나로 뭉쳐져 달을 형성했을 것이라는 것이다. 이러한 거대 충돌 가설은 우리가 달에 대해 알고 있는 여러 사실과 모순되지 않는다. 분출된 물질들은 대부분 철 성분이 별로 없는 맨틀과 지각의 암석들이었다는 점은, 달에 철로 된 상당한 크기의 핵이 없음을 설명해 준다. 또한 달에 휘발성 물질 (물)이 별로 없는 이유는, 분출된 물질들이 궤도상에 오래 머무르는 과정에서 물을 잃어버렸기 때문일 것이다. 이러한 믿을만한 증거에도 불구하고 아직도 풀리지 않는 의문들이 몇 가지 있다.

〈달 탐구〉	① 달은 지구의 ( )이다. ② 달의 공전 방향은? ③ 달의 공전 속도는? ④ 달의 자전 방향은? ⑤ 달의 자전 속도는? ⑥ 달에서 흰 부분과 어두운 부분은 무엇을 나타내는가? ⑦ 달에서 토끼 모양을 찾아 그리라.

탐구 1	아래의 두 경우에 따른 A, B, C 위치에서의 달의 모습을 그리라. (달에 꽂은 막대의 운동 살피기)	
준비물: 스티로폼 구, 사인펜, 이쑤시개	달이 공전만 하는 경우	달이 같은 속도로 공전과 자전을 하는 경우
	결론:	결론:
	최종 결론:	

탐구 2

다음 1~3은 우리나라 (중위도)에서 촬영한 달 사진이다.
A, B, C 중 어느 방향의 하늘을 촬영한 것인지 추측해 보라.

	1	2	3
사진			
하늘 방향			
판단 이유			

점프

그림은 권혁인의 [월하]이다. (자료 제공- 210 권현재)

① 이 그림은 우리나라에서 어느 쪽 하늘을
   보고 그린 그림인가?

② 달은 시간에 따라
   어떻게 이동할 것인가?

범교과적 교육과정 재구성 (융합 수업, 범교과적 프로젝트 수업)

범교과적 교육과정 재구성이란 교과를 뛰어 넘어 주제를 중심으로 재구성하는 것으로, 주로 여러 교과 교사들이 공동으로 참여한다. 학교에서는 지식과 삶을 지나치게 분절적으로 접근하는 경향이 있는데, 범교과적 접근은 이를 통합적으로 바라보게 해 준다.

범교과적 교육과정 재구성의 단계는 다음과 같다.

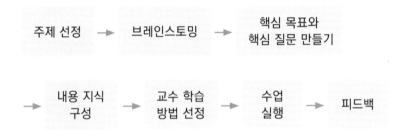

다음은 경기 효촌초등학교에서 '함께 도우며 살아가는 지구촌'을 주제로 범교과적으로 교육과정을 재구성한 예이다.

11-2월 학습 주제　함께 도우며 살아가는 지구촌

이번 '함께 도우며 살아가는 지구촌' 수업은, 학생으로 하여금 세계 도처의 전쟁과 기아의 상황을 이해하고, 사랑, 인, 자비를 가지고 (도덕과) 이들을 도울 수 있는 방법이 무엇인지 찾아보게 한 뒤, 다양한 방법 (모자 뜨기, 양로원 방문 등)으로 실천하는 것을 목표로 한다.

핵심 가치와 역량

· 배려

· 책임

· 감탄

· 협동적 의사 소통 능력

· 정보 통신 사용 능력

· 문제 해결 능력

과목	단원	핵심 질문	활동 및 활동 내용
도덕	9. 평화로 운 삶을 위해	세계 곳곳에서 전쟁이 끊이지 않는 이유는? 평화는 왜 소중한가?	- 시리아 사태 관련 영상을 보고 평화 의 의미와 중요성 알기 - 세계 평화와 인류애를 실천하는 모 범 사례 알기 - 지구촌 5세 미만 영유아 사망율에 대한 정보 알기 - '모자 뜨기 운동'을 통해 생활 속에 서 실천할 수 있는 평화 만들기 실천하기
	10. 참되고 숭고한 사랑	사랑을 구체적으로 실천해본다면?	- 사랑과 인, 자비의 의미 알기 - 전 재산을 기부한 할머니 사연 알기 - 테레사 효과, 임상옥 예화 보고 양로원 방문 준비하기
	8. 공정한 생활	가정과 학교에서 공정한 생활을 한다면?	- 공평함에 대해 생각하기 - 공정한 생활을 위한 실천 원리와 그에 맞는 행동 방식 알아보기 - 가정과 학교에서 공정한 생활 실천 하기

국어	6. 생각과 논리	논설문을 읽어야 하는 이유는? 다른 사람에게 내 의견을 설득하려면?	– 〈정체 불명의 기념일〉을 읽고 상황 을 생각하며 논설문 읽어야 하는 까닭 알기 – 〈전통 음식 사랑하기〉 읽고 주장이 타당한지 파악하는 방법 알기 – 주장에 대한 나의 생각 말하기 '보존인가 개발인가' 토론하기
	1. 문학과 삶	〈방구 아저씨〉에 나타난 인물 사이 의 갈등은?	– 〈방구 아저씨〉 읽고 인물 사이의 갈등 이해하기
	3. 문제와 해결	동일 사건에 대해 뉴스마다 관점이 다른 이유는? 주변에서 개선되어 야 할 부분을 뉴스 취재 형태로 표현 한다면?	– 뉴스의 사회적 기능을 알아보고, 사회적으로 관심 있는 문제에 대해 토의하기 – 관심 있는 문제에 대해 취재 계획 세우기 – 뉴스의 사회적 기능 생각하며 뉴스 만들기 – 독도에 대한 글 읽고 글쓴이의 생각 알아보기 – 시애틀 추장의 연설 읽고 글쓴이의 생각 파악하기 – 〈생명의 물을 나누어요〉, 〈사랑하는 젊은이에게 〉 읽고 글쓴이가 추구하 는 가치 파악하기
	4. 마음의 울림	유머 글이 웃긴 이유는?	– 축하하는 상황을 이해하고, 읽는 이의 마음을 고려하여 축하하는 글쓰기 – 축하의 글 고쳐 쓰고 낭독하기 – 〈오시오, 자시오, 가시오.〉, 〈나무 그늘을 산 총각〉 읽고 웃음을 주는 글의 효과 알기

국어		내 이야기를 재미 있게 표현한다면?	- 〈두 분은 아무래도〉, 〈왕치, 소새, 개미〉 본문 읽고 재미있는 장면 상상하기
	6. 생각과 논리	논설문을 읽어야 하는 이유는? 다른 사람에게 내 의견을 설득하려면?	- 〈정체 불명의 기념일〉을 읽고 상황을 생각하며 논설문 읽어야 하는 까닭 알기 - 〈전통 음식 사랑하기〉 읽고 주장이 타당한지 파악하는 방법 알기 - 주장에 대한 나의 생각 말하기 '보존인가 개발인가' 토론하기
	7. 즐거운 문학	소설의 내용을 연극으로 표현한다면?	- 반언어적 표현과 비언어적 표현 이해하기 - 등장인물의 성격에 맞게 표현하는 방법 알아보기 - 좋아하는 시 소개, 이유 말하기 - 좋아하는 동화나 소설 소개하고 이유 말하기 - 크리스마스 캐럴 연극 연습해서 발표하기
	사금파리 한 조각	등장인물의 성격은? 내 꿈을 이루기 위해 노력해야 할 것은?	- 책을 읽고 인물의 성격 파악하기 - 우리 청자에 대해 조사하기 - 자신의 꿈과 연결하여 〈사금파리 한 조각〉 보고서 쓰기
사회	2. 세계 여러 지역 의 자연과 문화	다른 나라 음식을 만들어 본다면?	- 세계 여러 나라의 음식 문화에 대한 조사 계획 세우고 조사하기 - 음식 만들기 대회 (실과와 연계) - 음식에 대한 보고서 만들고 보고하기

| 사회 | 3.
정보화
세계화
그리고
우리
(18) | 과학은 우리 미래를 풍요롭게 할 것인가, 위태롭게 할 것인가?

세계화는 필요한가, 그렇지 않은가?

전통 문화 계승을 위해 우리가 노력해야 할 것은? | – 과학 기술의 발달과 정보화가 우리 생활에 미치는 영향을 알고, 미래 사회에 미치는 영향 예측하기
– 세계화의 긍정적, 부정적 측면에 대해 알아보고, 쟁점이 되는 사례를 이해하며, 쟁점에 대한 자신의 입장을 근거를 들어 주장하며 토론하기
– 전통 문화 계승의 중요성을 알고 다양한 문화가 공존하는 공간 소개하기
– 분단으로 인해 발생하는 문제 사례 이해하기, 지구촌의 여러 분쟁 사례를 살펴보고 갈등과 분쟁의 원인을 이해하기, 문제 해결을 위한 노력들을 조사하기, 인류 공동 번영을 위해 우리가 할 수 있는 일 찾아보기 |

다음은 한 교사가 여러 교과를 융합하여 재구성한 소명중고등학교의 인문학 수업 사례이다.

고등학교 1학년 1학기 (주제 : 공동체와 나 – 논리, 공부 방법, 역사, 국가)

	핵심 질문	세부 내용	필독서	학습 활동 및 평가 과제	관련 학문 (교과)

3월	공부를
	어떻게
	할
	것인가?
		– 수업
		  오리엔테이션
		– 모둠 구성 및 모둠 세우기 활동
				– 모둠 세우기
				  활동
					논리학
					
					(국어과)

3월		- 프로젝트 수업 안내, 보고서 작성 요령, 코넬 노트 정리법, 프리젠테이션 요령 등 공부 방법 배우기 - 논리학의 기초 - 질문의 중요성 깨닫기 및 질문 만들기	질문의 7가지 힘 (도로시 리즈, 더난출판)	- 논리 예제 풀기 및 퀴즈 활동	
4월	토론을 어떻게 할 것인가?	- 토론의 기초 - 토론의 실제 : 외모 지상주의, 대학 입시, 사형 제도 등	소통을 꿈꾸는 토론학교 사회·윤리 (김범묵,윤용아,우리학교)	- 토론 주제 관련 자료 찾기 - 토론 학습지 정리	논리학 (국어과 사회과)
5월	우리 역사를 어떻게 바라볼 것인가?	- 역사를 어떻게 바라볼 것인가? - 역사관의 유형 비교 - 한국 역사를 바라보는 관점	우리 역사 5천년을 어떻게 볼 것인가 (이만열, 바다)	- 독서 활동 - 마인드맵 - 토론 활동 - 프로젝트 발표 - 퀴즈 테스트	역사학 (역사과)
6월	국가란 무엇인가?	- 국가의 정의, 역할과 기능 - 국가를 바라보는 관점 비교	국가 (플라톤/송재범 역, 풀빛)	- 독서 활동 - 마인드맵 - 토론 활동 - 프로젝트 발표 - 퀴즈 테스트	정치학 (일반사회과/ 윤리과)
7월	북한을 어떻게 바라볼 것인가?	- 북한에 대한 기본 인식 - 북한 역사를 통한 북한의 이해	사진과 그림으로 보는 북한 현대사 (김성보 외, 웅진지식하우스)	-질문 -강의 -토의, 토론	정치학 (일반사회과/ 도덕윤리과)

다음은 소명중고등학교에서 여러 교과 교사들이 협력하여 만든 범교과적 교육과정 재구성 사례이다.

주제 : 세월호 사건 (2014학년도)

과목	핵심 질문	수업 활동
국어과	세월호 사건 희생자들을 애도하는 표현을 한다면?	– 세월호 신문 기사 분석 및 토론 활동 – 세월호 사건의 각 주체들 (선장 및 회사, 구조업체, 정부)의 입장을 비판적으로 분석하기
인문학	사회 정의론 입장에서 세월호 사건을 어떻게 바라볼 것인가?	– 세월호 신문 기사 분석 및 토론 활동 – 공리주의, 칸트의 의무론, 롤스의 사회 정의론, 아리스토텔레스의 덕 윤리 입장에서 세월호 사건을 비판하기
영어과	세월호 사건을 어떻게 이해할 것인가?	– 세월호 영자 신문 기사 독해 및 토의
과학과	배가 침몰한 과학적 이유는 무엇인가?	– 배가 침몰한 과학적 이유 토의 – 평형수를 이해하기
음악과	추모의 마음을 노래로 표현한다면?	– 추모곡의 의미 이해하기 – '천 개의 바람이 되어' 노래 부르기
진로와 소명과	직업인의 윤리적 관점에서 세월호 사건을 이해한다면?	– 직업인으로서 사회 참여와 책임 의식에 대하여 이야기하기
창의 재량	세월호 희생자들에 대한 애도의 마음을 표현한다면?	– 써클 방식으로 고통을 공감하고 애통의 마음을 표현하기 (외부 전문가 초청 행사) – 애도의 나무 만들기

주제 : 고통, 그 너머 (2015학년도)

과목	핵심 질문	수업 활동
국어과	사회적 아픔을 향가 형식으로 표현한다면?	- 향가의 특징과 의미 이해하기 - 개인적 아픔, 사회적 고통에 대하여 생각하고 모둠별로 나누기 - 아픔을 승화할 수 있는 내용을 향가 형식을 빌어 패러디하고 발표하기
역사과	사회 정의론 입장에서 세월호 사건을 어떻게 바라볼 것인가?	- 모둠 문장 만들기 활동 (세월호는 ○○이다. 왜냐하면 ○○ 이기 때문이다.) - 세월호 사건 일지를 역사 신문 형태로 정리하고 발표하기
영어과	고통과 아픔을 표현하는 영어 표현은?	- 팝송 'Sorry seems to be the hardest word' 감상 - 영어의 'sorry' 표현의 의미 - 고통을 나타는 표현이나 응답의 표현들을 이야기하기 - 고통의 나무에 달릴 영문 메시지 기록하기
과학과	세포 안의 농도 변화에 따른 현상을 사회 현상에 비유한다면?	- 삼투 현상에 대하여 설명하기 - 세포 안의 물의 농도에 따라 양파 세포가 어떻게 되는지 현미경으로 관찰하기 - 세포 안의 물의 농도 차이에 따른 세포 상태의 변화를 사회 현상에 빗대어 이해하기
수학과	애도의 마음을 숫자로 표현한다면?	- 교사가 먼저 사회적 사건을 숫자로 표현하고 그 의미를 설명하기 - 숫자로 자신의 삶에 대해 이야기하기 - 친구의 이야기에 경청하고 공감하는 표현을 익히고 말하기 - 애도의 마음을 숫자로 표현하기

미술과	사회적 고통을 표현한 미술 작품은?	- 고통의 나무 제작 설치, 죽은 나무 헌화 - 메멘토 모리와 바니타스 회화에 대한 이해 - 루이스 하인과 케테 콜비츠의 작품에 대한 동영상과 사진 감상하기 - 고통을 외면하는 사회 현실에 대해 이야기 나누기
음악과	'고통 그 너머'를 음악적으로 표현한다면?	- 세월호 동영상 감상 - 소감 이야기 - 교사가 리듬을 제시하고 학생들이 그 리듬을 바탕으로 작곡하기 - 곡에 맞추어 가사를 만들어 곡 완성하기

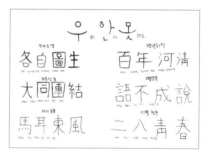

범교과적 교육과정 재구성은 집단 지성을 활용하여 수업 디자인 능력을 향상시킬 수 있다는 장점이 있다. 하지만 이는 학교 안에 수업 공동체가 잘 구축되어 있을 때 가능하다. 따라서 먼저 교과 내 교육과정 재구성 작업을 하면서 점진적으로 시도하는 것이 좋다.

다음은 수업 공동체를 기반으로 범교과적 교육과정 재구성을 하기 위한 교사용 활동지의 예이다. [43]*

활동지 예시

융합 수업을 위한 범교과적 접근

학습 주제	

과목	단원명	핵심 질문	수업 내용 및 방법	실시 시기	평가
교사 1 ( )					
교사 2 ( )					
교사 3 ( )					
교사 4 ( )					

이러한 접근은 기존의 교육과정이 지닌 문제를 보완해 줄 수 있다. 그러나 지나치게 범교과적 접근만을 강조하면 자칫 교과별 핵심 지식을 소홀히 하게 될 수 있으므로 유의해야 한다. 범교과적 교육과정 재구성이 활성화되려면 무엇보다도 기존 교육과정에서 다루는 지식의 분량이 줄어들고, 입시제도 또한 이에 걸맞게 변해야 한다. 범교과적 교육과정 재구성이 가능한 여건과 분위기가 형성된 학교는 많지 않다는 점에서, 현재로서는 교사의 교과 내 교육과정 재구성이 현실적인 접근이라 할 수 있다.

다중 지능 이론을 통한 교육과정 재구성과 다중 지능 수업

다중 지능 이론은 교육과정을 재구성하고 프로젝트 학습을 하는데 유용한 도구로 활용할 수 있다.

| 다중 지능 이론 Multiple Intelligences, MI 이란? |

1904년 프랑스 교육부 장관에게 연구 의뢰를 받은 심리학자 알프레드 비네는, 초등학생들의 학습 능력을 측정하고 교정하기 위한 최초의 지능 검사 도구를 개발했다. 이 지능 검사는 몇 년 후 미국으로 도입되어 확산되었고, 이후 객관적으로 측정되어 단일 지수 혹은 IQ 점수로 환산할 수 있는 소위 '지능'이라는 말이 널리 퍼지게 되었다.

비네가 지능 검사를 만든 지 약 80여 년이 지난 1983년, 하버드 대학교의 하워드 가드너 Howord Gardner 는 인간의 지능은 단일한 능력이 아닌 다수의 능력으로 구성되어 있으며, 각 능력들은 모두 동일하게 중요하다고 가정한다. 가드너는 지능을 "문화 내에서 가치 있다고 여겨지는 문제를 해결하거나 결과물을 창출하는 능력"으로 정의했다. 전통적인 IQ 개념은 학교에서 가치 있다고 여기는 지식이나 기능에 초점이 맞추어져 있지만, 가드너의 지능 개념은 이보다 훨씬 넓은 범위에 걸쳐 있다.

가드너가 제시한 인간의 다중 지능은 음악적 지능 musical intelligence, 신체운동적 지능 bodily-kinesthetic intelligence, 논리 수학적 지능 logical-mathematical intelligence, 언어적 지능 linguistic intelligence, 공간적 지능 spatial intelligence, 대인 지능 interpersonal intelligence, 자성 지능 intrapersonal intelligence, 그리고 자연 이해 지능 naturalist intelligence이다. [44*]

다중 지능의 핵심은 다음과 같다. [45*]

첫째, 모든 사람은 정도의 차이는 있지만 8가지 지능을 다 가지고 있으며, 각 지능이 합해져 독특한 한 사람을 형성한다.

둘째, 모든 사람은 각 지능을 적절한 수준까지 계발할 수 있다. 가드너는 모든 사람은 적절한 여건 (용기, 좋은 내용, 좋은 교육)만 주어진다면 비교적 높은 수준의 성취를 이룰 수 있다고 주장한다.

셋째, 각 지능들은 복잡한 방식으로 연관되어 작용한다. 예를 들어 우리는 요리를 할 때 자신이 가장 잘 할 수 있는 요리가 무엇인지 찾아서 (자성 지능) 요리법을 읽고 (언어적 지능) 단계에 맞춰 요리한 뒤 (논리 수학적 지능) 먹는 이의 취향을 고려하여 요리한다 (대인 지능).

넷째, 각 지능은 다양한 방식으로 향상시킬 수 있다. 각각의 지능은 반드시 특정한 형태로만 발전되는 것은 아니다. 예를 들어 똑같이 언어적 지능이 뛰어나도 누구는 말을, 누구는 읽기를 잘 할 수 있다.

| 다중 지능을 통한 교육과정 재구성과 다중 지능 수업 |

다중 지능 이론은 언어적, 논리 수학적 지능 이외에도 다양한 지능이 존재함을 증명하고자 했다. 다중 지능 이론은 새로운 교수 학습 방법과 통합 교육과정의 좋은 사례를 제공해 준다.

이영만 (2001)은 일반적인 다중 지능 MI 수업 지도안의 개발 단계를 다음과 같이 소개한다. [46*]

제1단계 : 재구성할 단원 혹은 제재 선정
↓
제2단계 : 기존 단원의 내용 분석
↓
제3단계 : 브레인스토밍과 MI 분석표를 통한 새 통합 단원의 내용 진술
↓
제4단계 : 통합 학습 단원의 학습 내용을 토대로 목표 진술
↓
제5단계 : 학습 목표에 따른 학습 활동 진술
↓
제6단계 : 다중 지능 이론 수업 지도안 작성

| 다중 지능 이론을 활용한 교육과정 재구성 사례 |

다음은 중학교 1학년 창의 재량 활동 시간에 활용했던 마인드 맵이다. '나'를 주제로 한 기존의 인성 교육 자료들이 인간의 무한한 잠재력에 중점을 두는 반면, 여기서는 좀 더 다양한 측면에서 접근하고자 했다.

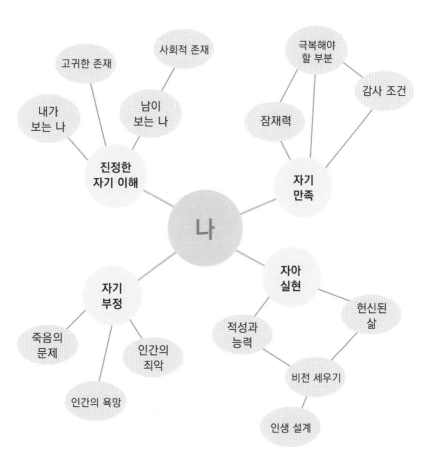

서울 ○○중학교 1학년 창의 재량 활동 시간 운영 계획

주제	단계	단원	교수 학습 목표	교수 학습 활동
아름다운 십대	자기 이해	1. 나를 소개합니다	자신을 남에게 소개할 수 있다.	· 모둠 세우기 활동 · 나를 소개합니다
		2. 나를 표현해 봅시다	사물에 비유하여 내면을 표현할 수 있다.	· 빈 문장 완성하기 · 나를 사물에 비유하여 표현 (글, 그림)하기
		3. 남이 보는 나	다른 사람이 보는 나에 대해 알아차림으로써 스스로를 보다 객관적으로 이해할 수 있다.	· 짝꿍을 관찰하기 (글, 그림) · 친구 알아맞히기
		4. 나의 위치는?	인생에서 나의 현 위치를 설명할 수 있다.	· 나의 장단점 쓰기 · 인생에서 나의 현 위치 파악하기
	자기 성숙	5. 내가 만약 죽는다면?	죽음에 대해 생각해 보며 인생의 유한함을 인식할 수 있다.	· 비디오 감상 및 유언장 쓰기 · 장례식 체험
		6. 나는 아무 것도 아닙니다.	인간의 죄악된 속성을 인식할 수 있다.	· 내가 이룰 수 없는 것들 적기 · 나의 허물 (손, 발, 머리, 가슴) 표현하기
		7. 하지만 나는 소중한 사람입니다	자신이 소중한 이유를 말할 수 있다.	· 나의 소중함 발견하기 · 나와 다른 사람을 칭찬하기
		8. 더불어 사는 우리	인간은 사회적 존재로서 남을 배려하며 살아야 할 책임이 있음을 깨달을 수 있다.	· 나의 주변 사람들, 영향을 주고 받는 사람들 적어보기 · 남을 배려하는 태도를 지닌 사람들 적어보기
	인생 설계	9. 나의 잠재력 계발하기	자신의 잠재력을 깨달을 수 있다.	· MI 피자, MI 평가 도구로 자신을 파악하기 · 프로젝트 팀 구성 및 과제 준비
		10. 나의 인생 설계	자신의 인생을 설계하고 이를 설명할 수 있다.	· 인생 설계도 그리기 · 인생 설계도 전시장 발표
		11. 내가 닮고 싶은 사람	닮고 싶은 사람과 그 이유를 살펴보며, 어떤 사람이 될 것인지 생각해 볼 수 있다.	· 위인전 읽고 발표하기 · 위인 분석하기
		12. 비전 세우기	자신의 비전이 바람직한 것인지 돌아볼 수 있다.	· 비전의 기초 점검 · 프로젝트 과제 중간 점검
	진로 탐색	13. 다양한 직업의 세계	다양한 직업 세계를 이해할 수 있다.	· 내가 알고 있는 직업 적어보기 · 직업 관련 퀴즈 대회
		14. 나에게 맞는 직업은?	자신의 적성에 맞는 직업을 찾아낼 수 있다.	· 직업 흥미도 검사 · 프로젝트 발표 준비
		15. 직업 인터뷰	인터뷰 활동을 통해 관심 있는 직업의 세계를 이해할 수 있다.	· 직업 인터뷰 결과 발표
		16. 나의 미래	자신의 미래를 상상할 수 있다.	· 나의 미래 명함 만들기 · 프로젝트 과제 최종 점검
		17. 발표 및 평가	프로젝트 결과물을 효과적으로 발표할 수 있다.	· 프로젝트 결과물 발표 · 결과물 피드백

전체 단원을 다중 지능에 따라 정리하면 다음과 같다.

단원	언어	논리수학	신체운동	음악	공간	대인	자성	자연이해
나를 소개합니다	○	·	○	·	·	○	·	·
나를 표현해 봅시다	○	○	○	○	○	◎	○	
남이 보는 나	○	○	○	·	·	◎	○	·
나의 위치는?	○	◎	·	○	○	○	○	·
내가 만약 죽는다면?	○	○	○	○	○	◎	○	◎
나는 아무 것도 아닙니다	○	○	·	·	·	·	○	·
하지만 나는 소중한 사람입니다	○	○	·	○	○	○	○	·
더불어 사는 우리	○	○	·	○	○	◎	○	·
나의 잠재력 계발하기	○	○	·	·	·	○	◎	·
나의 인생 설계	○	◎	·	○	○	○	◎	·
내가 닮고 싶은 사람	○	○	·	·	○	◎	○	·
비전 세우기	○	○	·	·	◎	○	◎	·
다양한 직업의 세계	○	◎	·	·	○	○	·	·
나에게 맞는 직업	○	◎	·	·	○	○	◎	○
직업 인터뷰	○	○	○	·	○	◎	○	○
나의 미래	○	◎	·	·	○	○	◎	·
발표 및 평가	○	◎	○	·	○	○	·	·

◎ : 매우 밀접한 관련이 있음 혹은 강조하는 지능   ○ : 어느 정도 관련이 있음   · : 관련이 적음

다음은 '내가 만약 죽는다면?' 수업에서 사용한 다중 지능 (MI) 분석표
와 수업 지도안이다.

언어적 지능

· 죽음에 대한 교사
의 설명을 경청한다.

· 자신의 유언장을
친구들 앞에서 낭
독한다.

논리 수학적 지능

· 죽음과 삶의 관계
를 이해한다.

공간적 지능

· 관련 비디오를 시
청한다.

신체 운동적 지능

· 빈 책상 두 개를 붙
여놓고 모의 장례
체험 활동을 한다.

MI
단원 분석

음악적 지능

· 유언장을 기록할 때
장송곡과 같은 죽음
의 분위기를 느낄 수
있는 곡을 배경 음악
으로 들려준다.

자성 지능

· 삶과 죽음에 대해
고민하고 자신의
삶의 의미에 대해
생각한다.

자연 이해 지능

· 살아있는 식물
과 죽어있는 식물
을 비교하여 관찰
한다.

대인 지능

· 생각-짝-나누기
구조를 활용하여
모둠에서 협동하여
과제를 수행한다.

과목	창의 재량 (중1)	단원명	내가 만약 죽는다면?	지도교사	김○○

학습 목표	· 내용 목표 : 죽음의 의미를 생각해 보며 삶의 의미를 깨달을 수 있다. · 과정 목표 : 삶과 죽음에 대한 생각을 글 (유언장, 묘비명, 버킷 리스트)로 표현할 수 있다.

준비물	비디오, 오디오, 학습지, 천	보상 방식	칭찬 티켓	접근 방식	MI, 협동학습

단계	내용	교수 학습 활동	관련 지능	시간
마음 열기	동기 부여 학습목표 제시	· **출발 질문 : 주변 분이 돌아가셨던 경험이 있다면?** – 학생들의 다양한 답변을 판서한다. · 학습 목표 제시	언어적 지능 논리 수학적 지능	5분
생각 키우기	죽음의 의미 유언장 쓰기 묘비명 쓰기 모둠 토의 토의 평가 보상	· **전개 질문 : 나에게 죽음이란? 죽음에 대해 고민해야 하는 이유는?** · 단편 애니메이션 〈5분 남았습니다〉를 시청한다. · 교사가 학습지 (참고 자료 참조)를 나눠 주고 이를 활용하여 느낀 점을 쓰도록 한 뒤 유언장, 묘비명 쓰기 활동을 한다. · 모둠에서 '생각-짝-나누기'방법을 활용해 학습지 내용에 대해 토의한다. 학습지를 기록할 때 장송곡과 같은 죽음의 분위기를 느낄 수 있는 곡을 틀어준다. · 모둠에서 '하나 둘 셋'을 통해 가장 발표를 잘 한 학생을 동시 다발적으로 선정하여 칭찬 티켓으로 보상한다.	공간적 지능 언어적 지능 음악적 지능 자성 지능 대인 지능	25분
생각 넓히기	모의 장례식 활동	· 교사가 가장 유언장을 잘 쓴 학생들을 선정하여 교실 앞으로 불러낸다. 책상 두 개를 하나로 연결하여 배치한다. 그리고 학생을 책상 위에 눕게 하고 천으로 학생 몸 전신을 덮는다. 교사가 그 학생이 기록한 학습지 내용 (유언장 등)을 학생들에게 진지하게 읽어준다. 다 읽어준 후 학생을 일으켜 세워 느꼈던 점을 학생들에게 이야기해 주도록 한다. 그리고 개인 칭찬 티켓으로 보상을 해주고 자기 자리로 돌아가게 한다.	신체 운동적 지능 자성 지능	10분
삶에 반응하기	어떻게 살 것인가 차시 예고	· **도착 질문 : 앞으로 3달 밖에 살 수 없다면 어떻게 살 것인가?** · 버킷 리스트를 작성하고, 그 중 실천할 수 있는 것에 도전하도록 한다. · 차시 예고	논리 수학적 지능 언어적 지능	5분

질문이 살아있는 수업

- 질문을 촉진하기 위한 수업 방법에는
  어떠한 것이 있을까?

- 기존 문답법과 하브루타의 차이점은 무엇인가?

- 질문을 강조한 하브루타, 협동학습, 학습코칭, PBL 수업,
  프로젝트 학습, 독서 수업, 토의 토론 수업 등 수업 방법은
  어떠한가?

- 질문을 중심으로 한 창의적인 수업 모형은 어떻게
  개발할 수 있을까?

5장

질문이 살아있는 수업 방법

학생들은 낡은 생각을 어떻게 버리고, 언제 그것을 바꿀 것인가도
배워야 한다. 내일의 문맹자란 읽지 못하는 사람이 아니라
배우는 방법을 배우지 못한 사람일 것이다

··· 앨빈 토플러

문답법

문답법은 질문을 활용한 대표적인 수업 방법으로, 교사가 질문하고
학생이 답변하는 방식이다. 교사는 상황에 따라 생각나는 대로 질문하는
비구조화된 질문을 사용할 수도 있고, 연속 질문이나 소크라테스 식 문답
법처럼 구조화된 형태의 꼬리 물기 질문을 할 수도 있다. 그러나 학습을 위
해서는 구조화된 질문을 사용하는 것이 좋다. 문답법의 사례는 꼬리 물기 질문, 연속
질문 부분을 참고하라.

하브루타 수업

하브루타 Hvruta 는 최근 각광받는 질문 중심 수업 방법이다. 이는 '친구,
짝, 파트너'를 의미하는 '하베르'에서 유래된 말로, '짝을 지어 질문하고 대
화하고 토론하고 논쟁하는 것'을 의미한다. 유대인들은 함축적이고 난해한
문구가 가득한 '토라'와 토론집인 '탈무드'를 익히고 학습하는 방법으로 '하
브루타'를 만들어 냈으며, 지금까지도 가정과 학교에서 활용하고 있다.

기존 문답법이 교사 중심이라면, 하브루타는 학생 중심의 질문 토의 방법이다. 하브루타는 짝과의 일대일 토의를 기본으로 하며, 정답을 향한 질문과 토의가 아닌 질문을 이어가는 과정에서 학생 스스로 해법을 찾아갈 수 있도록 도와주는 것이다.

전성수(2014)는 탈무드 논쟁의 원리를 참고해 하브루타에 적용할 수 있는 기본적 원칙들을 다음과 같이 제시하였다.

- 하브루타의 핵심은 질문이다. 지시나 요구, 설명보다 질문을 많이 한다.
- 아이가 틀린 답을 말해도 정답을 알려주지 말고 다시 질문으로 답한다.
- 하브루타의 가장 큰 목적은 생각하는 힘을 기르는데 있다.
- 하브루타를 하기 전에 아이가 내용을 충분히 알고 있게 해야 한다.
- 하브루타의 목적은 무언가를 외우고 알게 하는 것이 아니라, 아이의 뇌를 자극해 사고력을 높이는 것이다.
- 질문하고 대화할 때 아이의 눈을 보며 아이에게 집중하고 어떤 대답도 막지 않고 수용한다.
- 아이의 대답에 구체적인 근거를 들어 칭찬한다.
- 아이가 모르는 것은 책을 다시 보거나 인터넷을 검색하는 등 스스로 찾아보게 한다.
- 많은 내용을 다루기보다 한 가지를 길고 깊이 있게 다룬다.
- 다소 어려운 내용도 쉬운 용어로 질문하여 아이로 생각하게 한다.

· 일상에서 늘 실시하되 시간을 정해서 정기적으로도 한다.

· 잠자기 전에 하는 것이 가장 좋다.

· 어린 아이라도 쟁점을 만들어 토론과 논쟁으로 끌고 가는 것이 뇌를 계발하는 방법이다.

· 꼭 가르쳐야 하는 원칙이나 가치관은 대화를 통해 분명하게 인지하게 한다.

하브루타의 기본 과정은 '도입 하부르타 → 사실 하부르타 → 상상 하부르타 → 적용 하부르타 → 메타 하브루타' 이다.

'도입 하브루타'는 재미있는 놀이나 게임, 이야기 등을 통해 뇌에 자극을 주고 워밍업을 하는 단계로, '동기 하브루타'라고도 한다. '사실 하브루타'는 수업할 본문을 읽고 정답이 있는 질문을 주고 받으며 내용을 충실하게 이해하는 단계로, '내용 하브루타'라고도 한다. '상상 하브루타'는 상상을 자극하는 질문을 통해 학생들의 상상력을 심화시키는 단계로, '심화 하브루타'라고도 한다. '적용 하브루타'는 본문의 내용과 관련된 것들을 실생활에서 실천하고 적용하기 위한 단계로, '실천 하브루타'라고도 한다. 마지막으로 '메타 하브루타'는 지금까지 나눈 것을 바탕으로 종합하고 정리하는 단계로, '종합 하브루타'라고도 한다. 이 단계는 교사가 내용을 정리해 가르치거나 학생들의 사고를 확장하는 하브루타이며, 교사가 전체 학생을 대상으로 질문을 통해 내용을 정리하는 과정은 '쉬우르'라고도 한다.

다음은 하브루타수업연구회 (2014)에서 하브루타와 협동학습을 결합하여 개발한 수업 방법이다. [47*]

1. 질문 중심 하브루타 수업

학생들이 본문을 읽고 질문을 만들어 짝과 일대일 토론을 한다. 짝끼리 가장 좋은 질문을 뽑고, 뽑힌 질문으로 모둠에서 토론을 한다. 다시 모둠에서 가장 좋은 질문을 뽑아 그 질문을 가지고 집중 토론을 한 뒤, 그 내용을 정리, 발표하고 마지막에 교사가 정리해 준다.

질문 만들기 ⇒ 짝 토론 ⇒ 모둠 토론 ⇒ 발표 ⇒ 마무리 (쉬우르)

① 교재 읽고 질문 만들기

② 만든 질문을 유형별로 구분하기

③ 만든 질문으로 둘 씩 짝지어 토론하기

④ 짝끼리 최고의 질문 뽑기

⑤ 최고의 질문으로 모둠별로 토론하기

⑥ 모둠별 최고의 질문 뽑기

⑦ 최고의 질문으로 토론하기

⑧ 토론 내용 정리하기

⑨ 모둠별로 발표하기

⑩ 마무리 (쉬우르)

2. 논쟁 중심 하브루타 수업

논제를 정한 뒤 논제를 중심으로 짝 토론과 모둠 토론을 한다. 먼저 짝끼리 가위 바위 보나 의논을 통해 논제에 대한 찬성, 반대 입장을 정하고, 집에서 근거 자료를 조사해 온 뒤 조사한 내용을 바탕으로 짝과 일대일로 토론한다. 논쟁을 통해 선호하는 입장을 정하고 그 입장을 바탕으로 모둠끼리 토론한 뒤, 모둠의 입장을 정해 그 근거들을 정리한다. 모둠별로 내용을 정리 발표하고 교사가 정리해 준다.

논제 조사 ⇒ 짝 논쟁 ⇒ 모둠 논쟁 ⇒ 발표 ⇒ 마무리 (쉬우르)

① 논제 정하기

② 논제에 대해 찬성, 반대 정하기

③ 각 입장에 따라 철저히 조사하기

④ 각 입장에 따라 둘 씩 짝 지어 논쟁하기

⑤ 짝과의 논쟁을 통해 짝 입장 정하기

⑥ 각각의 입장에서 모둠별로 토론하기

⑦ 모둠별로 입장 정하기

⑧ 입장의 근거 정리하기

⑨ 각 모둠의 입장과 근거 발표하기

⑩ 마무리 (쉬우르)

3. 비교 중심 하브루타 수업

　교과서나 교재 등에서 비교 대상을 정한 다음 이에 대해 자세히 조사하고 질문을 뽑아온 뒤, 그 질문을 중심으로 비교 대상에 대해 다양하게 질의 응답한다. 유사점과 차이점을 비교하고 대조하면서 사고의 폭을 넓힐 수 있다.

비교 대상 정하기 ⇒ 조사하고 질문 만들기 ⇒ 짝 토론

⇒ 모둠 토론 ⇒ 발표 ⇒ 마무리 (쉬우르)

① 비교 대상 정하기

② 비교 대상에 대해 철저히 조사하기

③ 질문 만들기

④ 질문을 내용, 심화, 적용, 메타로 구분하여 질문 순서 정하기

⑤ 둘 씩 짝 지어 토론하기

⑥ 짝끼리 좋은 질문 1~3개 고르기

⑦ 고른 질문들로 4~6명이 모둠으로 토론하기

⑧ 최고의 질문을 뽑아 집중 토론하기

⑨ 좋은 질문과 토론 내용 발표하기

⑩ 마무리 (쉬우르)

4. 친구 가르치기 하브루타 수업

짝끼리 범위를 정해 철저히 공부해 와서 서로 가르치고 배우는 수업이다. 실력이 비슷하면 치열하게 질문하고 반박하면서 공부할 수 있다. 설명을 듣는 학생은 이해가 되지 않는 내용을 수시로 질문할 수 있다.

내용 공부하기 ⇒ 친구 가르치기 ⇒ 배우면서 질문하기

⇒ 입장 바꾸기 ⇒ 이해하지 못한 내용 질문하기

⇒ 마무리 (쉬우르)

① 교재의 범위를 둘로 나누기

② 각자 맡은 부분 철저히 공부해 오기

③ 한 친구가 먼저 가르치기

④ 배우는 친구는 배우면서 치열하게 질문하기

⑤ 입장을 바꿔 다른 친구가 가르치기

⑥ 마찬가지로 배우면서 치열하게 질문하기

⑦ 서로 토론하면서 이해하지 못한 내용 정리하기

⑧ 이해하지 못한 내용 질문하기

⑨ 마무리 (쉬우르)

5. 문제 만들기 하브루타 수업

정해진 범위에서 문제를 만들어 짝, 그리고 모둠 내에서의 토론을 통해 문제를 다듬는다. 다듬은 문제들을 모둠별로 발표하고 교사는 학생들이 만들어낸 문제를 정리하며 마무리 (쉬우르) 한다.

문제 만들기 ⇒ 짝과 문제 다듬기 ⇒ 모둠과 문제 다듬기

⇒ 문제 발표 ⇒ 마무리 (쉬우르)

① 교재 범위 철저히 공부하기

② 문제 만들기 – 선다형, 서술형, 단답형 등

③ 짝끼리 토론하여 문제 다듬기

④ 짝과 좋은 문제 고르기

⑤ 모둠별로 토론하여 문제 다듬기

⑥ 모둠별로 좋은 문제 고르기

⑦ 고른 문제의 출제 의도 정리하기

⑧ 문제와 의도 발표하기

⑨ 마무리 (쉬우르)

협동학습

협동학습은 공동의 학습 목표를 이루기 위해 함께 학습하는 교수 전략으로, 기존 조별학습의 무임 승차자와 일벌레 학생이 발생하는 문제, 학생 관리의 어려움, 학습 시간의 비효율성, 모둠 간의 편차 등의 문제점을 구조화된 방식으로 극복하고자 한 것이다. 협동학습은 개인의 역할 세분화, 단계별 진행 절차 제시, 보상 활용 등과 같은 인위적 장치를 활용해 협동을 장려한다. [48*]

협동학습은 학습 구조 이론에 기반을 둔다. 존슨에 의하면 학습 구조는 학생 간의 상호 작용 방식에 따라 개별학습, 경쟁학습, 협동학습으로 나뉜다. 개별학습은 학생 간 상호 작용이 전혀 일어나지 않는 학습 구조이고, 경쟁학습은 '너의 성공이 나의 실패'라는 전제 하에 부정적으로 상호 작용하는 학습 구조이며, 협동학습은 '너의 성공이 나의 성공'이라는 전제 하에 긍정적으로 상호 작용하는 학습 구조이다. 필자는 여기에 교사와 학생 간 상호 작용 방식을 더하여, 교사가 학생에게 일방적으로 전달하는 일제학습을 추가하고자 한다. [49*]

협동학습과 조별학습의 차이는 협동학습의 네 가지 기본 원리를 통해 알 수 있다. [50*]

협동학습의 첫 번째 원리는 '긍정적인 상호 의존'이다. 이는 '나의 성과가 다른 사람에게, 다른 사람의 성과가 내게 도움이 됨으로 서로를 의지하게 되는 것'을 말한다. 협동학습은 모둠 과제를 수행함에 있어 구성원 각자의 역할과 과제 등을 정해주는 등, 협동하지 않으면 학습 목표에 도달하거나 과제 자체를 수행할 수 없도록 의도적으로 구조화시킨다. 긍정적인 상호 의존 원리를 이해했다는 것은 모둠의 성공을 위해 각 구성원들의 노력이 반드시 필요함을 알며, 자신의 성공이 타인의 실질적인 성공으로 이어질 수 있도록 노력한다는 것을 의미한다. 이 과정에서 학생들은 자연스레 공동체 의식과 책임감, 자신감을 갖게 된다.

기존 조별학습에서는 '무임 승차자'나 '일벌레', '방해꾼'이 나타나 학습활동이 원활하게 이루어지지 못하거나 평가에 있어 공평성 문제가 발생하는 경우가 많다. 이를 극복하기 위해 제시된 원리가 '개인적인 책임 (개별적인 책무성)'이다. 협동학습에서는 협동을 중시하는 동시에 구성원 각자의 책임을 분명히 한다. 개인적인 책임이란 '학습 과정에서 집단 속에 숨는 일이 없도록 개인의 구체적 역할을 제시하고 그에 대한 책임을 묻는 것'이다. 교사는 자신의 역할을 제대로 수행하지 않으면 다음 단계로 넘어가지 못하게 하거나 평가에서 불이익을 줄 수 있다. '무임 승차자'나 '방해꾼'은 모둠전체 점수와 상관없이 감점 처리하고 '일벌레'는 가산점을 주는 식으로 모둠 과제에 대한 개인의 기여도를 평가에 반영하는 것이다.

기존 조별학습에서 나타나는 또 하나의 문제점은, 외향적이거나 발표를 잘 하는 일부 학생이 학습 활동을 독점한다는 것이다. 이를 극복하기 위해 제시된 원리가 '동등한 참여'이다. 이는 '모든 구성원이 학습 활동에 참여할 수 있는 기회와 역할, 책임을 동등하게 부여받아 적극적으로 학습 활동에 참여하는 것'을 말한다. 물론 개인의 능력이나 특성이 다른 상황에서 모든 구성원에게 동등한 기준의 행동을 적용할 수는 없다. 동등한 참여의 기본은 각자의 개성과 능력을 충분히 발휘할 수 있는 공간을 열어주는 것이다.

마지막 원리는 '동시 다발적 상호 작용'이다. 이는 순서대로 한 명씩 나와 학습 활동에 참여하는 순차적 방식과 달리, '동시에 여기저기서 학습 활동이 이루어지는 것'을 말한다. 학습 활동을 순차적으로 진행할 경우 한 사람씩 30명이 1분씩만 이야기해도 최소 30분이 걸리지만, 동시 다발적으로 짝 토의 방식으로 진행하면 2분, 돌아가며 이야기하는 방식으로 진행하면 4분이면 충분하다. 동시 다발적 상호 작용이 제대로 이루어지려면 '동시 시작'과 '동시 멈춤' 즉, 학습의 시작과 마침을 교사가 통제할 수 있어야 한다.

· 긍정적인 상호 의존 : 너의 성공이 나의 성공!

· 개인적인 책임 : 개인의 책임과 역할을 분명하게!

· 동등한 참여 : 누구나 동등하게!

· 동시 다발적 상호 작용 : 동시에 여기저기서!

협동학습은 이러한 네 가지 기본원리에 따른 '구조화된 또래 가르치기'이다. 이는 사회 심리학의 성과를 교육학에 적용한 결과로, 협동학습에서 개발된 수업 모형이나 방법들은 200가지가 넘는다. 협동학습의 수업 모형을 분류하여 소개하면 다음과 같다. [51]

분류	수업 모형의 종류
과제 중심 모형	과제 분담 학습(Jigsaw), 협동을 위한 협동학습 (co-op co-op) 모형, 집단 탐구(GI) 모형, UCC 활용 협동학습 모형 등
보상 중심 모형	모둠 성취 분담(STAD)모형, 모둠 게임 토너먼트(TGT) 모형, Jigsaw II 모형 등
구조 중심 모형	하나 가고 셋 남기, 생각-짝-나누기 등
교과 중심 모형	사회과 일화를 활용한 의사 결정 모형, 수학과 모둠 보조 개별 학습(TAI) 모형 등
기타 모형	찬반 논쟁 수업 모형, 온라인 협동학습 등

협동학습은 교사가 계획하지만, 학생들이 적극 참여할 수 있도록 도와주는 참여적 교수 전략의 대표적 접근 방법이기도 하다.

협동학습을 하려면 먼저 네 명을 한 모둠으로 구성해야 한다. 세 명이나 다섯 명으로 구성할 경우 짝 활동이 쉽지 않으며, 여섯 명 이상이 되면 모둠 안에 무임 승차자나 일벌레 학생이 나타날 수 있기 때문이다. 또한 모둠은 성적, 성별, 성격, 친소 관계, 배경 문화 등이 이질적인 학생들로 구성해야 모둠 내 역동성을 유지하고 모둠 내 격차를 줄일 수 있다. 하지만 이질적인 구성원들로 모둠을 구성하면 모둠 안에서 자연스럽게 협동하는 분위기가 생기기 어려우므로 다양한 모둠 세우기 활동을 통해 공동체 의식을 심어주어야 한다.

다음은 협동학습의 모형과 방법 중 질문을 강조하고 있는 것들이다. [52*]

1. 짝 점검

"짝끼리 번갈아 가며 학습 내용을 점검한다."

[진행 단계]

① 교사가 수업 내용에 대한 학습지를 2인 1장으로 나누어 준다.

② 각자의 학습지를 번갈아 푼다.

③ 짝이 푼 문제를 점검한다.

④ 번갈아 점검하는 과정에서 짝이 잘 모르는 것을 가르쳐 준다.

[주안점 및 유의 사항]

· 학습 내용을 간단히 확인하거나 형성 평가를 할 때 좋다.

· 학습 내용이 그리 어렵지 않을 때 사용하면 효과적이다.

· 또래를 가르치는 과정에서의 사회적 기술을 중점으로 지도한다.
  친절하고 적극적으로 설명하는 학생에게는 칭찬을 한다.

[개발자 / 출처] Kagan (1992)

2. 생각-짝-나누기

"주제에 대한 생각을 3단계 과정을 통해 발전시킨다"

[진행 단계]

① 교사가 주제를 제시한다.

② 주제에 대한 생각을 각자 조용히 기록한다.

③ 짝끼리 번갈아 가며 생각을 이야기한다.

④ 모둠 안에서 돌아가며 생각을 이야기하며 새로운 아이디어를 만든다.

⑤ 전체 학생을 대상으로 모둠별로 발표한다.

[주안점 및 유의 사항]

· 어떤 주제에 대해 토의하려고 할 때 좋다.

· 주제에 대한 깊은 생각을 유도해 내고자 할 때, 혹은 '이웃 사랑을 실천
할 수 있는 구체적인 방안'과 같은 다양한 답변이 나올 수 있는 주제에
활용하면 좋다.

· 간단하지만 사고력을 효과적으로 신장시킬 수 있는 모둠 토의 방법이다.

· 교사가 단계별로 잘 진행될 수 있도록 학습 분위기를 조성해 주어야 한다.

· 각자 생각하고 기록하는 단계에서는 조용한 음악을 틀어주는 것도 좋다.

[개발자 / 출처] Frank Lyman (1992)

3. 하나 가고 셋 남기

"모둠원 중 한 명이 다른 모둠으로 이동하여 자신의 모둠에서 공부한
학습 내용을 설명한다."

[진행 단계]

① 교사가 주제를 제시한다.

② 모둠별로 과제를 수행한다.

③ 모둠별로 완성한 과제를 발표자 한 사람이 다른 모둠으로 이동하여 설명
한다. 이때 다른 모둠원들이 질문할 수 있다.

④ 한 모둠에서 설명이 끝나면 다른 모둠으로 이동하여 그 과정을 반복한다.

⑤ 모든 모둠에서 설명이 끝나면 발표자는 원래 모둠으로 돌아간다.

[주안점 및 유의 사항]

· 모둠에서 수행한 과제를 다른 모둠에 발표하려고 할 때 좋다.

· 발표 시간을 엄수하도록 지도한다.

· 모둠 과제는 모둠마다 다를 수도, 같을 수도 있다. 다른 과제면 모든 모둠
을 돌며 설명하는 것이 좋겠지만 동일할 때는 반드시 그럴 필요는 없다.
또한 다른 과제라 하더라도 시간이나 상황에 따라 적절하게 진행하는 것
이 좋다.

· 모둠을 돌며 설명할 때는 과제의 성격에 따라 도화지를 사용하거나 모둠
작품 (그림, 물건 등)을 들고 다니는 것도 좋은 방법이다.

· 설명을 들은 학생들에게 전체 발표 내용과 관련해 퀴즈를 내거나, 발표자
에 대해 동료 평가하는 것도 좋다.

· 이 방법을 사용하면 모든 학생이 발표 과정에 적극적으로 참여할 수 있고, 모둠 간에 정보를 효과적으로 교환할 수 있다.

[개발자 / 출처] Kagan (1992)

4. 칠판 나누기

"교실 칠판을 모둠 수만큼 나눠 각 모둠에서 한 사람씩 나와 모둠 토의 결과를 기록한다."

[진행 단계]

① 교사가 주제를 제시한다.
② 모둠별로 토의한다.
③ 교사가 교실 칠판을 모둠 수만큼 나눈다.
④ 모둠별로 토의한 내용을 자기 모둠 칸에 동시 다발적으로 기록한다.

[주안점 및 유의 사항]

· 짧은 시간 안에 모둠 토의 내용을 살펴보고 비교할 때 좋다.
· 모둠 칠판이나 색지를 나누어 주고 모둠 토의 내용을 기록하게 하여 교실 칠판에 붙이면 시간도 단축하면서 번거로움을 없앨 수 있다.
· 모둠이 많은 경우 한꺼번에 나오도록 하는 것보다 4~5명씩 나오게 해서 기록하는 것도 좋다. 가급적 글자를 크게 쓰도록 한다.

[개발자 / 출처] Kagan (1992)

5. 전시장 관람

"모둠 토의 결과물을 전시하고 다른 모둠원들은 전시장을 관람하듯
발표자에게서 설명을 듣는다."

[진행 단계]

① 교사가 주제를 제시한다.

② 모둠에서 과제를 수행한다.

③ 모둠별로 토의 결과물을 교실 벽면에 게시한다.

④ 발표자는 자기 모둠 결과물 앞에서 서 있고, 나머지 모둠원들은 옆 모둠
결과물 앞으로 이동한다.

⑤ 발표자는 다른 모둠의 구성원들에게 자기 모둠 결과물에 대해 설명하고
질의응답 시간을 갖는다.

[주안점 및 유의 사항]

· 모둠 결과물을 다른 모둠에 발표하도록 할 때 좋다.

· 모둠 간에 일정한 간격을 두고 결과물을 붙이도록 하여 발표에 지장이
없도록 한다.

· 중간에 발표자를 바꾸어 주어 발표자도 다른 모둠의 결과물을 보고 들을
수 있도록 하면 좋다. 다른 모둠의 발표를 들은 학생이 자기 모둠 발표자
에게 그 내용을 설명하는 시간을 주는 것도 좋다.

· 교사가 발표가 일정 시간 동안 이루어지도록 통제하고 순서대로 이동시
키면 좋다.

- 전시장 관람 활동 후 동료 평가를 하면 좋다. 결과물에 칭찬 스티커 등을 붙이는 것도 좋은 방법이다.
- 발표자들은 자연스레 발표력이 길러진다. 전시장 관람 구조에서의 발표는 전체 학생을 대상으로 한 발표보다 적극적이고 자연스럽다.

[개발자 / 출처] Kagan (1992)

6. 질문 주사위

"각 면에 육하원칙이 쓰인 주사위를 던지고 해당 질문에 답한다."

[진행 단계]

① 교사가 각 면에 '누가, 언제, 어디서, 무엇을, 어떻게, 왜'라고 쓰인 질문 주사위를 준비한다.
② 교사가 수업을 진행한다.
③ 모둠별로 돌아가며 질문 주사위를 던지고, 학습 내용과 관련하여 해당 질문에 답한다.

[주안점 및 유의 사항]

- 육하원칙을 질문에 활용하면 다양한 시각에서 학습할 수 있다. 질문 주사위 활동은 여기에 게임 요소를 결합한 활동이다.
- 동일한 질문이 나오면 질문 주사위를 또 한 번 던지게 할 수도 있고, 학생마다 다르게 답할 수 있는 질문인 경우에는 그대로 진행할 수도 있다.
- 기존 주사위에 육하원칙을 쓴 스티커를 붙여서 활용하면 좋다.

[개발자 / 출처] Kagan (1992)

7. 4단계 복습

"모둠원들이 각자의 역할을 하며 퀴즈를 함께 푼다."

[진행 단계]

① 교사가 모둠별로 퀴즈 카드를 나눠 준다.

② 1번 학생이 퀴즈 카드를 한 장 뽑아 문제를 읽는다. (예. A의 답은 무엇인가요?)

③ 2번 학생은 질문에 답한다. (예. A의 답은 a입니다.)

④ 3번 학생은 답이 맞았는지 틀렸는지 확인한다. (예. 2번 학생이 말한 답 a는 맞습니다. 혹은 정답이 아닙니다.)

⑤ 4번 학생은 답이 맞았다면 칭찬해 주고, 틀렸으면 답을 말하고 격려해 준다. (예. 정답을 맞히다니 대단해!, 아깝네, 정답은 a야! 그래도 잘 했어.)

⑥ 같은 방식으로 돌아가며 문제를 푼다.

[주안점 및 유의 사항]

· 학습한 내용을 모둠에서 함께 복습할 때 좋다.

· 퀴즈 카드는 한 면에 문제와 정답이 기록되어 있어야 한다.

> **퀴즈 카드 예시**
>
> 액체 속에 물체를 넣을 때, 중력에 반하여 위로 밀어 올리는 힘을 무어라 하나요?
>
> 정답 : 부력

· 순서대로 차분하게 문제를 풀고 확인할 수 있도록 진행해야 한다.
· 퀴즈 카드는 교사가 만들 수도 있고 학생들이 직접 만들 수도 있다.
· 그 질문에 대한 답이 왜 그것인지에 대해 모둠 토의할 수 있다.
· 모둠이 힘을 모아 문제를 풀어가는 과정에서 재미를 느낄뿐더러 혼자 풀
  때에는 느낄 수 없는 시너지 효과를 경험할 수 있다.

[개발자 / 출처] Kagan (1992)

8. 창의적인 모둠 게임 토너먼트 TGT 모형

"모둠원들이 수준별 퀴즈 활동을 통해 받은 점수를 모둠 단위로 합산하
여 평가한다."

[진행 단계]

① 교사가 수업을 진행한다.
② 학생들이 수업 내용과 관련하여 질문 카드를 만든다. 이때 앞면에는
   질문과 정답을, 뒷면에는 본인 이름을 기록한다.
③ 번호별 (학습 수준별)로 모둠을 재구성한다.
④ 번호별 (학습 수준별) 모둠 안에서 질문 카드를 모아 다른 모둠과 교환한다.
⑤ 모둠 안에서 돌아가며 문제를 출제하고 나머지 학생들이 답하도록 한
   뒤, 답을 맞힌 학생에게 질문 카드를 준다. 정답을 아는 사람이 없을 때
   는 힌트를 주고, 그래도 답을 맞히지 못하면 그 카드를 질문 카드들의 가
   장 아래에 넣어 둔다.

⑥ 퀴즈 활동이 끝나면 원래 모둠으로 돌아가서 각자 모은 질문 카드를 합산하여 확인한다. 질문 카드를 많이 모은 모둠에게 모둠 보상을 실시한다.

[주안점 및 유의 사항]

· 이 모형은 학생들의 흥미를 유발하고 학업 성취도를 향상시키는 데 효과적이다. 수업 마무리나 형성 평가에서 활용하면 좋다.
· 수준별 모둠 퀴즈 게임이 진행될 때는 규칙을 정해 질서 있게 참여하고 부정행위를 하지 않도록 지도해야 한다.
· 원래 Slavin의 모형은 교사가 질문 카드를 만드는 방식인데, 필자는 이를 학생들이 질문을 만드는 방식으로 변형해 개발했다. 이렇게 하면 교사 입장에서는 손쉽게 수업에 활용할 수 있으며, 학생 입장에서는 출제 과정에서 학습 효과를 기대할 수 있다.

[개발자 / 출처] Slavin (1986), 김현섭 (2012)

학습코칭

| 학습코칭이란? |

학습코칭이란 학생들이 스스로 학습할 수 있도록 도와주는 것을 말한다. 즉, 학습 방해 요인을 점검하여 제거하고 구체적인 학습 전략을 습득하여 실천하도록 하며, 적절한 피드백을 해 줌으로써 더 나은 학습으로 인도하는 것이다. 학습코칭에서는 학습 유형별, 과목별 동기 부여 및 학습 전략 익히기, 교재 읽기, 노트 필기, 외우기, 시간 관리 등을 구체적으로 다룬다. 여기에서는 질문을 중심으로 한 효과적인 노트 필기 방법에 대해 소개하고자 한다.

| 노트 필기의 목적과 중요성 |

노트 필기는 읽거나 들은 내용을 본인의 인지 구조에 맞게 정리하여 암기하거나 숙달하기 위한 것이다. 노트 필기가 중요한 이유는 다음과 같다.

- 내용 이해에 도움이 된다.
- 내용을 좀 더 쉽게 기억할 수 있다.
- 수업 시간에 집중하는데 도움이 된다.
- 시험공부를 할 때 효과적이다.
- 성적을 올리는데 도움이 된다.

대개 읽기와 쓰기 전략은 동시에 진행된다. 이때 'SQ4R' 전략을 사용하면 좋다. SQ4R 전략이란 '훑어보기 Survey → 질문 만들기 Question → 읽기 Read → 생각하기 Reflect → 복습하기 Review → 자기 암기하기 Self-Recitation' 단계에 따라 학습하는 것이다.

훑어보기 Survey는 핵심 내용을 빨리 찾아내기 위해 중요한 것을 위주로 살펴보는 전략으로, 중요한 개념이나 단어, 표현에 네모를 치거나 밑줄을 긋는 것이며, 질문 만들기 Question는 핵심 내용에 따른 질문을 만들어내는 것이다. 읽기 Read는 정독하면서 내용을 이해하려고 노력하는 것이고, 생각하기 Reflect는 이해한 것을 되돌아보며 자신의 언어로 노트 필기하는 것이다. 복습하기 Review는 노트 필기한 내용을 반복하여 살펴보는 것이며, 자기 암기하기 Self-Recitation는 노트 필기한 것을 중심으로 외우는 것으로, 배움을 넘어 익힘을 추구하는 것이다. 암기를 위해서는 반복하여 소리 내어 읽는 것이 좋다.

| 노트 필기 전략 |

노트 필기 전략은 일명 '4M'으로, '질문 만들기 Question Making, 개념 만들기 Concept Making, 마인드 맵 만들기 Mind map Drawing, 문제 만들기 Problem Making'이 그것이다. 질문 만들기 Question Making는 핵심 질문을 만들고 이에 따라 교사의 설명이나 교과서 내용을 요약하는 것이다. 핵심 질

문은 노트 필기에서 일종의 나침반 역할을 한다고 할 수 있다. 개념 만들기 Concept Making는 교사의 설명이나 교과서 내용을 핵심어를 중심으로 개념 정리하는 것이다. 이 단계는 기본 개념이 정리되어야 개념 확장을 할 수 있다는 점에서 중요하다. 마인드 맵 만들기 Mind map Drawing는 지식을 기억하기 쉽게 구조화하는 과정이다. 발산적 사고 전략으로 활용하면 사고력과 창의력을 기를 수 있고, 수렴적 사고 전략으로 활용하면 지식을 구조화하고 암기하는데 도움이 된다. 문제 만들기 Problem Making는 노트 필기를 통해 정리한 지식을 응용하여 다양한 문제와 예상 답변을 만들어 보는 것이다.

4M 전략에서 가장 중요한 것은 '문제 만들기'이다. 교사는 학생이 만든 질문을 통해 학생들이 지식을 어느 정도 이해했는지 평가할 수 있고, 학생들은 이 과정에서 출제자의 입장에서 지식을 바라보는 기회를 얻게 된다. 질문을 만드는 과정에서 생각이 열리게 되고 예상 답변을 쓰는 과정에서 적극적으로 생각하게 된다.

| 노트 필기는 어떻게 하면 좋을까? |

노트 필기 방식에는 여러 가지가 있으므로, 특색에 맞는 노트 필기법을 익혀 학습에 활용하면 좋다. [53]

노트 필기를 할 때는 교과서 내용이나 교사의 설명을 기계적으로 받아쓰기보다는 내용을 자신의 방식으로 재구조화해야 한다. 마인드 맵으로 내용을 개괄하고 코넬 노트로 학습 내용을 정리한 뒤, 웨빙 노트로 간단히 정리

하여 이를 바탕으로 질문하고 답하고, 복습 일기로 학습 내용을 돌아보는 5
단계 노트 필기법을 사용하면 좋다. 이를 정리하면 다음과 같다.

마인드 맵 ⇒ 코넬 노트 ⇒ 웨빙 노트 ⇒ 질문 만들고 답하기 ⇒ 복습 일기

1. 마인드 맵으로 대단원 개괄하기

훑어 읽기를 통해 대단원을 개괄적으로 살펴보고, 소단원을 중심으로 핵
심 주제들을 뽑아 연결하여 한 장의 그림으로 표현한다.

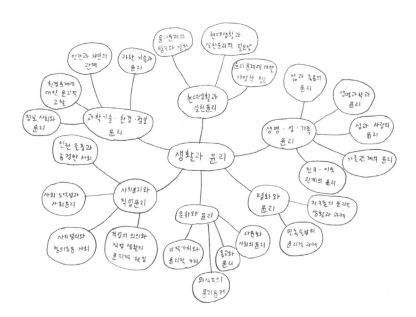

2. 코넬 노트로 소단원 요약하기

코넬 노트는 코넬대학교의 월터 포크가 개발한 노트 필기법으로, 기존의 유선 노트를 둘 혹은 셋으로 나누어 정리하는 방법이다. 둘로 나눌 때는 핵심어와 세부 내용을 적고, 셋으로 나눌 때는 나머지 한 부분에 보완 및 참고 내용을 덧붙인다. 소단원을 정리할 때 유용하며, 시험공부를 할 때 노트 한 쪽을 가리고 나머지 부분을 기억해 내는 방식을 사용하면 매우 좋다.

코넬 노트의 기본 구성

학습 목표		
핵심어	세부 내용	참고 내용
요약		

7장, 무조건 명령에 따라야 하나요 ? (질문하는 십대, 대답하는 인문학)

홉스
→ 영국사람 / 1588년 출생 ~ 1679년 사망.
- 그가 평생을 바쳤던 질문 → `인간은 어떤 존재인가`, `국가란 무엇인가`

자연상태
홉스 → `인간의 본성이 선한가, 악한가와 상관없이 인간이란 살아남기 위해 사회를 만들어야 한다.`
→ 모든 인간은 고통을 줄이고 쾌락을 늘리려는 욕망을 가지고 있기 때문에,
　서로간의 충돌은 피할 수 없다.
(`만인에 대한 만인의 투쟁` → ex. 오디션 프로그램)
✳ 홉스의 자연상태에서는 누구라도 재산과 목숨을 위협받을 수 O.

자연상태 < 정부 → 생명을 지키는 데 유리함.
↳ `정부의 통치를 받는 곳에서의 자유가 진정한 자유`
: 사회를 무너뜨리지 X, 법이 금지하지 않는 범위 내에서의 자유 ⇒ 모든 사람에게 이로움.

`리바이어던` → 홉스의 주권자.
- 법, 진리 반드시 연관될 꼭요 X ⇒ 때로는 선·정의를 거스르는 결정 내릴수도 O.
- 착한·정의로운 정부 < 이해관계에 밝은 합리적인 정부 / 이상적 국가 < 불편하지X 국가.

탈퇴의 자유
정부가 나의 생명과 이익을 지켜주지 못한다면, 개인이 국가를 탈퇴할 수도 O.

사회계약
: 사회에 함께 살고 있는 개인개인이 서로에게 지켜야 할 약속.
✳ 전제 3가지 → 1. 계약맺는 당사자 → 합리적이고 자유롭게 생각할수 있는 주체. / 2. 당사자
들의 평등 / 3. 내용이 모두가 알고 있을 때만 유효, 계약 당사자의 궁극적 목적 방해 X.

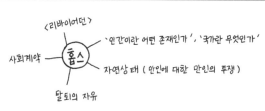

3. 웨빙 노트로 소단원 내용을 간단히 도식화하기

코넬 노트 아래의 여백에는 웨빙 노트로 내용을 간단히 도식화하면 좋다. 웨빙 Webbing 은 망, 거미줄이란 뜻으로, 핵심어를 중심으로 세부 내용을 망처럼 연결하는 것을 말한다. 보통 '핵심어 – 세부 단어 – 하위 단어' 의 3단계로 정리하며, 각 단어 (개념)의 관계는 단선이나 화살표 등으로 표시한다.

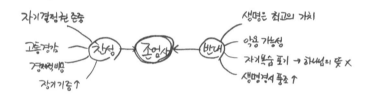

웨빙 노트를 확장한 노트법으로 클러스터링 노트가 있다. 웨빙 노트가 핵심어를 중심으로 정리하는 방식이라면, 클러스터링 노트는 소주제를 중심으로 핵심어들을 연결하여 정리하는 방식이다.

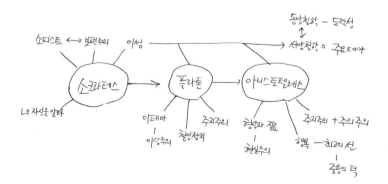

4. 질문 만들고 답하기

코넬 노트로 내용을 정리했다면 이제는 브레인스토밍을 통해 내용과 관련한 여러 질문을 뽑고, 그 중 관심 있는 질문을 택하여 그에 대한 자신의 생각을 기록한다. 답하기 어려운 질문이라면 그 질문이 마음에 든 이유를 쓰면 된다.

Questions 〈질문하는 십대, 대답하는 인문학〉

거장 어떤 세상을 꿈꿔야 할까요?

1	현재 인간의 이기적인 행동과 마음들은 맹자가 어떻게 설명할까?
2	맹자는 왜 공자를 자기 학문의 근원으로 택했을까?
3	사랑은 정말 이기적일까?

〈사랑은 정말 이기적일까?〉
하나님의 관점으로 볼때 사람은 태어날때 자유의지를 가지고 태어났다. 어떤 마음을 가지고 선하게 사용할수도 있고 악하게 사용할수도 있는 것이다. 맹자는 인간이 선한 마음을 가지고 태어나서 살아가는 환경에 따라 악한 행동을 하게되고 그런다고 한다. 나는 맹자의 성선설이 틀리다고 생각하지는않는다. 그렇다고 악다고 생각하지는 않는다. 처음에 말한것처럼 하나님이 사람에게 자유의지를 주셔서 각자 사용하는 것에 따라서 달라지는 것이다. 그런데 사랑이 가지고 있는 이기적인 마음과 하나님이 주신 자유의지는 좀 다른것같기도 하다. 근데 꼭 비슷한 거같기도 하고 헷갈린다. 내가 생각하기에 사랑은 원래 이기적인 마음을 가지고는 있지만 그걸 어떻게 통제하고 다루냐에 따라 달라지는것 같다. 이기적인 마음을 잘 통제하고는 싶지만 사랑은 너무연약해서 무너질수 밖에 없는것 같다.
〈현재 인간의 이기적인 행동과 마음들은 맹자가 어떻게 설명할까?〉
맹자는 인간은 선하게 태어났지만 살아가면서 받는 영향때문에 악해지는 것이라고 설명했다. 맹자는 사람은 선하게 태어났지만 살면서 여러가지고 영향을 받고, 살아가는 환경이 있기 때문이 그런 영향으로 인간이 이기적인 마음을 가지게 되었고 그런식으로 설명했을것같다~

필기 후에는 협동학습 모형 중 돌아가며 읽기를 통해 피드백하면 좋다. 생각 – 짝 – 나누기, 하나 가고 셋 남기, 칠판 나누기 등의 방법으로 모둠 별로 토의하고 발표하며 피드백하는 것도 좋은 방법이다.

5. 복습 일기 (배움 일지)

메타 인지 Meta-Cognition, 超인지 란 '알고 있는 것을 아는 것' 즉, 수행 중 인 인지 과정을 인지하는 상위의 인지 과정을 말한다. 복습 일기는 일종 의 메타 인지 활동으로 자기가 공부한 것에 대하여 알게 된 것, 미진한 것, 더 배우고 싶은 것, 선생님께 드리고 싶은 말씀을 적는 것이다.

문제 중심 학습(PBL) 모형

| 문제 중심 학습 PBL 모형이란? |

　문제 중심 학습 Problem Based Learning 은 대표적인 구성주의 교수 학습 모형 중 하나로, 실제적인 삶의 문제 Problem 를 이해하고 해결 방안을 모색하는 수업을 말한다. 이는 문제 기반 학습, 문제 해결 학습이라고 하기도 한다.

　문제 중심 학습 PBL 모형의 목적은 현실에서 사용 가능한 지식의 기반을 습득하고, 과학적이고 분석적인 추론 능력을 함양하며, 지식을 통합하고 자율적으로 학습할 수 있도록 하는 것이다. 54* 여기서 말하는 문제 Problem 란 학생과 관련이 있는 현실적인 문제, 명료한 결과가 나올 수 있는 문제, 비구조화된 문제이다. 이 모형에서 교사는 안내하고 질문하며 단서를 제공하는 조력자이자 촉진자일 뿐, 문제 해결의 주체는 학생이다.

　문제 중심 학습 PBL 모형과 프로젝트 학습 모형은 비슷해 보여도 차이가 있다. 문제 중심 학습 PBL 모형이 1-2차시 수업 안에서 비교적 손쉽게 해결할 수 있는 과제를 중심으로 특정한 문제를 해결하는데 초점을 둔다면, 프로젝트 학습 모형은 5차시 이상 비교적 많은 시간과 노력이 필요하고 연구 주제의 범위 역시 상대적으로 광범위하다. 55*

| 문제 중심 학습 PBL 모형의 진행 |

문제 중심 학습 PBL 모형의 절차는 다음과 같다. [56*]

1. 문제 개발

① 교과 및 단원 선정
- 문제 중심 학습을 하기에 좋은 교과 및 단원을 선정한다.

② 교육과정 분석
- 교육과정의 목표와 내용을 분석한다.

③ 자료 수집
- 교육과정 분석을 통해 설정한 문제 개발의 방향에 따라 관련 자료를 수집한다.

④ 문제 초안 작성
- 학습 주제, 학생들의 관심사와 배경 지식, 문제 개발을 위한 자료 등을 토대로 문제 시나리오를 작성한다.

⑤ PBL 문제 만들기
- 동료 교사의 피드백 등을 통해 타당도를 점검하고 최종 PBL 문제 시나리오를 작성한다.

2. 수업 디자인

① 교수 학습 지도안 작성
- 세부적인 수업 운영 계획을 수립한다.
- 모둠 구성 및 학습 동기 유발 전략을 세운다.
- 시간 운영 계획을 수립한다.
- 과제 수행 계획서 (Tutor sheet)를 작성한다.

② 평가 계획 만들기
  - 수업 모형에 걸 맞는 평가 계획을 수립한다.

3. 학습 환경 만들기

① 오프라인 학습 환경 준비
  - 수업에 필요한 학습지, 교실 공간 등을 마련한다.

② 온라인 학습 환경 준비
  - 온라인 학습 활동에 필요한 컴퓨터, 스마트 기기, 웹 사이트 등을
    준비한다.

4. 수업 실행

① 기본 개념 설명 및 동기 유발
  - 교사가 주제와 기본 개념을 설명하고 동기 유발을 한다.

② 문제 시나리오 제시
  - 교사가 준비한 문제 시나리오를 제시한다.

③ 개인별 과제 해결
  - 개인별로 문제 시나리오에 대한 해결 방안을 모색하고 이를
    학습지에 기록한다.

④ 협동학습 (모둠별 문제 해결 활동)
  - 모둠별로 문제 시나리오에 대한 대안을 선택하고 이유를 정리
    한다.

⑤ 전체 발표 및 교사의 피드백
  - 모둠별 활동 결과를 전체 학생 앞에서 발표하고 교사가 피드백
    한다.

5. 평가

① 평가 및 점수 부여

- 활동 과정과 내용에 대해 교사 평가, 동료 평가 등 다면 평가 방식으로 종합적으로 평가하고 이를 수행평가에 반영한다.

② 포트폴리오 만들기

- 활동 과정의 자료들을 포트폴리오 형태로 정리하고 자료실에 게시한다.

PBL 문제 시나리오 예시

■ 문제 1. 다음의 단어들을 활용하여 '진정한 사랑'을 주제로 단편 소설을 쓴다면? (국어과)

- 핵심 단어 : 시계, 교복, 교탁, 이름표, 책상, 거울, 바람, 운동장, 소나기, 지각

■ 문제 2. 일주일 동안 정글을 탐험한다고 할 때 생존에 필요한 도구를 5가지 고른다면 무엇을 선택할 것인가? 또한 일주일간 이를 활용하여 어떻게 살아남을 것인가? (지리과)

- 도구 : 칼, 나침반, 휴지, 비닐, 구급약, 라면, 구급약, 버너, 코펠, 우산, 호루라기, 망치, 만화책, 게임기, 긴 옷, 담요, 그물, 깃발, 줄, 수건

■ 문제 3. 빨대와 나무젓가락, 유리테이프만 활용하여 4층에서 안전하게 달걀을 낙하시키려면 어떻게 해야 할까? (과학과)

PBL 문제 학습지 예시

내가 만약 희진이라면?

고등학교 2학년인 희진이는 3년간 짝사랑했던 오빠와 본격적으로 사귀기 시작했다. 짝사랑한 기간이 길었던 탓에 오빠와 만나는 것 자체가 너무나 기쁘고 즐거웠다. 만나면서 자연스레 손을 잡게 되었고, 스킨십은 가벼운 포옹, 키스까지 나아갔다. 그런데 사귄 지 100일 무렵, 오빠가 갑자기 그 이상의 스킨십을 요구하기 시작했다. 희진이는 키스 정도는 괜찮다고 생각했지만 그 이상의 요구는 망설여졌다. 희진이는 일단 거부했고, 오빠는 그럴 때마다 희진이에게 서운해 하고 냉담하게 대했다. 계속 거부만 한다면 관계가 깨질 것만 같다. 희진이는 어떻게 행동해야 할까?

(고등학교 생활과 윤리 '생명과 성 윤리' 단원)

과제 수행 계획서 예시

학습 목표 도출	· 고등학생으로서 지켜야 성(性) 윤리에 대해 설명할 수 있다. · 건전한 이성 관계를 유지하기 위해 노력하는 자세를 가진다.
가정 및 해결 방안	· 오빠의 요구를 들어준다. 　⇒ 오빠의 요구를 들어주었을 때 어떤 문제가 생길 수 있는지 살펴본다. · 오빠의 요구를 들어주지 않는다. 　⇒ 오빠의 요구를 들어주지 않았을 때 어떤 문제가 생길 수 있는지 살펴본다. · 고등학생이 지켜야 할 성 윤리에 대해 살펴본다.
알고 있는 사실	· 청소년기 이성 관계는 건전해야 한다. · 사람마다 스킨십의 기준이 다르다. · 둘은 이성 친구로서 좋은 관계를 발전시키고 싶다.
더 알아야 할 사실	· 부모님들은 이 문제에 대해 어떻게 생각하실까? · 또래 친구들은 이 문제에 대해 어떻게 생각할까? · 과도한 스킨십을 허용했을 때 발생할 수 있는 문제점과 해결책은 무엇일까?

	· 과도한 스킨십을 거부했을 때 발생할 수 있는 문제점과 해결책은 무엇일까?
학습 자원	· 다른 사람들의 이성 교제 경험 조사 · 아하 서울시립청소년성문화센터 (www.ahacenter.kr)

| 문제 중심 학습 PBL 모형에서 활용하는 질문 |

문제 중심 학습 PBL 모형에서 활용하는 기본 질문 구조는 '왜 – 만약 – 어떻게'이다. 다음은 앞서 제시한 문제 시나리오를 바탕으로 한 질문의 예이다.

[문제 시나리오]

　– 희진이는 어떻게 행동해야 하는가?

[왜]

　– 왜 오빠는 희진이에게 과도한 스킨십을 요구했을까?
　– 왜 희진이는 스킨십 요구에 대해 고민하고 있을까?

[만약]

　– 만약 희진이가 오빠의 요구를 들어준다면?
　– 만약 희진이가 오빠의 요구를 거부한다면?

[어떻게]

　– 오빠와 건전한 이성 관계를 유지하려면 어떻게 해야 할까?
　– 고등학생으로서 이성 교제를 어떻게 바라보아야 하는가?

프로젝트 학습 모형

| 프로젝트 학습 모형이란? |

프로젝트 학습이란 학생이 자기 주도적으로 학습 주제를 탐구하고 표현하는 활동을 말한다. 교사가 중심이 되어 주제를 선정하고 과제를 부여하며 발표를 시키고 평가하는 기존의 발표 수업과는 달리, 프로젝트 학습은 이 모든 과정을 학생이 자기 주도적으로 추진한다. 프로젝트 학습은 운영 주체가 누구냐에 따라 개별 프로젝트 학습과 협력 프로젝트 학습으로 나눌 수 있다.

| 프로젝트 수업의 절차 |

프로젝트 수업 주제에는 추상적인 대주제인 테마 Thema 와, 학생이 탐구하고자 하는 구체적인 소주제인 토픽 Topic 이 있다. 모둠을 중심으로 진행하는 협력 프로젝트 수업의 절차를 정리하면 다음과 같다. [57]*

1. 수업 준비

- 대주제 (Thema) 선정
  프로젝트 수업에 적합한 단원과 주제를 찾는다.

- 교사의 예비 주제망
  대주제 (Thema)가 결정되면 교사가 마인드 맵을 통해 관련 지식, 개념, 정보, 아이디어 등을 정리해 본다.

- 수업 목표 진술

  하위 주제에 대한 학습 목표를 구체적으로 설정한다.

- 교육과정 재구성 및 융합

  국가 수준 교육과정에 근거하여 교육과정을 재구성하고 융합하여 운영한다.

- 학습 활동 계획 세우기

  대주제 (Thema)에 따른 차시별 프로젝트 세부 수업 계획을 수립한다.

2. 수업 진행

- 대주제 (Thema) 발현

  교사가 대주제를 제시하고 그에 대한 학생들의 사전 지식과 경험을 표현하게 함으로써 흥미를 유발하고 동기를 부여한다.

- 브레인스토밍

  대주제 (Thema)에 대해 브레인스토밍하며 다양한 생각을 표현하도록 한다.

- 유목화

  브레인스토밍한 아이디어들을 범주에 따라 분류한다.

- 주제망 (마인드맵) 작성

  마인드맵을 통해 주제를 개괄한다.

- 탐구 주제 (Topic) 선정

  학생들이 관심 있는 탐구 주제 (Topic)를 선정한다.

- 모둠 구성 및 모둠 세우기 활동

모둠 구성은 탐구 주제 (Topic)에 관심 있는 학생들로 구성할 수도, 이질적인 학생들로 구성한 뒤에 탐구 주제(Topic)를 선정할 수도 있다. 실제 수업에서는 후자의 방식이 효과적이다. 단, 후자의 경우 협동의 의지나 공동체 의식이 부족할 수 있으므로 다양한 모둠 세우기 활동을 할 필요가 있다.

- 모둠 프로젝트 과제 수행을 위한 세부 역할 분담
  모둠에서 프로젝트 과제를 수행하기 위한 로드맵을 작성하고 개인별 역할을 논의하여 결정한다.

- 자료 수집 및 검토
  각자 수집한 다양한 자료들을 모둠에서 검토한다.

- 프로젝트 보고서 작성
  학생들이 협력하여 프로젝트 보고서를 작성하고 교사에게 피드백을 받는다.

- 발표 준비
  발표 전략을 세우고 구체적으로 준비한다. 발표 형태는 프리젠테이션, UCC, 역할극, 퀴즈쇼, 토크쇼 등 다양한 방법을 사용할수록 좋다.

- 발표
  전체 학생을 대상으로 모둠별 프로젝트 결과물을 발표한다.

3. 마무리

- 발표 평가
  발표에 대해 다면 평가를 실시한다. 교사가 보고서를 평가한다면 발표 태도 및 반응은 학생들이 평가하면 좋다.

- 최종 성과물 게시

  최종 성과물을 전시하거나 사이트에 게시한다. 이렇게 하면 나중에 피드백을 할 수 있고 타 학급 학생이나 후배들이 참고 자료로 활용할 수 있다.

- 수업 활동 평가 및 피드백

  프로젝트 수업 활동 전반을 평가하고, 지속적이고 의미 있는 발전을 위해 피드백을 실시한다.

| 프로젝트 수업에서 활용되는 질문들 |

탐구 주제 Topic를 선정하기 위해서 먼저 마인드 맵으로 대주제 Thema를 정리하는 것이 좋다. 그 후 브레인스토밍을 통해 다양한 질문을 만들고, 모둠에서 협의하여 최종 탐구 주제를 결정한다. 탐구 주제는 다음과 같이 구체적인 질문으로 만들면 좋다.

- 대주제 (Thema) : 북한

- 브레인스토밍 질문들
  - 통일은 과연 필요한가?
  - 북한이 국제적 제재와 고립에도 불구하고 핵 문제를 고집하는 이유는 무엇일까?
  - 1960년대까지는 남한보다 잘 살았다던 북한이 왜 지금은 가난한 나라가 되었는가?

- 북한이 독재 체제를 장기간 유지할 수 있는 이유는?

- 북한 영화나 드라마가 촌스럽게 느껴지는 이유는?

- 만약 제 2 의 한반도 전쟁이 일어난다면?

- 통일이 되었을 때 발생할 수 있는 문제점과 해결 방안은?

- 탈북자들이 남한 생활에 적응하는 데 있어 어려운 점은 무엇일까?

■ 우리 모둠 프로젝트 주제 (Topic)

- 통일이 되었을 때 발생할 수 있는 문제점과 해결 방안은?

프로젝트 활동 시 교사는 학생들의 활동에 적절한 피드백을 해 주고 좋은 질문을 통해 학생들의 적극적인 참여를 유도해야 한다.

각 진행 단계에 필요한 교사의 질문들은 다음과 같다.

① 주제 (Thema) 발현

- 북한 (Thema)에 대해 무엇을 알고 있는가?

- 북한하면 떠오르는 것은 무엇인가?

② 브레인스토밍

- 북한하면 생각나는 것들을 자유롭게 써 본다면?

③ 유목화

- 브레인스토밍에서 나온 아이디어들을 영역별로 분류한다면?

④ 주제망 (마인드 맵) 작성

- 북한에 대해 마인드 맵으로 어떻게 표현할 수 있을까?

⑤ **탐구 주제 (Topic) 선정**

　 – 모둠별로 관심 있는 탐구 주제 (Topic)는 무엇인가?

　 – 이 주제는 프로젝트 활동에 적절한가?

⑥ **모둠 내 세부 역할 분담**

　 – 과제 수행을 위해 역할 분담을 어떻게 해야 할까?

⑦ **기초 자료 검토**

　 – 기초 자료를 검토하고 상호 피드백을 한다면?

⑧ **프로젝트 기본 구성 점검**

　 – 우리 모둠의 프로젝트 활동은 탐구 주제가 잘 구현되도록 구성되어 있는가?

　 – 보고서는 형식에 맞춰 구성되어 있는가?

⑨ **발표 준비**

　 – 발표 준비는 어느 정도까지 진행되고 있는가?

　 – 발표 형식은 어떠한가?

　 – 모둠원들은 잘 협력하고 있는가?

질문을 중심으로 독서하기

독자는 책 속에서 질문을 발견하고, 저자의 답변 안에 갇히지 않고 답을 모색하는 과정에서 한층 성장한다. 그러기 위해서는 정보 질문을 넘어서 정보-관계 질문, 개념 도출 질문, 탐구 질문을 하며 독서할 수 있어야 한다.

| 효과적인 독서 활동을 위한 좋은 질문 만들기 |

배철우는 독서 교육에 활용하면 좋은 질문들을 다음과 같이 소개하고 있다. 58*

[사실적 질문]

내용에 담긴 사실을 묻는 질문이다. 쉽게 답을 찾을 수 있는 질문으로, 주로 닫힌 질문이며 짧은 답을 요구한다.

- 이 책의 주인공은 누구인가?
- 이 책의 저자는 누구인가?

[평가적 질문]

등장인물의 행동이나 생각, 혹은 내용에 대한 가치를 판단을 하는 질문이다.

- 아버지를 두고 인당수에 몸을 던진 심청이의 행동은 과연 효도라고 볼 수 있는가?
- 저자의 의견에 동의하는 부분과 동의하기 힘든 부분은 무엇인가?

[상상적 질문]

내용을 토대로 '만약에'라는 가정을 함으로써 상상력을 자극하는 질문이다.

- 심청이와 눈 뜬 심봉사는 어떻게 살았을까?
- 2차 대전에서 일본이 승리했다면 어땠을까?

[분석적 질문]

내용에 나타난 여러 단서를 대상으로 내용을 보다 깊이 이해하도록
하기 위한 질문으로, 복수의 정답을 요구한다.

- 심 봉사는 심청이를 어떻게 키웠을까?
- 하인즈의 행동을 칸트의 입장에서 접근해 본다면?

[핵심적 질문]

책의 주제나 작가의 의도를 묻는 질문으로, 학습 목표와도 연관되므로
독서 수업 시 꼭 사용해야 하는 질문이다.

- 심청이가 인당수에 몸을 던진 이유는 무엇일까?
- 샌델이 생각한 정의란 무엇인가?

[추가적 질문]

내용을 보다 깊이 이해하고 다양한 시각을 열어주기 위해 덧붙이는 질
문이다.

- 아버지가 눈을 뜨는 것과 인당수에 몸을 던지는 것과는 어떤 관련
  이 있는가?
- 그 이유 외에 다른 이유는 뭐가 있을까?

[경험적 질문]

내용과 관련한 독자의 경험이나 배경 지식에 관한 질문이다.

- 심청이처럼 부모님께 효도를 한 적이 있는가?
- 살면서 불의하거나 부당하다고 느꼈던 경험이 있는가?

[관계적 질문]

인물, 사건, 배경 등의 관계를 묻는 질문이다.

- 아리스토텔레스와 아퀴나스는 어떤 관련이 있을까?

[감각적 질문]

내용에 관련된 감정이나 분위기를 확인하는 질문이다.

- 심청이가 인당수에 몸을 던질 때 어떤 감정을 느꼈을까?
- 이 부분을 쓸 때 저자는 어떤 마음이었을까?

[수용적 질문]

내용에 대한 의견 등을 묻는 질문이다.

- 심청이가 아버지를 위해 인당수에 몸을 던지는 것에 대해 어떻게 생각하는가?
- 저자의 주장에 어느 정도 동의하는가?

[과정적 질문]

사건의 흐름이나 과정에 관한 질문이다.

- 심청이는 어떤 과정을 통해 왕비가 되었는가?
- 이 책의 전반부와 후반부의 내용은 자연스럽게 연결되고 있는가?

[표현적 질문]

책 속의 문장이나 글의 표현에 관한 질문이다.

- 스님이 하필 공양미 삼백 석을 요구한 이유는 무엇이며, 여기에 담긴 의미는 무엇일까?
- 저자는 '정의'라는 단어를 주로 어떤 의미로 사용했는가?

| 다양한 방식으로 독서 수업하기 |

독서 수업은 하브루타, 협동학습, 프로젝트 학습, 토의 토론 수업 등 다양한 방식으로 할 수 있다. 독서 수업은 보통 '사전 활동 – 과정 활동 – 사후 활동'으로 이루어진다. 사전 활동은 책의 주제와 관련하여 흥미를 유발할 수 있는 질문을 할 수도 있고, 관련 동영상을 보여주거나 책의 배경을 설명하는 식으로 진행할 수도 있다. 과정 활동은 코넬 노트 쓰기, 학습지 기록 등을 활용한 훑어 읽기, 정독하기, 요약하기 등을, 사후 활동은 자신의 생각을 표현하고 삶에 구체적으로 적용할 수 있도록 글쓰기, 토론 활동 등을 하면 좋다. 독서 수업 시 출발 질문과 도착 질문은 교사가 준비하되, 전개 질문은 학생들이 직접 질문을 만들어 활동하는 하브루타 방식을 활용하면 좋다.

토의 토론 수업

토의 Discussion 는 문제를 합리적이고 타당한 방법으로 해결하기 위해 의견을 모으고 해결 방안을 검토하는 대화 방식이며, 토론 Debate 은 주장, 반박과 질의, 응답을 통해 자신의 주장을 설득하는 대화 방식이다. 토의 토론 수업은 토의와 토론 어느 한 쪽에 국한되지 않고 두 가지 방식이 자유롭게 이어지는 수업이다. 토의 토론 활동은 갈등과 문제 해결의 기초가 되는 활동으로, 학생들의 참여를 이끌어 내고 문제 해결 능력을 기르며 지적 능력을 단련시키는 데 큰 도움이 된다.

다음은 토론 수업에서 사용하는 일반적인 질문의 예이다. [59]*

목적	토론 수업 속 질문 사례
토론 시작	무엇에 대해 논의할까?
관점이나 의견에 주목하기	형식이 이 의견에 반대하는 이유는 무엇인가?
정보 구하기	사막 여행을 할 때 반드시 준비해야 하는 것은 무엇인가?
원인이나 관계 밝히기	모둠별 실험 결과와 교과서의 실험 결과가 일치하지 않았던 이유는 무엇일까?
다시 한 번 생각하기	이대로 실천하지 않는다면 어떤 일이 생길까?
요점으로 돌아가기	원래 주장으로 돌아가서, 과연 그 선택은 옳은 것이었을까?
요약하거나 마무리하기	너의 주장을 한 마디로 요약한다면?
의견과 입장을 이끌어내기	하인즈의 행동을 도덕적이라 할 수 있을까?
의견에 대한 반응을 이끌어내기	미현이의 주장에 대해 선희는 어떻게 생각하니?
행동이나 결정을 제안하기	오늘 논의한 대로 실천해보면 어떨까?

토의 토론 수업은 크게 자유 토론, 교육 토론, 법정 토론 등으로 나눌 수 있으며,[60]* 그 외에도 피라미드 토론, 모둠 토론, 독서 토론, 찬반 토론, CEDA 토론, 원탁 토론, 찬반 논쟁 협동학습 모형 등 다양한 수업 모형이 여기에 해당한다.[61]* 여기서는 CEDA 토론 모형과 찬반 논쟁 협동학습 모형을 중심으로 살펴보고, 각 토의 토론 활동에서 사용하는 질문들을 제시하고자 한다.

| 찬반 대립 토론 – CEDA Cross Examination Debate Association 토론 |

CEDA 토론 모형은 찬반 대립 토론 모형 중 가장 자주 활용되는 모형으로, 주로 사회적 이슈에 대해 정책 논쟁을 할 때 사용된다. 이 모형은 미국 대학 간 토론 대회에서 많이 사용되며, 우리나라 토론 대회도 주로 이 방식을 따르고 있다. 원래는 2인 1팀으로 진행하지만 서울시교육청에서 주관하는 CEDA 토론 대회는 3인 1팀으로, 민족사관고등학교는 4인 1팀으로 진행하고 있다. [62*] 수업에 이 모형을 적용할 때는 토론 대회에 비해 상대적으로 덜 구조화된 방식을 사용한다.

CEDA 토론의 절차

① 찬성 측 첫 번째 토론자 입론
  찬성 측 1번 학생이 찬성의 근거를 이야기한다.

② 반대 측 두 번째 토론자 교차 조사
  이에 대해 반대 측 2번 학생이 확인 질문을 던진다.

③ 반대 측 첫 번째 토론자 입론
  반대 측 1번 학생이 반대의 근거를 이야기한다.

④ 찬성 측 첫 번째 토론자 교차 조사
  이에 대해 찬성 측 1번 학생이 확인 질문을 던진다.

⑤ 찬성 측 두 번째 토론자 입론
  찬성 측 2번 학생이 찬성의 근거를 이야기한다.

⑥ 반대 측 첫 번째 토론자 교차 조사
  이에 대해 반대 측 1번 학생이 확인 질문을 던진다.

⑦ 반대 측 두 번째 토론자 입론

반대 측 2번 학생이 반대의 근거를 이야기한다.

⑧ 찬성 측 두 번째 토론자 교차 조사

이에 대해 찬성 측 2번 학생이 확인 질문을 던진다.

⑨ 반대 측 첫 번째 토론자 반박

반대 측 1번 학생의 토론 내용에 대해 반론을 펼친다.

⑩ 찬성 측 첫 번째 토론자 반박

찬성 측 1번 학생의 토론 내용에 대해 반론을 펼친다.

⑪ 반대 측 두 번째 토론자 반박

반대 측 2번 학생의 토론 내용에 대해 반론을 펼친다.

⑫ 찬성 측 두 번째 토론자 반박

찬성 측 2번 학생의 토론 내용에 대해 반론을 펼친다.

약식 CEDA 토론 절차

① 찬성 측 입론

찬성 측 학생들이 찬성의 근거를 이야기한다.

② 반대 측 입론

반대 측 학생들이 반대의 근거를 이야기한다.

③ 찬성 측 교차 조사

찬성 측 학생들이 반대 측 주장에 대해 확인 질문을 한다.

④ 반대 측 교차 조사

반대 측 학생들이 찬성 측 주장에 대해 확인 질문을 던진다.

⑤ **찬성 측 반박**

찬성 측 학생들이 반대 측 주장에 대해 반론을 펼친다.

⑥ **반대 측 반박**

반대 측 학생들이 찬성 측 주장에 대해 반론을 펼친다.

⑦ **반대 측 최종 변론**

반대 측 학생들이 최종 주장을 간단히 말한다.

⑧ **찬성 측 최종 변론**

찬성 측 학생들이 최종 주장을 간단히 말한다.

⑨ **교사의 마무리 및 최종 평가**

학생 평가단 혹은 교사가 승리 팀을 결정한다. 교사가 토론 활동
전반에 대해 피드백한다.

활용 가능한 질문

① **교차 조사 (심문, 확인) 질문 (학생)**

- 토론자께서는 ○○이라고 하셨는데, 그 용어의 의미를 다시 한 번
  분명히 말씀해 주실 수 있나요?
- ○○은 이런 뜻입니까?
- 지금 말씀하신 내용은 다시 말하면 ○○이라는 것인데,
  이렇게 받아들여도 되겠습니까?
- 그 자료의 출처는 어디입니까?
- 인용하신 자료의 앞 문단을 다시 한 번 읽어주시겠습니까?
- 인용하신 자료는 토론자의 주장과 어떤 연관이 있습니까?

② **반박 (반론) 질문 (학생)**

- 토론자께서는 ○○라고 주장하셨는데, 이는 ○○과 직접적인
  연관성이 없다고 생각합니다. 이에 대하여 어떻게 생각합니까?

- ○○는 찬성을 뒷받침하는 근거로 보기 힘듭니다. 이에 대해 어떻게 생각합니까?

③ 교사 진행 질문 (교사)
- 상대방의 입장에 대하여 교차 (심문, 확인) 질문을 한다면?
- 각자의 입장을 요약하여 말한다면?
- 평가단 학생들은 어느 쪽의 주장이 더 설득력이 있다고 생각 하나요?

토론 학습지 예시

토론 학습지

토론 주제 :

찬성 측	비교	반대 측
	입론	
	확인 질문	
	반론	
	최종 입장	
	평가 판정	

| 찬반 논쟁 협동학습 모형 |

승자와 패자를 가리는 기존의 경쟁 토론 방식은 지적 능력을 계발하는 데는 도움이 되지만, 설득과 공동체 안에서의 합리적인 문제 해결이라는 목적을 달성하기는 쉽지 않다. 이에 비해 찬반 논쟁 협동학습 모형은 상대의 입장에서 생각하고 공동체의 이익을 우선하여 합리적인 대안을 마련하는 데 목적이 있다. 따라서 찬반 논쟁 협동학습 모형 중 가장 의미 있는 단계는 역할 교환 토론과 모둠 의견 만들기라 할 수 있다.

찬반 논쟁 협동학습 모형 절차 63*

- 토론 주제 제시 및 배경 설명, 동기 부여
  교사가 토론 주제를 제시하고 배경을 설명하며 동기 부여를 한다.

- 학생들의 입장 표시
  학생들이 해당 주제에 대한 자신의 입장과 그 정도를 표명한다.

- 이질적인 모둠 구성
  의견이 다른 학생들끼리 이질적으로 모둠 구성한다. 예를 들어
  '강한 찬성–약한 찬성 (중립) – 약한 반대 (중립) – 강한 반대' 로
  구성할 수 있다.

- 모둠 내 토론
  모둠 안에서 토론을 한다.

- 역할 교환 토론

찬성 입장 학생은 반대 입장에서, 반대 입장 학생은 찬성 입장에서 토론한다.

- **모둠 내 자유 토론**
  모둠 내에서 자유롭게 토론을 한다.

- **모둠 토의 및 모둠 의견 만들기**
  모둠 토의를 통해 찬성과 반대 중 하나의 입장을 선택하도록 한다.

- **학급에서 발표**
  모둠별로 나와 모둠의 입장을 발표한다.

- **교사의 마무리 활동**
  교사가 토의 토론 활동에 대해 피드백한다.

활용 가능한 질문

① 토론 주제 제시 (교사)
  - 사형 제도에 찬성하는가, 반대하는가?
  - 원전 추가 건설을 해야 하는가, 하지 말아야 하는가?

② 토론 과정 (주장 + 반론 질문) (학생)
  - 찬성 측의 ○○ 라는 주장은 △△의 사례를 설명할 수 없다는 점에서 설득력이 없다고 생각하는데, 토론자는 이에 대해 어떻게 생각하십니까?
  - 반대 측의 △△라는 주장은 A 논거와 B 논거가 연결되지 않아 논리적으로 비약된 주장이라고 생각하는데, 토론자는 이에 대해 어떻게 생각합니까?

③ 역할 교환 토론 (교사)

  – 입장을 바꾸어 토론한다면?

  – 찬성 측은 반대 측에서, 반대 측은 찬성 측에서 토론해 주시기 바랍
    니다.

④ 교사의 마무리 (교사)

  – 찬성 (혹은 반대) 측 의견을 주로 이야기하는 사람들이나 단체 속에
    숨어 있는 이해 관계가 있다면?

  – 찬성 (혹은 반대) 측 의견대로 추진할 때 예상되는 결과는 무엇인가?

  – 공리주의 입장에서 각 대안별 예상 결과와 혜택을 보는 사람들의
    범위는?

  – 사회 정의의 관점에서 볼 때 어떻게 결정을 내리는 것이 바람직한가?

창의적인 질문 중심 수업 모형

  여기서 제시하는 질문 수업 모형들은 다양한 질문 기법에 협동학습
원리를 접목하여 개발한 것으로, 4인 1모둠으로 교실에서 손쉽게 활용
할 수 있다.

1. 질문 샤워

"학생들에게 다양한 질문을 할 수 있는 기회를 주고, 좋은 질문이
무엇인지 스스로 깨닫게 한다."

[진행 단계]

① 교사가 다른 친구에게 궁금한 질문을 학습지에 기록하도록 한다.

② 교사가 한 학생을 지목하여 앞으로 나오게 한다.

③ 나머지 학생들이 그 친구에게 궁금한 질문을 5가지 정도 한다.

④ 해당 학생은 그 질문에 답하되, 답하기 곤란한 질문은 패스할 수 있다.

⑤ 질의응답이 끝나면 해당 학생이 가장 좋았던 질문과 그 이유에 대해
   이야기한다.

⑥ 가장 좋은 질문을 한 사람으로 선정된 학생에게 개인 칭찬 스티커
   등으로 보상한다.

⑦ 가장 좋은 질문을 한 친구를 그 다음 순서로 앞으로 나오게 한다.

[주안점 및 유의 사항]

· 질문을 꺼리는 학생들에게 손쉽게 질문하는 법과 좋은 질문을 하는 법을
  가르쳐 줄 수 있다.

· 어떤 질문이든 허용하되, 곤란한 질문은 패스할 권한을 준다.

· 전체 학생을 대상으로 자기소개를 할 때 도움이 된다.

· 교사는 질문을 하도록 격려하되, 가급적 열린 질문을 하도록 지도한다.

· 활동 이후 질문에 대한 피드백을 실시한다.

[개발자 / 출처] 김현섭 (2015)

2. 번호별 인터뷰

"학급 구성원이 많은 경우, 모든 학생이 질문에 참여할 수 있도록
도와준다."

[진행 단계]

① 교사가 학생들을 4인 1모둠 형태로 구성하고, 모둠원들에게 각각
   번호를 부여한다.
② 교사가 한 학생을 지목하여 앞으로 나오게 한다.
③ 각 모둠에서 지목된 학생과 같은 번호의 학생들이 돌아가며 질문을 던진
   다. 예를 들어 선택된 학생이 1번이면 각 모둠의 1번 학생들이 돌아가며
   그 학생에게 질문을 던진다.
④ 해당 학생은 그 질문에 답할 수도 있고 패스할 수도 있다.
   패스는 2번만 허용한다.
⑤ 질의응답이 끝나면 해당 학생이 가장 좋았던 질문과 그 이유에 대해
   이야기한다.
⑥ 가장 좋은 질문을 한 사람으로 선정된 학생에게 개인 칭찬 스티커
   등으로 보상한다.

[주안점 및 유의 사항]

· 번호별 인터뷰 활동은 질문을 한 번도 안 하는 학생이 생길 수 있는 질문
  샤워 활동을 보완하기 위해 만들어진 활동이다.
· 미리 학습지를 통해 질문들을 만들어 놓고 시작하도록 하는 것이 좋다.
  필요에 따라 교사가 좋은 질문의 사례를 소개해주는 것도 좋다. 질문이
  잘 나오지 않을 때는 교사가 대신 질문을 한다.

[개발자 / 출처] 김현섭 (2015)

3. 나에게 물어봐

"관심사와 관련된 질의응답 활동을 통해 질문과 경청을 자연스럽게
배운다."

[진행 단계]

① 교사가 학생들에게 학습지를 배부한다.

② 학생들은 각자 관심 있는 주제를 쓰고 관련 문제를 5개 출제하고 정답도
기록한다.

③ 한 학생이 교실 앞에 나오면 나머지 학생들이 질문을 던지고 해당 학생
은 이에 성실히 답한다.

④ 질의응답이 끝나면 해당 학생이 미리 출제한 문제를 가지고 퀴즈 게임
을 한다.

⑤ 교사는 퀴즈 게임에서 정답을 맞힌 학생이나 모둠에 보상한다.

[주안점 및 유의 사항]

· 자신의 관심사를 이야기하는 과정을 통해 학생의 자신감과 자존감을
키울 수 있다.

· 질문을 할 때는 해당 학생이 낸 문제가 무엇일지를 염두에 두고 질문해야
한다. 좋은 질문을 해야 퀴즈 게임에서 좋은 결과를 기대할 수 있다.

· 질의응답 내용이 퀴즈의 문제가 된다는 점에서 경청하는 법을 훈련할
수 있다.

· 활동 이후 활동 과정에 대한 피드백을 통해 질문과 경청의 중요성을
인식하도록 한다.

· 개인의 관심사를 학습 내용과 관련된 것으로 대체할 수도 있다.

[개발자 / 출처] 김현섭 (2015)

나에게 물어봐

나의 관심사			
질문 1		정답	
질문 2		정답	
질문 3		정답	
질문 4		정답	
질문 5		정답	

4. 돌아가며 질문하기

"모둠 안에서 한 명의 친구에 대해 돌아가며 질문한다."

[진행 단계]

① 모둠 안에서 1번 학생이 이미지 카드를 통해 자신의 상태에 대해 이야기한다. (포토 스탠딩)

② 1번 학생에게 나머지 3명의 학생이 질문을 던지고 1번 학생이 답한다.

③ 1번 학생이 가장 좋은 질문을 한 학생에게 동료 칭찬 스티커를 부여한다.

④ 돌아가며 동일한 활동을 진행한다.

[주안점 및 유의 사항]

· 이미지 카드를 활용하면 이야기를 이끌어내기 좀 더 수월하다.
  이미지 카드는 한국협동학습연구회에서 개발한 생각카드가 좋다.

[개발자 / 출처] 김현섭 (2015)

5. 감정 알아맞히기

"친구의 감정을 질문을 통해 유추해낸다."

[진행 단계]

① 이미지(생각) 카드로 자신의 상태에 대해 이야기한다.

② 모둠에서 가장 인상적인 학생을 하나 둘 셋 방식으로 선정한다.

③ 나머지 학생들이 그 학생의 이야기와 관련해 돌아가며 질문을 던진다.

④ 나머지 학생들은 1번 학생의 이야기 속에 숨겨진 감정을 찾아 감정(마음)카드나 감정 목록으로 이야기한다.

⑤ 1번 학생은 다른 학생들이 분석한 내용에 대해 피드백한다.

⑥ 돌아가며 동일한 활동을 진행한다.

[주안점 및 유의 사항]

· 상대의 감정을 알아차리고 공감할 필요가 있을 때 의미 있게 활용될 수 있다.

· 감정 카드나 감정 목록을 활용하면 학생들이 자신의 감정을 명확히 인식하는데 도움이 된다. 감정 카드는 한국협동학습연구회에서 개발한 마음 카드가 좋다.

[개발자 / 출처]

김현섭(2015), 김현섭 외(2014), "사회적 기술", 한국협동학습센터.

6. 예습 질문

"질문을 통해 미리 예습할 부분을 제시한다."

[진행 단계]

① 교사가 개인이나 모둠에게 주제를 부여하거나, 스스로 관심 있는 주제를 선정한다.

② 나머지 학생들이 질문을 만들어 해당 학생이나 모둠에 질문을 한다.

③ 다음 시간에 해당 질문에 대한 답변을 준비해서 발표한다.

[주안점 및 유의 사항]

· 예습을 독려하기 위한 활동으로, 질문을 중심으로 예습할 수 있도록 도
와준다.

· 다음 시간에 배울 내용을 학습 주제로 하고, 브레인스토밍 혹은 교과서
를 미리 훑어 읽으면서 다양한 질문 거리를 준비하도록 하여 예습 과제
로 제시할 수 있다. 수업의 맥락과 의도에 따라 약간씩 변형해 활용할
수 있다.

[개발자 / 출처] 김성경 (2015)

7. 발제 질문

"학생들이 훑어 읽기를 한 후 만든 질문들에 발제자가 답한다."

[진행 단계]

① 발제자가 책의 해당 부분을 읽고 요약한다.
② 나머지 학생들이 해당 부분을 훑어 읽고 관련 질문을 만든다.
③ 나머지 학생들이 준비한 질문을 던지면 발제자가 답한다.
④ 교사가 학생들의 질의응답을 모니터하고 피드백한다.

[주안점 및 유의 사항]

· 독서 수업에서 세미나식 발제를 하는 경우, 발제자가 아닌 학생들은
책을 읽지 않고 발표만 듣기 십상이다. 그렇게 되면 깊이 있는 질문이나
대화가 오고 가기 힘들다. 이는 예습 질문을 세미나식 발제 수업에 맞게
변형하여 개발한 방법으로, 이를 활용하면 모든 학생이 함께 질문을 중심

으로 책을 읽어갈 수 있다.
· 분량이 많으면 읽어오지 못한 학생들이 수업을 따라가기 어렵기 때문에 적절한 분량을 제시하는 것이 좋다.
· 기존의 발제 방식에 비해 좀 더 깊이 있게 내용에 접근할 수 있게 하는 활동이다.

[개발자 / 출처] 김현섭 (2015)

8. 모둠 복습 질문

"모둠별로 질문을 통해 복습 활동을 한다."

[진행 단계]

① 수업이 끝난 후 수업을 통해 알게 된 것, 이해가 잘 되지 않는 것, 더 알고 싶은 것을 기록한다.
② 모둠 안에서 돌아가며 발표한다.
③ 모둠 안에서 이해가 잘 되지 않는 것이나 더 알고 싶은 것에서 답을 알고 있거나 하고 싶은 이야기가 있다면 이야기한다.
④ 모둠 내 이야기로 해결되지 않은 것, 더 궁금한 것을 모둠 칠판에 기록한다.
⑤ 기록한 모둠 칠판을 교실 칠판에 붙여 놓는다.
⑥ 교사가 이에 대해 피드백을 한다.

[주안점 및 유의 사항]

· 학습 내용을 간단히 복습하도록 하는 활동으로, 이를 통해 교사는 학생

들이 수업에서 충분히 이해하지 못했거나 궁금한 내용이 무엇인지 확인
할 수 있다.

· 수업 마치기 5분 전에 실시하면 좋고, 시간이 부족할 경우 짝 점검을 활
용해도 좋다.

[개발자 / 출처] 김현섭 (2015)

9. 전체 질문 복습 퀴즈

"학습한 내용에 대해 복습 문제를 출제하고 전체 학생을 대상으로
퀴즈 활동을 한다."

[진행 단계]

① 교사가 수업을 진행한다.

② 각자 배운 내용에 관한 퀴즈를 하나 내고 정답을 적어 교사에게 제출
한다.

③ 교사가 이를 모아 퀴즈 게임을 진행한다.

④ 정답을 맞힌 학생이나 모둠에 보상한다.

[주안점 및 유의 사항]

· 학생들이 직접 질문 카드를 만들어 복습할 수 있도록 고안된 활동으로,
간단히 복습할 때 유용하다.

[개발자 / 출처] 김성경 (2015)

10. 모둠 질문 카드

"교사가 준비한 질문 카드를 가지고 모둠 내에서 이야기한다."

[진행 단계]

① 교사가 학습 주제와 관련된 질문 카드를 미리 제작한다.

② 교사가 수업을 진행한다.

③ 모둠별로 질문 카드 세트를 배부한다.

④ 학생들이 질문 카드 중 하나를 선택하여 1번 학생에게 질문하고 1번 학생이 이에 대해 대답한다.

⑤ 돌아가며 동일한 활동을 진행한다.

[주안점 및 유의 사항]

· 학생들이 학습 주제에 맞는 질문을 잘 뽑아내지 못할 때 활용하면 좋다. 학생들이 질문을 잘 만들 수 있는 수준에 도달하면, 직접 질문 카드를 만들고 다른 모둠과 교환하여 활동하면 된다.

· 질문 카드 세트는 학토재 사이트 (www.kelc1250.com)나 협동학습 연구회 사이트 (cooper.or.kr)를 참고하면 좋다.

· 아래는 자기소개를 위한 질문 카드의 예이다.

[개발자 / 출처] 김현섭 (2015)

초능력을 가질 수 있다면 어떤 초능력을 갖고 싶은가?	나에게 있어 우리 학교란?
앞으로 3개월밖에 못 산다면 꼭 해 보고 싶은 일 세 가지는?	동물로 다시 태어난다면 어떤 동물로 태어나고 싶은가?
좋아하는 과목과 그 이유는?	이성친구가 생긴다면 그 친구에게 어떤 사람으로 비춰지고 싶은가?
잘 다룰 수 있는 도구와 그 이유는?	장점 한 가지와 단점 한 가지는?
관심 있는 직업 세 가지는?	내가 보는 나는 백점 만점 중 몇 점이고 그 이유는 무엇인가?
싫어하는 과목과 그 이유는?	누군가가 나에 대해 험담을 한다는 이야기를 들었다면?
글을 써야 한다면 시, 소설, 수필, 논설문 중 어느 장르를 택할 것인가?	당장 군대에 입대해야 한다면 육/해/공/특수부대 중 어디를 선택할 것인가?
결혼하여 자녀를 가진다면 가족계획은?	파랑색을 파랑이라는 말을 사용하지 않고 표현한다면?

11. 질문으로 격려하기

"모둠 안에서 다른 사람의 이야기를 경청하고 공감하며 격려한다."

[진행 단계]

① 1번 학생이 2번 학생에게 고민이나 힘든 것이 있는지 질문한다.

② 2번 학생이 그에 대해 이야기한다.

③ 3번 학생이 2번 학생이 말한 내용을 요약하여 다시 말한다.

④ 4번 학생이 2번 학생의 이야기 속에 숨겨진 감정을 찾아 말하고 격려한다.

⑤ 돌아가며 동일한 활동을 진행한다.

[주안점 및 유의 사항]

· '돌아가며 격려하기'를 질문을 중심으로 변형한 활동으로, 질문을 통해 마음 속 이야기를 나누고 경청하는 활동이다.

· 1번 학생 뿐 아니라 3, 4번 학생도 질문할 수 있다.

· 해당 학생은 친구의 다시 말하기를 통해 경청의 기쁨을, 감정 읽어주기를 통해 위로를 얻을 수 있다.

· 장난스럽게 진행되지 않도록 미리 활동의 목적과 이유를 이야기하고 진지한 분위기를 조성하는 것이 좋다.

[개발자 / 출처] 김현섭 (2015)

12. 질문 보드 게임

"질문 보드 게임 활동을 통해 서로 소개하거나 복습을 한다."

[진행 단계]

① 교사가 모둠별로 질문 보드 게임 세트(질문카드, 포스트카드, 주사위, 말 등)를 부여한다.

② 모둠원들에게 질문 카드 4장, 포스트 카드 1장을 배부한다.

③ 질문 카드에는 자기 관심사 키워드를 각각 기록한다.(예 : 외모, 성적, 진로 등) 포스트 카드는 간단한 미션 활동을 기록한다. (윙크하기, 짝꿍 안마하기) 자기 말은 자기 위치에서 가까운 포스트 카드 위에 올려놓는다.

④ 이끔이가 주사위를 던지면 자기 말을 이동하여 선택된 관심사 키워드 주제에 대한 자기 이야기를 한다. 방향은 왼쪽이나 오른쪽 모두가 가능하다. 2개의 카드 중 하나를 선택하는 셈이다.

⑤ 포스트 카드를 지나갈 때는 포스트 카드에 기록된 미션 활동을 실행한 후 해당 키워드 주제에 대한 이야기를 하도록 한다.

⑥ 이끔이를 기준으로 왼쪽 방향으로 돌아가면서 위의 활동 ④, ⑤를 반복한다.

[주안점 및 유의 사항]

· 위에서 소개한 활동은 자기 소개 활동이다. 그런데 복습 활동으로 진행할 수 있다. 이 경우에는 질문 카드에 수업 시간에 배운 퀴즈 문제를 기록하고 질문 카드 뒷면의 정답 카드에 퀴즈 문제의 정답을 기록한다. 나머지는 위의 방식으로 운영하되, 자기가 알아맞힌 질문 카드는 자기가 별도로 챙길 수 있도록 한다. 복습 활동 시에는 가장 많은 질문 카드를 모은 모둠원에게 간단한 보상을 실시할 수 있다. 정답을 알아맞히지 못한 경우, 뒷면에 기록한 정답을 공개하고 다시 원래 위치대로 퀴즈 질문 면이 보이도록 카드를 올려 놓는다.

· 질문 보드 게임은 기본적으로 색지와 주사위만을 가지고 활용할 수 있지만 수업디자인연구소(www.sooupjump.org)에서 만든 질문 보드 게임을 활용하면 더욱 좋다.

[개발자 / 출처] 김현섭 (2016)

질문이 살아있는 수업을 위한 평가 방안

평가란 학습 목표 도달 여부를 확인하고 그 결과에 대해 피드백하는 것으로, 테스트 test 와 피드백 feedback 으로 이루어진다. 교실에서 질문이 살아있는 수업을 구현하려면 그에 맞는 평가 계획을 수립하고 운영해야 한다.

| 지필 평가 |

지필 평가는 교사가 수업에서 활용했던 핵심 질문은 물론, 학생들이 직접 만든 문제 중 좋은 문제를 변형하여 활용하면 좋다. 이렇게 하면 학생들이 좋은 문제를 만들기 위해 더욱 노력하게 되고, 자신이 만든 문제가 출제되면 자부심과 책임감을 느끼게 된다.

다음은 소명중고등학교 장슬기 선생님의 지필 평가 사례이다.

중학교 2학년 1학기 기말고사 객관식 문항

※ 다음 (14~19) 문항은 학생들이 출제한 선다형, 단답형 문제입니다.

14. 다음은 소장의 소화를 돕는 소화액에 대한 설명이다. 빈 칸에 들어갈 말을 바르게 짝지은 것은? [4점] (출제자 - 조○○, 남○○, 박○○, 손○○)

    쓸개즙은 (㉠)에서 만들어져 쓸개에 저장되었다가 십이지장으로 분비되며, 소화 효소는 없으나 (㉡)의 소화를 돕는 작용을 한다. 이자액은 이자에서 만들어져 십이지장으로 분비되며 단백질을 분해

하는 (㉢), 단수화물을 분해하는 (㉣), 지방을 분해하는 (㉤)
등의 소화 효소가 들어 있어 3대 영양소를 모두 분해한다.

① ㉠- 쓸개　　② ㉡- 단백질　　③ ㉢- 트립신
④ ㉣- 라이페이스　　⑤ ㉤- 아밀레이스

| 논술 평가 |

논술 평가 시에도 학생이 만든 질문을 활용하면 좋다.

1. 【논서술형】'스키너의 심리상자 열기'에서 소개한 10가지 심리학 실험 중 한 가지를 선택하여 심리학 실험 내용을 소개하라. 해당 실험을 통한 질문을 5가지를 찾아내고 그 중의 하나 질문을 선택하고 자신의 생각을 두 가지 이상으로 서술하시오.
(채점 기준 : 심리학 실험 내용 설명 10점, 각 질문당 2점, 질문에 대한 자신의 생각 10점, 총 30점)

(1) 심리학 실험 내용 설명 〈밀그램의 복종실험〉
실험에서 '선생님' 역을 할 참가자를 모집한다. 참가자들에게 학생들(연기자)이 문제를 하나씩 틀릴 때마다 버튼을 누르게 하고, 한번에 15V 씩 높였다. 버튼을 누를 때마다 벌도 때문에 소리치며 고통스러워하는 학생들의 모습에 중간에 포기하려하는 사람들도 있었다. 하지만 옆에서 실험주최자가 계속 버튼을 누르라고 하자, 처음에 3%만이 끝까지 버튼을 누를 것이라는 예상과 다르게, 중간에 포기한 사람들을 포함하여 전체의 65%나 되는 사람들이 450V(최대치)까지 버튼을 눌렀다.

(2) 실험과 관련한 질문 5가지
● 권력의 힘이 작용하지 않는 상황이 있다면 언제일까?
● 때 비합리적인 명령에도 복종하는가?
● 옆에서 버튼을 누르라 강요하는 사람이 없었다면 과연 몇 퍼센트의 사람들이 끝까지 버튼을 눌렀을까?
● 버튼을 끝까지 누른 사람들은 후에 죄책감을 느끼지 않았나?
● 비합리적인 명령에 복종하지 않도록 하는 방법은 뭐가 있을까?

(3) 질문에 대한 나의 생각
나는 '권력의 힘이 작용하지 않는 순간이 있다면 언제일까?'라는 질문에 대해 생각해보았다. 내가 생각하기에 인간은 두가지 상황 속에서 권력의 힘을 보지 않는다고 생각한다. 첫번째, 비합리적인 상황 속에서 권력의 힘이 작용하지 않는다. 사람들도 대체로 권력의 힘을 받기만, '세월호 특별법'과 같은 누가 생각해도 비합리적이고 부당한 상황들에서는, 오히려 권력의 힘에 도전하고, 부당한 현실에 맞서는 태도를 취한다. 두번째, '사랑'이 존재할 때 권력의 힘이 작용하지 않는다. 사람들은 대체로 권력을 쥐고 있거나 힘이 있을 때, 이성적이고 논리로 제멋대로 행동하며, 독자 또한 판단들을 내리기 쉽다. 하지만 사랑이 작동할 때, 권력이 있는 사람들도 여럴 사람들에게, 이성적으로 변하기 마련이다. 물론 아무리 사랑이 작동한다 해도 끝까지 비이성적이고 비합리적인 사람들이 있기 마련이지만,

논술 채점 기준표

1. 심리학 실험 내용 설명

스키너의 보상과 처벌 실험, 밀그램의 전기 충격 기계와 복종 실험, 달리와 라타네의 사회적 신호와 방관자 효과, 그리고 엽기 살인 사건, 할로의 애착과 원숭이 실험, 페스팅거의 인지 부조화 이론과 광신도 관찰, 로젠한의 정신 진단성 실험과 정신 병원 체험, 알렉산더의 마약 중독 실험, 로프터스의 가짜 기억 이식 실험, 칸델의 해삼 실험, 모니즈의 불안증 환자 뇌엽 절제술 중 하나를 선택하고 그에 대한 간단 요약 설명

2. 질문 예시

(밀그램 실험의 경우) : 사람은 왜 불합리한 권위 앞에서 복종하는가?, 권위와 권위주의의 차이점은?, 잘못된 명령을 거부하려면? 등

3. 질문에 대한 자신의 생각 예시

사람은 왜 불합리한 권위 앞에서 복종하는가? 사람들은 어려서부터 권위에 순종하는 것을 자연스럽게 배워왔으며, 명령 그 자체보다는 명령을 내린 사람의 힘에 의해 행동하곤 했다. 명령 그 자체와 명령을 내리는 사람은 엄연히 다름에도 불구하고 우리는 때로 이를 혼동한다. 그 이유는… 후략

| 수행 평가 |

수업 태도 점수

교사에게 좋은 질문 혹은 좋은 답변을 할 때 개인 칭찬 스티커로 보상하고 이를 태도 점수에 반영하면 좋다. 이는 하브루타 수업에서는 더욱 유용하다. 엉뚱한 질문을 하거나 오답을 말하더라도 자발적으로 질문하고 답변하는 학생이 있다면 이 역시 보상하면 좋다.

모둠 활동에서 긍정적인 행동을 할 경우에는 모둠 칭찬 스티커로 보상한다. 협동학습의 모둠 게임 토너먼트 수업 모형에서는 퀴즈의 결과를 모둠 점수로 반영할 수 있고, 토의 토론 수업의 경우 토의 과정이나 결과에 따라 모둠 보상을 실시할 수 있다.

개인 칭찬 스티커 부여 기준 예시	모둠 칭찬 스티커 부여 기준 예시
- 자발적으로 교사에게 질문한 경우	- 모둠 과제를 일정 기준 이상으로 수행한 경우
- 교사의 질문에 답변을 잘 한 경우	- 전체 학생 앞에서 모둠 과제 발표를 잘 한 경우
- 전체 학생 앞에서 개인 과제 발표를 잘 한 경우	- 제한 시간 안에 모둠 과제를 성실히 수행한 경우
- 제한 시간 안에 개인 과제 (노트 필기 등)을 성실하게 수행한 경우	- 모둠별 퀴즈에서 받은 점수를 반영하는 경우
- 개인별 퀴즈에서 받은 점수를 반영하는 경우	- 다른 모둠의 과제를 자발적으로 도와 준 경우
- 다른 학생의 과제를 자발적으로 도와 준 경우	- 다른 모둠의 활동 결과에 대해 칭찬하거나 발표 시 경청한 경우
- 다른 학생을 의미 있게 칭찬한 경우	- 모둠별 도전 과제를 잘 수행한 경우
- 개인별 도전 과제나 심화 과제를 잘 수행한 경우	- 모둠 토의 토론에서 우수한 결과를 얻은 경우 등
- 개인별 토의 토론에 적극 참여한 경우 등	

칭찬 스티커를 태도 점수로 환산할
때는 개인 칭찬 스티커와 모둠 칭찬
스티커 수를 합산해 반영한다. 절대
평가가 원칙이지만 학급 수가 많은
경우 부분적으로 상대 평가를 적용
해도 좋다.

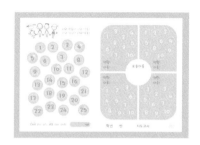

노트 및 학습지 검사

코넬 노트와 질문 만들기 활동을 한다면 노트 정리와 질문, 답변을 평
가에 반영할 수 있다. 심화 보충형 학습지나 토의 토론 학습지도 마
찬가지이다. 학습지를 평가에 반영하기 위해서 포트폴리오 형태로 정
리하도록 하면 좋다.

다음은 노트 및 학습지 평가 기준의 사례이다.

A	충실히 기록했고 자신의 생각을 논리적이고 창의적으로 기술했음
B	어느 정도 기록했으나 다소 부실하고 자신의 생각이 잘 나타나 있지 않음
C	내용 일부가 누락되어 있고 다소 부실하게 기술되어 있음
D	상당 부분이 누락되어 있고 내용도 전반적으로 부실함
E	미제출

문제 중심 (PBL) 수업 결과 보고서 및 프로젝트 활동 보고서

문제 중심 PBL 수업의 경우, 문제 해결 과정을 간단한 보고서 형식으로
만들어 발표하게 한 뒤 이를 평가에 반영하거나 모둠 칭찬 스티커로 보
상할 수 있다. 또한 프로젝트 수업에서는 다음과 같은 수행 평가 채점
기준표 루브릭 를 활용하여 채점할 수 있다.

프로젝트 학습 수행 평가 채점표

학년   반   모둠 이름 :   모둠원 :

1. 채점 기준표

요소	상(2)	중(1)	하(0)
내용의 충실도	탐구 주제가 적절하며, 보고서 내용이 논리적이고 잘 정리되어있다.	탐구 주제가 적절하고 내용은 좋은 편이나 일부 내용이 부실하다.	탐구 주제가 적절하지 못하거나 내용이 전반적으로 부실하다.
형식과 분량	1. 10쪽 이상이다. 2. 서론, 본론, 결론 형식이 잘 갖추어져 있다.	1, 2 중 하나가 부족하다.	1,2 모두 부실하다.
발표 태도 및 자세	1. 발표 태도가 바르고 발음이 정확하여 의사 전달이 명확하다. 2. 발표 형식이 독창적이다.	1, 2 중 하나가 부족하다.	1,2 모두 부실하다.
개인 역할 기여도	맡겨진 역할을 충실히 수행했을 뿐 아니라 과제 수행에 적극 참여하였거나 리더 역할을 수행하였다.	맡겨진 역할에 충실했으나 적극적인 모습이 부족하다.	맡겨진 역할을 제대로 수행하지 못했거나 과제 수행에 소극적이었다.

2. 모둠원 채점

모둠원 이름	출석 번호	개인 역할	특기 사항	가감	최종 점수	학생 확인
		이끔이				
		칭찬이				
		기록이				
		지킴이				

※ 산출 방식 : 총 배점을 기준으로 6점은 A등급, 4-5점은 B등급, 3점은 C등급, 1-2점은 D등급,
0점은 E등급, 미제출은 F등급임 (0점 처리). 개인 역할 기여도에 따라 한 등급씩 가감됨.

| 피드백 |

교사의 피드백

학생들이 좋은 질문을 하면 칭찬해 주되, 그 질문이 왜 좋은지 구체적으
로 이야기해 주면 좋다. 프로젝트 수업을 할 때에도 평가 기준에 도달하
지 못한 경우, 문제점과 보완점을 자세히 설명해 주고 이를 보완할 시간
을 주어 재검 시 좋은 결과를 얻을 수 있도록 동기 부여하는 것이 좋다.

동료 학생의 피드백

노트 필기를 한 경우 모둠 안에서 돌아가며 노트를 살펴보고 피드백
내용을 간단히 적어주면 좋다.

Date.   /   /

정이와 나는 아무 사이 아니라는 것을 장경해 줄 수 있을 것 같았다. 하지만 초향이
의 소식을 들은 나는 생각이 바뀌었다. 나는 다시는 이대감 집에 멀쩡한 몸으로
발을 들일 수 없음을 직감했다. 나는 도망치듯 뒤를 돌아 그 마을을 빠져나왔다.
다급히 달려가던 나를 발견해 뒤쫓아온 정이가 어느새 내 옆에 서있었다.
정이는 잠시 망설이더니 나에게 같이 이 마을을 떠나 둘이 살자고 말했다. 정이는
나를 어릴 때 부터 좋아했다고 한다. 순간 정이를 따라 떠나버릴까라는 생각이 들었
다. 심적으로나 육체적으로나 힘든 이 생활을 벗어나 새롭게 시작하고 싶은 마음이
내 가슴 한 켠에 자리잡고 있었다. 하지만 나는 여전히 이대감을 사랑하고
어릴 때 부터 가족 같았던 정이의 마음을 받아줄 수 없었다. 나의 거절에 정이는
잠시 슬픈 표정을 짓더니 그럼 지금까지 해왔던 것처럼 <u>나를 지켜보기만 하겠다고</u>
<u>한다.</u> 나는 지친 마음을 이끌고 집으로 돌아왔다. 내일부터는 이대감 집에 찾아가지
않겠다고 다짐했다. <small>내 사랑이 내가 짝사랑이니까</small> 그날 밤 나는 꿈을 꾸었다. 이대감과 함께 산에 올라가 산을
거닐던 나는 섬말나리 꽃을 한 송이 꺾어들었고 이대감도 꽃을 하나 꺾어들었다. 마주보고
배시시 웃던 우리는 산을 내려와 집마당에 섬말나리를 넘으려고 노력했다. 아무리 세워도
세워지지 않자 이대감은 풀 속에서 나뭇가지 하나를 주워오더니 꽃을 풀옆으로 나무에
묶었다. 나뭇가지를 땅에 심자 죽어도 서지 않던 꽃이 나무를 지탱하며 서있었다. 좋아하
는 나를 보며 이대감이 방긋 미소를 지었다. 우린 행복해 보였다.

경운 - 정말 이 굴에 몰입하게 되었다 짱짱! 정수는 9점!
예영 - 잘썼다, 글 잘써서 글 근데도 긴장되었당! 제 점수는 9점이요! ♥
정아 🌷 : 진짜 잘씀ㅠㅠ 내용도 좋고 다좋음
하제 (ㅋㅋㅋㅋ) 헤헤헤 헝 남서 일단 ⑩ 정교해 성 마지막 문장 굉장히 맘에 들어
빼빼 : 오 나도 ⑩점 줄게!!! 나무의 평화에도 얘기해줘 (창작글 ♡)
진솔 : ㄷㄷ 진짜 재밌다 10!
지우 : 반전 솔모와 기빴다 굳굳 9
청서 ♡ : 남서 대박! 글 잘쓴다 ♡ 10점   "PASS"

질문이 살아있는 수업

- 수업 속의 관계란 무엇인가?

- 관계 세우기가 중요한 이유는?

- 좋은 수업 대화의 방향은 어떠한가?

- 질문을 중심으로 어떻게 갈등을 해결할 수 있을까?

- 수업 시간에 엉뚱한 질문을 하는 학생에게 어떻게 반응을 보여야 할까?

6장.

질문으로 관계 세우기

'내가 무슨 말을 했느냐' 보다 더 중요한 것은
'상대방이 무슨 말을 들었느냐' 이다

··· 피터 드러커

수업 속의 관계란 무엇인가?

수업의 주체는 교사와 학생이다. 이들은 언어와 행동 등을 매개로 지식과 감정 등을 교류한다. 따라서 수업 속의 관계는 교사, 학생, 지식이 맺고 있는 관계라고 할 수 있다. 수업 속의 관계 유형을 도식화하면 다음과 같다.

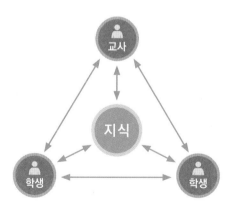

수업 속의 관계는 '교사 ↔ 학생', '학생 ↔ 학생', '교사 ↔ 지식 ↔ 학생' 등으로 유형화할 수 있다.

교사와 학생의 관계에는 사회적 상호 작용, 친밀함, 신뢰성이 있어야 한다. 사회적 상호 작용이란 '교사와 학생이 언어, 기호, 몸짓 등과 같은 상징 체계를 사용하여 서로의 생각과 행동을 주고받는 것'이며, 친밀함은 '교사와 학생이 친한 관계를 유지하는 것'이다. 또한 신뢰성은 '교사는 학생을 사랑하고 존중하며 학생은 교사의 권위를 인정하고 순종하는 것'을 말한다. [64]* 교사와 학생의 관계는 사회적 상호 작용 관계에서 친밀한 관계로, 친밀한 관계에서 신뢰 관계로 발전해야 한다.

학생 간의 관계는 크게 '나는 나대로, 너는 너대로'인 개별적 관계, '나의 성공이 너의 실패'인 경쟁적 관계, '나의 성공이 너의 성공'인 협동적 관계로 나눌 수 있다.

오른쪽 도표는 학생 간의 관계에 따른 학습 구조의 특징을 비교한 것이다. [65]*

개별학습은 학생의 특성에 맞게 접근한다는 점에서 이상적이다. 하지만 현실적으로 교사가 많은 학생을 개별적으로 지도하고 학생의 흥미를 지속적으로 유발하는 것은 쉬운 일이 아니다.

경쟁학습은 수업에 역동성을 부여하며 학생들로 하여금 수업에 열심히 참여할 수 있도록 해 준다. 하지만 경쟁이 치열해지면 동료 학생과의 관계가 깨지고 과정보다 결과에만 집착하게 되며, 흥미가 아닌 실패에 대한 두려움과 불안감으로 학습에 임할 가능성이 높다. 경쟁 학습은 특히 공부를 잘 하는 학생들 위주로 진행되기 쉬운 탓에 공부를 못 하는 학생들은 좌절감을 경험하기 쉽다.

구분	개별학습 구조	경쟁학습 구조	협동학습 구조
특징	학생들의 수준에따라 개별적으로 가르침	개인이나 집단 간의 경쟁을 통해 가르침	개인이나 집단 간의 협동을 통해 가르침
수업 방법	· 수준별 수업 · 열린 교육 수업	· 퀴즈식 수업 · 상대 평가 활용 수업	· 협동학습 · 모둠 프로젝트 수업
장점	· 학생의 흥미 유발 · 학습의 개인차 인정 · 학생의 개성과 다양성 존중	· 수업을 활기차게 함 · 학습 효과 증대 · 수업의 긴장도 유지	· 학생 간 긍정적 상호 의존 및 사회적 기술 발달 · 학생의 흥미 유발 · 학습의 효율성 증대
문제점	· 교사들의 교수 부담 · 적절한 학습 환경이 필요	· 학습의 부익부 빈익빈 현상 · 학습 수준이 낮은 학생들에 대한 배려 미흡	· 학생들이 내용을 잘못 이해할 가능성이 있음 · 내성적인 학생들을 수업에 참여시키기 어려움
실패하기 쉬운 조건	· 타인과의 대화나 상호작용이 많을 때 · 학습 자료가 부족할 때	· 규칙이 공평하지 못할 때 · 과제가 복잡하고 어려울 때	· 책임이 분명치 않을 때 · 학생들이 서로 도우려 하지 않을 때
교사의 역할	정원사	심판관	매니저

협동학습은 협동의 과정을 통해 배움의 기쁨을 누리고 집단 지성을 통해 새로운 지식을 창출할 수 있도록 해 준다. 또한 학습에 흥미를 유발하고 학업 성취도를 향상시켜줄 뿐 아니라, 남을 배려하는 사회적 기술도 자연스럽게 습득하게 한다. 하지만 끝까지 참여하지 않는 학생이 있으면 다른 학생에게 피해를 줄 수 있고, 내성적인 학생들의 참여가 쉽지 않을 수 있다.

　파커 팔머는 '교사 – 지식 – 학생'의 관계를 '인식의 객관적 신화 모델'과
'진리의 공동체 모델'로 설명한다. [66*] 인식의 객관론 신화 모델은 객관적인
지식이 존재한다고 믿는다. 이 모델에서 교사의 역할은 이러한 객관적 지
식을 공부하여 학생들에게 일방적으로 전달하는 것이다.

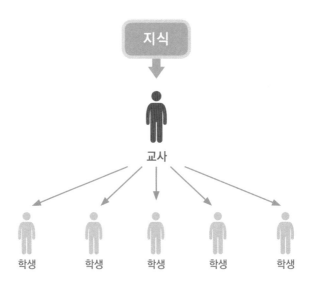

이 모델에 따른 수업은 이렇게 시작할 것이다.

교사
　오늘의 학습 목표는 '사회 정의의 의미와 특징을 말할 수 있
다.' 입니다. 미국의 사회 철학자 존 롤스는 사회 정의를 이렇
게 정의했습니다. 무지의 베일이라는 개념을 통해 ……

파커 팔머는 이러한 수업이 진리의 공동체 모델로 나아가야 한다고 주장한다. 이는 '주제 중심의 교실'이라고도 하는데, 지식^{주제}를 중심으로 교사와 학생 사이에 관계망이 형성되는 것을 의미한다.

이 모델에 따른 수업은 다음과 같이 진행될 것이다.

교사
  오늘은 사회 정의에 대해 생각해 보려 합니다. 정의하면 무엇이
  떠오르나요? 영식이는 어떤 이미지가 떠오르니?

영식
  만화 주인공이나 영화에 나오는 영웅들이
  떠올라요.

교사

영식이 말을 듣고 보니 만화나 영화에 정의라는 말이 많이 나오는 것 같구나. 그러면 질문을 바꾸어 볼게. 지금까지 살면서 억울하거나 부당하다고 느꼈던 경험이 있니?

미영

저는 부모님께 그런 느낌을 받은 적이 있어요. 저는 1남 4녀 중 장녀인데 부모님은 막내 남동생만 편애를 하시거든요. 예를 들어 (후략).

교사

그렇구나. 선생님이 미영이 입장이라도 그런 느낌이 들 것 같아. 민철이는 미영이 이야기를 듣고 어떤 생각이 들었니?

진리의 공동체 모델에서는 교사와 학생, 학생과 학생이 지식을 매개로 소통한다. 이 모델을 따르게 되면 수업에서 교사가 준비한 이상을 나누게 되며, 이로 인해 학생 뿐 아니라 교사도 수업을 통해 풍성한 배움을 얻게 된다.

관계 세우기와 질문

질문의 7가지 힘 중 하나는 상대의 마음을 열어 주는 것이다. [67*] 질문은 친밀감을 형성하는 좋은 도구이다. 우리는 질문을 통해 상대방에게 관심을 표현하고 상대방과 교류한다. 모둠 세우기 활동이나 학급 세우기 활동의 상당 부분이 질문으로 되어 있는 것도 이 때문이다.

질문은 수업 속에서도 교사와 학생, 지식 간의 관계를 형성하는 도구가 된다. 특히 질문은 교사와 학생이 신뢰 관계를 형성하고 유지하는데 핵심적인 역할을 한다. 진정한 배움은 교사와 학생 사이의 신뢰를 바탕으로 한다는 점에서, 수업에서 질문을 통해서 관계를 세우는 일은 매우 중요하다.

일상 대화와 수업 대화의 차이

수업은 독백이 아닌 대화 형태로 이뤄져야 한다. 수업이 독백 형태로 진행되면 가르침은 있으나 배움이 일어나지 않을 수 있다. 하지만 수업 대화는 일상 대화와 구조상 약간 다른 점이 있다.

〈대화 1〉

A : 서울로 가려면 어디로 가야 하나요?

B : 오른쪽으로 돌아가면 됩니다.

A : 감사합니다.

〈대화 2〉

A : 서울로 가려면 어디로 가야 하나요?

B : 오른쪽으로 돌아가면 됩니다.

A : 맞았습니다.

〈대화 1〉은 일상 대화 방식이고 〈대화 2〉는 기존의 수업 대화에서 주로 사용되는 대화 방식이다. 이혁규 (2013)는 이러한 일상 대화와 수업 대화를 비교하면서 기존의 수업 대화 문화에 비판적으로 접근한다.

기존의 수업 대화는 '교사의 질문 – 학생의 반응 – 교사의 평가' 로 진행된다. 이는 교사 중심의 대화로, 교사에게 평가라는 막강한 권리가 주어져 있음을 알 수 있다. 일상 대화에서 우리는 보통 몰라서 질문을 던지고 상대의 답변에 수평적 입장에서 반응을 보인다. 하지만 교사가 수업에서 사용하는 질문들은 대부분 몰라서 묻는 질문이 아닌, 이미 알고 있는 지식을 학생들에게서 이끌어 내려는 의도의 질문이다. [68*]

수업 대화 시 교사는 주로 교사 입장에서만 질문하고, 질문한 후에도 학생들의 반응을 기다리지 않거나 자문자답하는 경향이 있다. 학생의 이야기를 경청하지 않고 중간에 말을 잘라버리는 경우도 있다. 학생들의 답변을 수직적인 관계에서 일일이 평가하는 경우도 많다. 정답을 말하면 칭찬하고, 오답을 말하면 야단을 치는 경우가 그것이다. 수업에서 학생들에게 질문하거나 이야기할 기회를 거의 주지 않기도 한다. 이렇게 되면 가르침과 배움의 간극이 벌어져, 가르치되 배우지는 못하는 결과를 낳게 된다.

좋은 수업 대화를 하려면?

그렇다면 교사는 좋은 수업 대화를 하기 위해 어떻게 해야 할까?

첫째, 지식을 일방적으로 전달하려 하지 말고 학생과 소통하며 지식과 학생의 삶을 연결하려 노력해야 한다. 교사만 일방적으로 이야기하는 것은 연설이나 독백이지 대화가 아니다.

둘째, 학생의 이야기를 경청해야 한다. 아울러 학생들에게도 서로의 이야기를 경청하는 자세를 훈련시켜야 한다. 협동학습에서는 이를 사회적 기술 문제로 파악하고 수업 시간에 이를 직접 가르쳐야 한다고 주장한다. [69*]

셋째, 학생의 답을 평가하려고만 하지 말고 수평적 관계에서 반응을 보이려 노력해야 한다. 정답인지 아닌지에만 집중하지 말고, 칭찬하고 격려하며 긍정적, 수용적 표현으로 반응해야 한다는 것이다.

넷째, 교사가 수업 대화를 독점하지 말고 학생 사이에서도 대화가 일어날 수 있도록 구조화해야 한다. 남을 가르치는 것은 가장 좋은 배움의 방법이기도 하기 때문이다.

다섯째, 수업 대화 속에 큰 이야기와 작은 이야기를 모두 담아내야 한다. 보통 교사들은 수업에서 학생들을 하나의 큰 집단으로 간주한다. 하지만 수업 대화 속에는 모둠이나 개별 학생에 관한 작은 이야기들 역시 살아 있어야 한다.

여섯째, 언어적 대화 뿐 아니라 비언어적 대화에도 관심을 기울여야 한다.

언어적 대화만으로는 미묘한 감정이나 숨은 의도 등을 충분히 인지하고 표현하기 어렵다는 점에서, 교사는 수업에서 비언어적 대화를 적절하게 활용할 수 있어야 한다.

일곱 째, 학생들을 사랑하고 학생들에게 관심을 기울여야 한다. 학생들에 대한 관심과 애정을 바탕으로 수업 대화를 하면 학생들도 이를 알아차리고 동일한 방식으로 반응할 것이며, 교사와 학생은 친밀한 관계를 넘어서 신뢰 관계로 들어설 수 있게 될 것이다.

질문을 살리는 힘 : 경청하기

대부분의 교사들은 경청이 중요하다는 사실을 잘 알고 있다. 하지만 정작 수업에서는 이를 잘 실천하지 못하는 경우가 많다. 경청의 훈련을 제대로 받지 못해서일 수도, 진도에 대한 부담감이 있기 때문일 수도, 학생과의 관계가 중요함을 충분히 인식하지 못해서일 수도 있다. 하지만 경청은 수업에서 질문을 살려내는 첫 번째 힘이자 관계의 핵심이다.

경청에도 단계와 기술이 있다. [70] 듣기의 수준은 4단계로 나눌 수 있다. 1단계 듣기는 '소극적 듣기'로, 상대방의 이야기를 방해하지 않고 침묵으로 듣는 것이다. 2단계 듣기는 '인정 반응'을 보이는 것으로, "그래", "응"과 같은 언어적 표현, 고개를 끄덕끄덕하거나 미소를 짓는 등의 비언어적 표현으로 상대방의 이야기를 듣고 있음을 보이는 것이다.

3단계 듣기는 '말문 열기'로, "그 문제에 대해 좀 더 이야기해 볼래?", "그 다음에는 어떤 일이 벌어졌어?" 와 같이 상대방이 좀 더 이야기할 수 있도록 말문을 열어주는 것이다. 4단계 듣기는 '적극적 듣기 공감적 경청'으로, 상대방의 말 속에 담긴 숨은 감정이나 의도를 읽고 이에 반응하는 것이다. 이는 듣기의 최고 단계로, '사실 인정 - 상대의 마음 알아주기 - 내 마음 전하기'의 3단계로 진행된다. 예를 들어 "이번에 시험을 완전히 망쳤어요."라는 말에 "성적이 떨어져서 속상했구나. 네가 속상해 하는 모습을 보니 나도 마음이 아프네."라고 반응하는 것이다.

질문을 살리는 힘 : 칭찬하기

우리의 교실에는 칭찬보다는 판단과 비난이 많은 편이다. 따라서 교사는 의도적으로 학생들을 칭찬해야 한다. 칭찬에는 행동을 긍정적으로 변화시키는 힘이 있다.

칭찬에도 단계가 있다.[71] 1단계 칭찬은 '단순한 칭찬'으로, "멋지다.", "대단한데?", "최고야." 라는 식으로 칭찬하는 것이다. 하지만 이는 잘못 사용하면 상대방을 놀리거나, 뭔가 원하는 것이 있어서 칭찬하는 것으로 비칠 수 있으므로 유의해야 한다.

2단계 칭찬은 '구체적인 사실에 근거한 칭찬'으로, "헤어스타일이 너한테 잘 어울리네.", "너는 색감이 참 좋은 것 같아." 라는 식으로 칭찬하는 것이다. 이 단계의 칭찬을 하려면 상대방의 행동을 세심하게 관찰해야 한다. 이는 상대방에게 관심이 있음을 알릴 수 있는 기회가 된다는 점에서도 의미가 있다. 하지만 칭찬 받을 만한 행동을 해야만 받는 칭찬이라는 점에서 자칫 조건부 칭찬이 될 수 있다는 점을 유의해야 한다.

3단계 칭찬은 '존재 자체에 대한 칭찬'으로, "네가 우리 반이어서 참 좋아." "네가 내 친구라는 것이 자랑스러워."라는 식으로 칭찬하는 것이다. 이는 조건 없는 칭찬으로, 상대방은 이러한 칭찬에 가장 감동받는다. 칭찬의 방식은 행동에 대한 칭찬 "나는 네가 이렇게 해서 좋아." 에서 존재에 대한 칭찬 "나는 네가 ~인 것이 자랑스러워." 로 나아가야 한다.

언어적 표현과 비언어적 표현을 동시에 사용하면 칭찬의 효과가 극대화된다. 다양한 언어적, 비언어적 칭찬의 표현의 예는 다음과 같다. [72*]

언어적 칭찬 표현

- 그거야 바로!
- 점점 더 나아지고 있구나!
- 나는 너를 믿어.
- 너와 함께 하니 기쁘다.
- 대단하구나.
- 드디어 해냈구나.
- 네가 그렇게 하는 걸 보니 정말 자랑스럽다.
- 어쩜 그런 생각을 했니?
- 오늘 네가 참 많은 일을 했구나.
- 좋은 생각이야. 등

비언어적 칭찬 표현

- 박수치기
- 하이파이브
- 엄지 치켜세우기
- 가볍게 안아주기 (허깅)
- 미소 짓기
- 어깨나 등을 토닥이기
- 악수하기
- 두 손 잡기 등

질문을 살리는 힘 : 공감하고 격려하기

공감하기는 상대방의 감정을 알아차리고 이를 함께 느끼는 것이다. 공감 능력을 기르려면 먼저 자신의 감정을 알아차리는 능력을 길러야 한다. 공감 능력은 자기 성찰의 깊이에 비례하기 때문이다. 또한 욕구가 충분히 충족되지 못하면 다른 사람의 감정과 욕구를 잘 분별할 수 없다. 따라서 교사는 자신의 감정과 욕구를 잘 알아차리는 훈련을 하고, 이를 바탕으로 학생들의 감정과 그렇게 느끼는 이유를 분별하고 그 감정을 함께 느껴야 한다. 공감이 잘 되지 않을 때는 옆에 있어주는 것만으로도 학생에게 힘이 될 수 있다.

격려하기는 해결책을 제시하는 것이 아닌 상대방이 스스로 문제를 해결할 수 있도록 이끌어주고 도와주는 행위이다. 공감만 잘 해줘도 격려의 반은 한 것이다. 힘들다는 사실을 알아주고 함께 해 주는 사람이 있다는 것만으로도 당사자에게는 큰 격려가 되기 때문이다. 교사는 학생들에게 격려의 표현을 자주 사용하면서 학생들에게 신뢰를 쌓아가야 한다.

질문을 살리는 힘 : 비언어적 대화

비언어적 대화란 언어 외의 방식으로 하는 대화이다. 의사소통의 90%가 비언어적 방식으로 이루어진다는 점에서, [73*] 비언어적 대화는 수업 대화에서 매우 중요한 부분을 차지한다. 교사는 비언어적 표현을 통해 자기표현, 규칙과 기대 확인, 피드백과 강화, 친밀감 전하기, 대화 흐름 조정, 교실 통제 등을 할 수 있다. 비언어적 수업 대화에는 준 언어, 몸짓 언어, 공간 언어, 시간 언어, 환경 및 인물 캐릭터를 통한 대화가 있다. [74*]

준 언어란 음조, 강세, 말의 빠르기, 목소리의 크기, 억양 등을 말하며, 우리는 이를 통해 미묘한 감정을 전달할 수 있다. 예를 들어 "잘 했어."라는 말은 억양에 따라 칭찬이 될 수도, 비웃는 표현이 될 수도 있다. 몸짓 언어에 해당하는 것은 눈 맞춤 eye contact, 표정, 제스처, 자세, 신체 접촉 skinship 등이다.

공간 언어는 공간과 거리를 말한다. 예를 들어 교사와 학생이 물리적으로 멀리 떨어져 있으면 심리적으로도 멀게 느껴진다. 교실 책상을 일렬로 배치하느냐 모둠별로 배치하느냐 역시 학생들 사이의 친밀감과 상호 작용 방식에 큰 영향을 미칠 수 있다. 시간 언어는 시간 사용을 말하며, 침묵도 하나의 시간 언어이다. 교사가 시간을 어떻게 배정하고 운영하느냐에 따라 학습 결과도 달라질 수 있다.

환경은 교실 공간의 색깔, 온도, 시설, 기자재 등을 말한다. 교사는 되도록 교실 환경을 학습에 유리하도록 만들어야 한다. 그 외 교사의 캐릭터나 신체적 특징, 복장 상태도 학습에 영향을 미칠 수 있다.

언어적 표현과 비언어적 표현이 일치하지 않는 경우에는 비언어적 표현에 실제 마음이 담겨 있을 가능성이 높다. 드러난 언어와 숨겨진 의도 사이의 간극이 큰 동양 사회에서는 더욱 그렇다. 학생들은 교사가 생각하는 것보다 훨씬 더, 수업에서 드러나는 비언어적 표현에 민감하게 반응한다. 따라서 교사는 수업 대화 시 비언어적 대화의 중요성을 염두에 두고 있어야 한다.

질문으로 관계 회복하기

수업과 생활 지도는 명료하게 구분되지 않는 부분이 있다. 수업 중에 학생 사이에 갈등이 일어날 수도 있고, 갈등으로 고통을 받는 학생이 있으면 수업에 집중하기 어렵다. 회복적 정의에 기반을 둔 회복적 생활 교육은 이러한 갈등을 예방하고 해결하는 좋은 대안이다.

기존의 응보적 정의는 권한을 가진 제3자가 잘못한 사람을 처벌하고 이를 통해 정의를 이루는 것을 목적으로 한다. 그러나 회복적 정의는 피해자와 가해자, 지역 공동체가 정의를 세우는 주체로서 서로의 상처와 필요를 나누고 함께 결론을 만들어 가는 것을 목적으로 한다. 가해자로 하여금 자신의 행동이 어떤 영향을 미쳤는지 실제로 느끼고 자발적으로 책임지도록 하며, 피해자에게는 자신에게 벌어진 일의 부당함을 인정받는 자리를 마련해 주고 정체성을 회복하도록 돕는 것이다. [75*]

응보적 정의와 회복적 정의에서 사용하는 질문의 차이는 다음과 같다. [76*]

	응보적 정의	회복적 정의
주요 질문	- 어떤 규칙을 위반했는가? - 누구의 잘못인가? - 어떤 처벌이 합당한가?	- 어떤 피해가 발생했는가? - 누가 책임을 져야 하는가? - 피해자의 요구는 무엇인가?
초점	가해자가 합당한 처벌을 받는 것	피해를 회복하기 위한 피해자의 요구와 가해자의 자발적인 책임, 공동체의 참여

한국평화교육훈련원KOPI에서 제시하는 회복적 정의의 과정은 다음과 같다.

직면 ⇒ 공감 ⇒ 인정 ⇒ 수용 ⇒ 참여 ⇒ 용서 ⇒ 화해

이러한 회복적 정의를 교육에 접목한 것이 회복적 생활 교육이다. 갈등 해결의 기본은 '역지사지易地思之'이지만 갈등의 당사자가 되는 경우에는 이것이 생각만큼 쉽지 않다. '회복적 질문'은 이를 도와주는 역할을 한다. 교사가 회복적 질문 요령을 잘 알고 있으면 학생들의 갈등 문제를 해결하는데 큰 도움을 받을 수 있다. 회복적생활교육연구회cafe.daum.net/RD-goodteacher에서는 갈등 해결에서의 교사의 역할을 다음과 같이 제시하고 있다. [77*]

1. 학생들의 필요를 묻기

2. 배움을 위한 안전한 공간 만들기

3. 진실을 말하고 깊이 있게 듣기

4. 힘을 나누고 공유하기

5. 갈등을 평화적으로 중재하기

한국평화교육훈련원KOPI에서 제시하는 회복적 질문은 다음과 같다. [78*]

상황 이해

피해자 맥락 : 어떤 일이 있었니? 왜 그런 일이 일어났니?

가해자 맥락 : 어떤 일이 있었니? 어떤 생각으로 그런 일을 했니?

피해 영향 확인

당사자 영향 : 이번 일로 네가 가장 힘들었던 것은 뭐니?

이번 일이 어떻게 해결되어야 한다고 생각하니?

공동체 영향 : 이번 일로 누가 어떤 영향을 받았니?

이번 일로 공동체가 겪고 있는 어려움은 뭐라고 생각하니?

자발적인 책임

직면과 공감 : 피해자가 어떤 어려움을 겪고 있다고 생각하니?

다른 사람의 이야기를 들으면서 무엇을 느꼈니?

이번 일로 무엇을 느꼈니?

책임의 수행 : 이번 일이 어떻게 해결되면 좋겠니?

피해를 바로 잡기 위해 무엇을 할 수 있을까?

재발 방지

원인의 제거 : 이런 일이 다시 일어나지 않으려면 무엇을 해야 할까?

네가 변화하기 위해 노력해야 할 것은 무엇일까?

앞으로 이와 비슷한 일이 생긴다면 어떻게 해야 할까?

회복의 노력 : 선생님, 학교, 부모님은 어떻게 도와주면 좋을까?

앞으로 어떤 관계가 되기를 원하니?

이를 토대로 회복적생활교육연구회에서는 학교생활에서 발생하는 갈등을 해결하기 위한 회복적 질문을 다음과 같이 제시하고 있다.

- 무슨 일이 있었니?

- 그 때 너는 무슨 생각이 들었니?

- 그 이후로 무슨 생각을 했니?

- 네가 한 일로 영향을 받은 사람이 누구라고 생각하니?

- 이번 문제를 해결하기 위해 네가 해야 할 일이 뭐라고 생각하니?

- 우리가 너를 어떻게 돕기 원하니?

수업 시간에 학생이 엉뚱한 질문을 한다면?

> **교사**
> 오늘은 풍력 발전의 원리에 대해 살펴보았습니다.
> 혹시 질문이 있는 사람?
>
> **학생**
> 선생님, 그런데 풍력 발전소는 누구 거예요?
> 그리고 가격이 얼마예요?

수업을 하다 보면 수업 내용과 큰 관련이 없는 질문을 하는 경우가 있다. 이때 교사는 어떻게 반응해야 할까? 다음의 반응들을 살펴보자.

1. 무슨 그런 쓸데없는 질문을 하니? 풍력 발전소 주인이 누군지가 뭐가 그렇게 중요해? 가격을 알면 네가 사려고?

이는 학생의 질문에 부정적인 태도로 반응하는 것이다. 이에 대한 학생의 반응도 학습 유형에 따라 약간 다르다. 엉뚱한 질문을 잘 하면서도 남의 부정적 반응을 마음에 잘 담아놓지 않는 별(☆)형 학생들은, 교사의 이러한 반응을 아주 심각하게 받아들이지는 않는 편이다. 하지만 동그라미(○)형 학생들은 교사의 이러한 반응으로 인하여 큰 상처를 받을 수 있다. 이를 차치하더라도 교사의 부정적 반응은 교실에서 질문의 싹을 잘라내는 결과를 낳는다. 이런 식으로 질문을 잘라 버리면 수업에서 엉뚱한 질문 뿐 아니라 좋은 질문도 함께 사라지게 된다.

2. …… (무반응)

학생의 질문에 반응을 보이지 않는 것도 좋지 않은 대응 방식이다. 이렇게 하면 학생들은 선생님은 중요하지 않은 질문은 아예 반응하지 않는다는 것을 학습하게 되고, 이로 인해 다른 질문조차 하지 않게 되어 버린다. 실제 수업 관찰을 해보면 질문이 많은 학생들도 교사가 질문에 반응하지 않으면 점점 질문이나 대답을 하지 않게 되는 것을 발견할 수 있다. 그럼에도 불구하고 정작 교사는 자신이 학생들의 질문에 어떻게 반응하고 있는지는 깨닫지 못한 채, 왜 학생들이 내 질문에 잘 대답하지도 않고 질문도 잘 하지 않는지 모르겠다고 하는 경우가 많다. 수업에서 학생들이 질문을 잘 하지 않는다면 먼저 교사 자신을 돌아보아야 한다.

3. 그래. 그게 궁금했구나. 혹시 이 질문에 답해줄 수 있는 사람 있니? 다른 사람들은 이 질문에 대해 어떻게 생각하니?

이는 학생들에게 질문을 넘김으로써 학생들 스스로 그 문제에 대해 생각할 시간을 주는 것이다. 엉뚱한 질문에도 긍정적으로 반응을 해 주면 학생들은 안전함을 느끼게 되고, 이로 인해 자유롭게 질문을 할 수 있는 용기를 얻게 된다. 답을 모르면 모른다고 솔직히 이야기하고 다음 시간에 이야기해 준다고 해도 좋다. 즉시 답하기 곤란한 질문이라면 다른 학생에게 질문을 넘겨 그 학생의 이야기가 배움의 통로가 될 수 있도록 하는 것도 좋은 방법이다.

4. 좋은 질문이야. 사실 선생님은 풍력 발전소 주인이 누구고 가격이 얼만
   지 잘 몰라. 네가 추측하기론 어떨 것 같니? 인터넷을 검색해 봐도 좋을
   것 같은데, 네가 다음 시간까지 답을 찾아보고 친구들에게 이야기 해 주
   면 어떨까?

이는 질문에 대한 답을 학생이 직접 찾아보게 하는 것이다. 학생에게 직
접 답을 찾아보라고 하면 자신의 말에 책임을 지기 위해서라도 나름대로
열심히 답을 찾아보게 될 것이다. 어쩌면 그 학생은 이 과정을 통해 수업에
서 배운 내용 이상의 배움을 얻을 수도 있을 것이다.

5. 좋은 질문이야. 그런데 풍력 발전소 주인이 누구인지 갑자기 궁금해 진
   이유가 뭘까?

이는 학생이 질문을 하게 된 이유에 대해 생각해보도록 하는 것이다.
엉뚱한 질문이라도 그 질문을 하게 된 나름의 이유가 있을 것이다. 별 뜻 없
이 한 질문이라면 가볍게 반응하면 되고, 의미 있는 이유가 있다면 진지하
게 반응하여 이를 통해 또 다른 배움의 장으로 이끌면 된다. 만약 수업을
하기 싫어서라거나 의도적으로 수업을 방해하기 위해 질문한 것이라면 질
서 세우기 차원에서 접근할 수 있을 것이다.

질문이 살아있는 수업

- 관계냐 질서냐?

- 질서 세우기가 중요한 이유는?

- 질문으로 수업 규칙을 어떻게 만들 것인가?

- 질문으로 생활 규칙을 어떻게 만들고 운영할 것인가?

- 질문으로 훈육을 어떻게 할 수 있을까?

7장

질문으로 질서 세우기

질서라는 개념 위에서만 자유라는 개념이 설 수 있다

··· 클레멘스 퓌르스트 메테르니히

수업에서 관계와 질서는 공존할 수 있을까?

교사가 학생들과 친밀한 관계를 유지하는 것과 교실에서 질서를 세우는 것은 이율배반적인 것인가? 질서를 세우려면 수업에서의 자유로움과 관계 세우기는 어느 정도 포기해야 할까? [79]* 반대로 자유와 관계를 추구하면 질서는 어느 정도 포기해야 할까?

관계를 강조하면 수업 분위기는 부드러워지지만 자칫 질서가 무너질 수 있다. 반대로 질서를 강조하면 딴 짓하는 학생들은 줄어들지만 수업 분위기가 경직될 수 있다. 교사와 학생 사이에 경계선을 세우는 일은 매우 중요하다. 경계선이 지나치게 높으면 교사는 학생들을 통제의 대상으로만 생각하기 쉽고, 학생들은 교실에서 안정감을 누리지 못한다. 반대로 경계선이 너무 낮으면 학생들이 교사의 권위를 인정하지 않아 수업이 무질서해지고 이로 인해 충분한 배움도 일어나기 힘들뿐더러, 학생들 사이에도 갈등이 생기기 쉽다.

경계선을 세우기 위해서는 먼저 교사가 관계와 질서 중 어디에 치중하고 있는지 진단할 필요가 있다. 다음 페이지의 표를 보고 이를 점검해 보자.

경력이 얼마 되지 않은 젊은 교사들은 상대적으로 관계 세우기에 능하다. 교사의 젊음 자체가 학생들의 관심을 이끌어내는데 도움이 될뿐더러, 학생들과 문화적 동질감을 느낄 요소가 많기 때문이다. 그에 비해 질서 세우기는 상대적으로 그리 쉽지 않아서 야단을 쳐도 효과가 오래 가지 못하는 경우가 많다. 반면 경력이 많은 나이 든 교사들은 상대적으로 질서 세우기에 능하다. 큰 소리로 야단치지 않아도 학생들이 지시에 잘 따르는 편이다. 하지만 학생들이 일종의 거리 두기를 하기 때문에 의도적으로 노력하지 않는 한 관계 세우기는 쉽지 않다.

경계선에 대한 명확한 지침을 획일적으로 제시하는 것은 쉽지 않은 일이다. 교사의 교수 유형에 따라 경계선 수준이 달라질 수 있기 때문이다. 도형 심리학의 측면에서 보면 세모(△)형이나 네모(□)형 교사의 경계선은 상대적으로 높다. [80*] 세모(△)형 교사는 목표 달성 및 과업 성취를, 네모(□)형 교사는 완벽주의와 질서를 추구하여 학생들에 대한 기대 수준이 상대적으로 높다. 반면 동그라미(○)형이나 별(☆)형 교사의 경계선은 상대적으로 낮다. 동그라미(○)형 교사는 관계와 정서적 유대감을, 별(☆)형 교사는 창

관계 세우기	질서 세우기
- 수업 시간에 민나는 모든 학생의 이름을 기억하고 있다. □	- 학기 초에 수업 규칙을 명료하게 제시하고, 학생들과 함께 학급 및 수업 규칙을 만들어 사용한다. □
- 학생들에게 먼저 반갑게 인사하거나 학생들의 인사에 적극적으로 반응한다. □	- 규칙을 교실에 상시 게시한다. □
- 하이파이브, 쓰다듬기, 허깅 등 가벼운 스킨십을 통해 친밀감을 자주 표현한다. □	- 규칙을 일관성있게 적용하려고 노력한다. □
- 학생들과 눈을 맞추며 이야기한다. □	- 합리적인 보상과 통제 방안을 마련하고 실시한다. □
- 우리 학급만의 정기적인 학급행사 (학급 세우기 활동 등)이 있다. □	- 규칙을 지키지 않은 학생은 타임아웃, 반성문 쓰기, 시 외우기 등 다양한 방법으로 지도한다. □
- 모둠 세우기 활동, 학급 레크레이션 활동 등이 잘 이루어진다. □	- 수업 시간에 해야 할 과제를 마치지 못한 경우, 그 날 남아서 부족한 내용을 채우도록 한다. □
- 학생들과 개인 상담을 자주 한다. □	- 학급에서 개인별 역할을 분명히 정하고 그대로 지키도록 한다. □
- 학생들이 교사를 좋아한다. □	- 학생들이 교사에게 함부로 행동하지 않는다. □
- 과제 검사 시에 내용 뿐 아니라 학생의 감정에 대해서도 피드백 해준다. □	- 학생들이 교사의 이야기를 경청하고 지시에 잘 따른다. □

의성과 자유를 추구하여, 학생들과 친밀한 관계를 맺는 것을 중시하고 학생들이 알아서 잘 따라주기를 기대한다.

경계선의 기준은 '배움이 살아 있는가'이다. 따라서 교사는 배움이 살아 있는 범위 내에서 자신의 유형에 따라 적절한 경계선을 유지해야 한다. 파커 팔머는 이를 가르침의 공간에 적용할 수 있는 역설 Paradox 이라고 말한다. 관계와 질서가 공존하는 역설이 존재하는 수업이야말로 좋은 수업이라는 것이다.

파커 팔머가 제시하는 6가지 역설은 다음과 같다. [81*]

1. 공간은 제한적이면서 개방적이어야 한다.
2. 공간은 다정하면서도 긴장되어야 한다.
3. 공간은 개인과 집단의 목소리를 동시에 수용해야 한다.
4. 공간은 학생의 '작은 이야기' (미세담론)과 보편적인 '큰' 이야기' (거대담론)이 모두 존중되어야 한다.
5. 공간은 고독을 지지하면서 동시에 일체감을 부여해야 한다.
6. 공간은 침묵과 언어를 동시에 환영해야 한다.

질서와 관계는 둘 다 중요하지만 그 중 먼저 해야 할 것은 관계 세우기이다. 교사들은 보통 반대로 생각하지만, 관계가 충분히 세워지지 않은 상태에서 질서를 세우면 학생들이 상처를 받을 수 있다. 관계를 기반으로 질서를 세울 때에만 신뢰를 바탕으로 한 진정한 권위를 얻을 수 있다.

질문으로 수업 규칙 만들기

수업의 질서를 세우는 첫 걸음은 수업 규칙을 만드는 것이다. 수업 규칙이 없으면 교사는 상황이 발생할 때마다 감정적, 즉흥적으로 지도하게 되고, 학생은 합당한 대우를 받았음에도 억울하다고 생각할 수 있다. 수업 규칙이 없거나 운영상 일관성이 무너지면 수업의 질서도 무너지게 된다.

수업 규칙을 정하는 방법에는 교사 중심 방법과 학생과의 협약 방법이 있다. 교사 중심 방법은 교사가 수업 규칙을 정하여 학생들에게 제시하고 학생들의 동의를 얻는 것이다.[82] 교사가 학생들의 동의없이 일방적으로 수업 규칙을 제시하면 학생들의 자발적인 참여를 유도하기 힘들다.

교사 중심으로 수업 규칙을 정하는 경우에는 3개 이하로 제시하는 것이 좋다. 수업 규칙이 많으면 학생들도 기억하기 어렵고 교사도 관리하기 힘들다. 많은 수업 규칙을 적용하려다 학생들과 관계만 깨질 수도 있고, 제시만 하고 실제로는 운영하지 못하는 경우가 생길 수도 있다.

다음은 교사 중심의 수업 규칙의 예이다.

1. 최고가 아니라 최선을 (대충 넘어가지 않기)
2. 거짓말하지 않기 (보고서 작성 시 출처 밝히기, 수행 평가 시 거짓으로 작성하지 않기, 수업 시간에 다른 과목 공부하지 않기 등)
3. 정당한 이유 없이 교사에게 대들지 않기

학생들과 토의하며 협약 형태로 수업 규칙을 만들 때에는 교사가 먼저 "지금까지 수업하면서 필요하다고 생각했던 수업 규칙이 있다면 어떤 것이 있을까?"라는 식으로 학생들에게 질문을 던지며 시작하면 좋다. 이때는 되도록 구체적인 상황을 제시하여 학생들의 이야기를 이끌어내도록 한다.

다음은 교사가 사용할 수 있는 질문의 예이다.

1. 학생들이 긍정적인 행동 (칭찬과 격려, 과제완수, 친구 도와주기 등)을 한다면?

2. 숙제를 해 오지 않았다면?

3. 수업 시간에 주어진 과제나 활동을 완성하지 못한다면?

4. 친구의 발표나 이야기에 부정적인 피드백 (야유나 무시)을 하거나 욕을 한다면?

5. 수업 시간에 다른 과목 공부를 한다면?

6. 수업 시간에 졸거나 잠을 잔다면?

7. 수업 시간에 떠들거나 장난을 친다면?

8. 선생님의 정당한 지시에 따르지 않는다면?

9. 수행 평가 혹은 시험에서 부정행위를 하거나 거짓말을 한다면?

수업 규칙을 정할 때 먼저 학생들에게 이와 관련한 학습지에 생각을 적고 모둠에서 이야기를 나누도록 한 뒤에 교사가 질문하면 좋다. 학생마다

학습지

수업 규칙 세우기

1. 수업에서 꼭 지켜야 할 규칙 3가지와 이유를 적어 보세요.

	규칙	이유
1		
2		
3		

2. 다음의 경우에 어떻게 하면 좋을지 생각해 보세요.

	문제 상황	어떻게 하면 좋을까?
1	긍정적인 행동 (칭찬과 격려, 과제 완수, 친구 도와주기 등)을 할 때	
2	발제를 준비하지 못했을 때	
3	수업 시간에 주어진 과제나 활동을 완성하지 못했을 때	
4	친구의 발표나 이야기에 부정적인 피드백 (야유나 무시)을 했을 때	
5	수업 시간에 다른 과목 공부를 했을 때	
6	수업 시간에 졸거나 잘 때	
7	수업 시간에 떠들거나 장난을 칠 때	
8	선생님의 정당한 지시에 따르지 않았을 때	
9	수행 평가나 시험에서 부정행위를 하거나 거짓말을 할 때	

의견이 다르거나 교사가 받아들이기 어려운 의견을 내 놓았을 때는, 발생 가능한 문제 상황에 대해 학생에게 되물으면 좋다.

예를 들어 어떤 학생이 수업 시간에 지각을 하면 천 원을 내도록 하자는 의견을 냈다고 하자. 이 경우 지각비가 너무 비싸다고 생각하는 사람도 있을 수도 있고, 지각비를 걷고 관리하는 일도 새로 생기게 된다. 또한 벌금을 물리는 것 자체가 과연 바람직한가에 대해서도 문제를 제기할 수 있다. 이때 교사가 "그것도 좋은 생각이네. 그런데 선생님 생각에는 지각비 치고는 좀 비싼 게 아닌가 싶은데 너희 생각은 어때? 그리고 지각비를 걷으려면 관리를 하는 사람이 있어야 할 텐데 선생님은 좀 부담스럽거든. 혹시 이와 관련해서 좋은 아이디어가 있거나 아니면 지각생 관리와 관련한 다른 의견이 있는 사람 이야기해 줄래?" 라는 식으로 학생들에게 다시 질문을 하면 좋다.

이러한 과정을 통해 수업 규칙을 정하고 전체 학생에게 동의를 구하면 수업 규칙이 확정된다. 이렇게 만들어진 수업 규칙의 예는 다음과 같다.

1. 긍정적인 행동을 할 때는 교사가 칭찬하거나 칭찬 스티커로 보상하고 이를 수행 평가에 반영한다.

2. 숙제를 하지 않으면 팔굽혀 펴기 (푸쉬업) 20회 혹은 앉았다 일어났다 40회 중 하나를 실시한다.

3. 수업 시간 중에 과제를 완성하지 못하면, 다음 시간 전에 쉬는 시간이나 점심 시간 등을 활용하여 완성하여 재검을 받는다.

4. 친구의 발표나 이야기에 부정적인 피드백 혹은 욕을 하는 경우, 사과의 의미로 그 친구가 원하는 간식을 사 준다. (단, 2000원 이하)

5. 졸거나 자는 경우 잠 깰 때 까지 교실 뒤편에 서 있는다.

6. 수업 시간에 딴 짓하거나 떠드는 경우 교사가 1차 경고하고, 그래도 멈추지 않을 경우 팔굽혀 펴기 (푸쉬업) 20회 혹은 앉았다 일어났다 40회 중 하나를 실시한다.

7. 시험이나 수행 평가에서 부정행위를 하거나 거짓말을 하는 경우 0점을 부여한다.

8. 수업 시간에 다른 과목 숙제를 하면, 숙제한 것을 압수하고 해당 과목 선생님께 숙제를 인계한다.

9. 선생님의 정당한 지시에 불응하는 경우, 수업 후 선생님과 개별 상담하고 그 책임을 묻는다.

〈수업 규칙 세우기〉
1. 숙제 X → 그날중으로 책임하기
2. 발제 준비 X → 따로 발제 준비하기
3. 수업시간 안에 과제 완성하기 X → 그날 중으로 마무리하여 책임하기
4. 친구 발표 무시 / 욕설 등 → 그 친구에게 간식 사주기
5. 수업시간 다른과목 숙제하기 → 압수 → 해당 교사에게 드리기
6. 졸기 아자기 → Time-out (잠깰때까지)
7. 딴짓, 떠들기 → 경고 → 접수
8. 선생님 지시 무시 → 개별지도
9. 평가 부정행위 → 0점처리   10. 준비물 X → 메이규 내기 + 학습

이렇게 만들어진 수업 규칙은 복사하여 모든 학생에게 배부하거나 교실에 한 쪽에 붙여 놓아 학생들이 늘 확인할 수 있도록 하면 좋다. 이런 방식으로 수업 규칙을 만들고 운영하면 학생들은 이 과정을 통해 민주주의를 직접 경험하게 되고, 자연스레 수업 규칙을 지켜야 겠다는 마음을 가지게 된다.

수업 규칙의 운영

수업 규칙의 운영 원칙은 '부드럽지만, 단호하고, 일관성 있게' 관철하기이다. 이는 특히 학급 긍정 훈육법에서 매우 강조하는 원칙이다. [83*] 부드럽게 하라는 것은 수업 규칙을 운영함에 있어 학생들과의 관계를 중시해야 한다는 것이며, 단호하게 하라는 것은 규칙의 정당성이 문제가 되지 않는 한 규칙은 규칙대로 운영해야 한다는 것이다. 만약 운영 과정 상 예상치 못한 문제가 발생한다면 학생들과 논의하며 규칙을 수정 보완하면 된다. 일관성이 상실되면 학생들이 불공평하다고 느끼게 되고, 이로 인해 학급의 질서도 함께 무너지게 된다. 따라서 수업 규칙을 운영할 때는 이 세 가지 원칙을 꼭 기억해야 한다.

수업 규칙을 어겼을 때는 말로 하기 보다는 수업 규칙에서 제시한 대로 행해야 한다. 예를 들어 학생들이 수업 시간에 떠들 때 학생들이 조용할 때까지 침묵하거나 교실을 소등하기로 했다면 잔소리하지 않고 그렇게 하면 된다. 학생이 교사에게 집중하지 않으면 다음 단계로 진행하지 않는 것이 좋다.

질문으로 생활 규칙 세우기

생활 규칙 세우기는 수업 규칙 세우기를 학급의 상황에 적용하는 것이다. 생활 규칙 세우기는 다음과 같은 단계를 거치면 좋다. [84]*

1. 담임교사가 학급 운영 철학과 학급 규칙 세우기의 의도에 대해 성찰하기
2. 담임교사가 학생들에게 학급 운영 철학과 가치, 학급 규칙 세우기의 의도를 이야기하기
3. 학생들이 1년 동안 학급 공동체 안에서 기대하는 것을 표현하기
4. 모둠별, 학급별 토의 과정을 통해 학급의 공유된 목적 만들기
5. 정리된 내용에 대해 학급 구성원들의 동의 과정을 거치기
6. 공유된 목적과 학급 규칙을 학급의 잘 보이는 곳에 게시하기
7. 주기적으로 상기하고 피드백하여 수정 보완하기

다음은 생활 규칙 세우기에서 사용할 수 있는 질문들이다.

1. 급식실이나 교실로 이동할 때 문제가 생긴다면 어떻게 해야 할까?
2. 친구들끼리 의견이 다르다면 어떻게 해야 할까?
3. 친구들 사이에 다툼이 생기면 어떻게 해야 할까?
4. 선생님이나 친구를 만날 때 어떻게 인사하면 좋을까?
5. 학교에 지각하면 어떻게 해야 할까?
6. 소외되는 학생이 있다면 어떻게 해야 할까?
7. 쉬는 시간이나 점심시간을 어떻게 활용해야 할까?

8. 시험 기간에는 어떻게 공부해야 할까?

9. 청소는 어떤 식으로 하며, 청소를 도망가는 사람이 생기면
   어떻게 해야 할까?

10. 휴대폰 사용은 어떻게 해야 할까?

11. 교칙을 어기는 경우에는 어떻게 해야 할까?

질문으로 훈육하기

학생이 잘못을 했을 때는 질문을 중심으로 부드럽지만 단호하게 훈육해야 한다. 소명중고등학교에서는 회복적 생활 교육을 기반으로 한 공의 회복 위원회를 운영하고 있다. 다음은 공의 회복 위원회의 진행 단계와 각 단계에서 사용하는 질문들이다.

사실에 대한 이해

– 이번 사건이 어떻게 진행된 것인지 사실대로 이야기해 줄래?

– 이 부분은 상대 학생의 의견과 다른 것 같은데, 그 친구의 의견에 대해
   어떻게 생각하니?

해당 학생의 반성과 성찰

– 이번 일로 가장 힘든 것이 뭐니?

– 상대 학생은 이번 일로 어떤 것이 힘들었을까?

– 선생님이 너를 어떻게 돕기를 원하니?

– 이번 문제에 대한 위원회 결정 사항에 따를 수 있겠어?

자신의 행동에 책임지기

- 네 행동에 구체적으로 책임을 지려면 어떻게 해야 할까?
- 상대 학생이 입은 피해에 대해 네가 어떻게 행동하는 것이 좋을까?
- 네가 책임을 지기 위해 선택한 방법에 대해 상대 학생은 어떻게 생각할까?

위원회 권고 사항

- 위원회에서는 이 문제를 다음과 같이 처리하려고 하는데 어떻게 생각하니?

질문이 살아있는 수업

- 수업 공동체란 무엇인가?

- 수업 공동체가 필요한 이유는?

- 수업 장학인가? 수업 코칭인가?

- 수업 나눔을 어떻게 할 것인가?

- 수업 나눔 활동에서 어떻게 질문을 활용할 것인가?

- 수업 디자인 모임을 어떻게 운영할 것인가?

- 수업 디자인 모임 활동에서 어떻게
  질문을 활용할 것인가?

8장

질문이 살아있는 수업 공동체

혼자 가면 빨리 가고, 함께 가면 멀리 간다

··· 아프리카 속담

왜 수업 공동체가 필요한가?

교육과정 재구성이 정교하게 잘 이루어지고 수업 방법이나 기술이 숙련되었다고 해서 늘 좋은 수업을 하는 것이 아니다. 교직 경력이 많은 교사가 새내기 교사보다 늘 수업을 잘 하는 것도 아니다. 수업 속에서 성장하기 위해서는 끊임없이 자신의 수업을 성찰하고 반성해야 한다. 그러나 교사의 전문성 신장은 개인의 노력만으로는 한계가 있다. 교사의 전문성 신장은 열정과 노력 시간의 결합으로 이루어지는데, 이를 위해서는 전문적 학습 공동체가 필요하다.

교사의 전문적 학습 공동체란 '교사들이 동료성을 바탕으로 함께 교육 활동을 개발하고 함께 실천하며, 교육 활동에 대해 대화하고 협의하는 과정에서 함께 성장하는 공동체'를 말한다. 그러므로 취미나 친목 활동 중심의 동아리 혹은 동호회 활동은 교사의 전문적 학습 공동체라 할 수 없다. [85]

수업 공동체는 수업의 전문성을 향상시키기 위한 교사의 전문적 학습 공동체 중 하나이다. 수업에 대한 고민과 성찰이 지속되려면 교사가 건강한 수업 공동체에 속해 있어야 한다. 교사는 자기 수업을 돌아보고 동료 교사의 수업 성찰 과정을 지켜보면서 성장할 수 있다.

수업 장학인가, 수업 코칭인가?

수업 장학이란 교사의 교수 행위를 개선하기 위해 좋은 수업에 대한 기준을 바탕으로 수업을 분석하여 해결책을 제시하는 행위이다. 그러나 수업 장학이 수 십 년간 지속되어 왔음에도 불구하고, 이로 인한 실질적인 수업 개선의 효과는 그리 크지 않았다. 그 이유는 수업자의 입장에서 바라보면 쉽게 이해할 수 있다.

수업 장학에서는 보통 공개 수업을 참관한 후, 수업자의 수업 장단점을 분석하고 그에 맞는 해결책을 제시한다. 수업자 입장에서는 일단 다른 사람들로부터 칭찬을 받으면 기분이 좋지만, 과하다는 느낌을 받으면 불편해진다. 또한 이어서 단점을 이야기할 것이라는 점을 알고 있기에 좋은 칭찬이라 하더라도 칭찬의 진정성을 충분히 느끼기 힘들다.

단점을 이야기하는 시간에는 더욱 불편하다. 누군가로부터 지적을 받는다는 것 자체가 썩 유쾌한 일이 아닐뿐더러, 때로는 수긍할 수 없는 비판을 받기도 하기 때문이다. 단점을 지적받으면 수업자는 안전하다는 느낌을 받지 못하게 되고 자기도 모르게 방어 기제를 사용하게 된다. 그러다

보니 일부 학교에서는 서로 불편해지지 않고자, 수업자의 장점만 이야기하기도 한다. 하지만 그런 식의 수업 강평회로 수업 개선의 효과를 기대하기는 힘들다.

해결책을 제시하는 시간도 마찬가지이다. 수업자가 지적 받은 내용을 대수롭지 않은 것으로 여기면 해결책을 제시 받기 원치 않을 수 있다. 또한 수업자가 이를 인정한다 하더라도 그 해결책이 수업자에게 진정으로 필요한 해결책이 아닐 수도 있다.

기존 수업 강평회의 또 하나의 문제는, 수업에 대해 가장 잘 알고 있는 사람은 수업자 자신임에도 불구하고, 강평회의 대부분의 시간을 외부자들이 주도하며 수업자의 이야기에 집중하지 않는다는 점이다.

그렇다면 어떻게 수업에 접근해야 할까? 그 대안 중 하나가 수업 코칭이다. [86*] 수업 코칭이란 수업자가 자기 수업을 성찰하는 과정을 통해 자기 수업의 장점을 극대화하고 단점을 보완할 수 있도록 도와주는 행위이다. [87*]수업 코칭은 외부자가 아닌 수업자 본인이 자신의 수업의 장단점을 분석하고 해결책을 제시하도록 한다는 점에서 수업자 중심의 접근이라고 할 수 있다. 수업 코칭의 전제는 "모든 교사는 성장하기 원하며 모든 교사의 내면에는 발전 가능성이 잠재되어 있다."이다. 이 전제를 충분히 받아들이지 않으면 수업 코칭도 효과적으로 이루어질 수 없다.

수업 코칭은 어떻게 진행되는가?

수업 코칭에 대해 살펴보기 전에 우선 일반적인 코칭 모델에 대해 살펴보도록 하자. 코칭은 '피코칭자가 무엇인가를 스스로 성취하고 발전할 수 있도록 도와주는 것'[88*] 이다. 코칭의 기본 단계로 가장 많이 알려진 방식은 GROW 모델이다. GROW 모델은 '목표 Goal - 현실 Reality - 대안 탐색 Options - 실천 의지 Will'라는 과정으로 진행된다.[89*] GROW 모델에 따른 코칭 단계는 다음과 같다.

목표 Goal

코칭은 코치와 피코칭자가 코칭의 주제와 목표에 대해 협의하는 것으로 시작된다. 코칭의 목표를 구체적으로 정의하는 것은, 피코칭자로 하여금 코칭 과정에 기대를 갖고 적극 참여하도록 이끌어 주며 피코칭자와 코치 사이에 신뢰 관계를 형성해 준다. 목표를 정하기 위해 질문할 때는 코치가 결정한 주제로 이끌어서는 안 되며, 성급하게 가정하거나 호기심을 충족시키기 위해 질문해서도 안 된다. 목표와 관련된 질문은 다음과 같다.

- 이번 코칭을 통해 해결하고 싶은 문제는 무엇인가요?
- 코칭을 통해 그 문제가 해결된다면, 그 결과는 어떤 모습일까요?

현실 Reality

코칭의 목표를 정한 후에는 목표와 관련된 피코칭자의 현실을 구체적으로 살펴보아야 한다. 피코칭자는 현실 인식 과정에서 자신을 방어하기 위해 변명하거나 합리화할 수 있으므로, 코치는 이를 사실과 감정, 해석으로 구분해서 접근하되, 성급하게 가정하거나 가치 판단을 내리지는 말아야 한다. 이 과정을 통해 피코칭자는 목표와 현실 사이의 간극을 깨달을 뿐 아니라, 코칭 주제를 둘러싼 주요 경험들을 이전보다 분명히 인식하고, 이를 새롭고 통찰력 있는 시각으로 바라보게 된다. 이러한 점에서 피코칭자의 성찰은 당면한 문제 해결을 넘어선 자신의 성장을 위한 것이라 할 수 있다.

피코칭자의 현실을 알아보기 위해 질문할 때는 피코칭자가 방어적인 태도를 보일지라도 끝까지 신뢰하고 지지하며, 코칭은 변화될 미래를 위한 것임을 상기시켜야 한다. 현실과 관련된 질문은 다음과 같다.

- 현재는 어떤 상황인가요?
- 현재 상황에 있어서 피코칭자의 장점은 무엇이며 그 이유는 무엇인가요?
- 현재 상황에 있어서 피코칭자의 단점은 무엇이며 그 이유는 무엇인가요?

대안 탐색 Options

피코칭자가 자신의 문제를 새롭게 인식하고 이를 통합적으로 바라보게 되었다면, 이제 목표를 실현하기 위해 구체적으로 어떻게 해야 하는지에 대해 대화해야 한다. 이 과정을 통해 피코칭자는 합리적이고 현실적인 대안을 발견할 수 있으며 목표 달성을 위한 보다 분명한 행동 지침을 얻게 된다.

대안을 탐색하기 위해 질문할 때는, 코칭 주제와 관련한 피코칭자의 강점과 약점, 위기와 기회를 분석하고, SMART Specific, Measurable, Achievable, Responsible, Time-bound 원칙에 입각하여 행동 지침을 세워야 한다. 대안 탐색과 관련된 질문은 다음과 같다.

- 이 문제를 해결하려 노력할 때 예상되는 장애물은 무엇인가요?
- 그러한 장애물에도 불구하고 문제를 해결하려면 어떻게 해야 할까요?

실천 의지 Will

코칭의 최종 목표는 피코칭자의 행동 변화가 코칭이 끝난 후까지 지속되는 것이다. 이 단계에는 행동 계획을 실천하겠다는 다짐 뿐 아니라, 코칭 과정 전체를 정리하는 작업이 포함된다. 이는 코치가 아닌 피코칭자가 해야 한다. 실천 의지와 관련된 질문은 다음과 같다.

- 문제점에 대한 여러 대안 중 어떤 것을 선택하시겠어요?
- 이 대안에 대한 구체적인 실행 계획을 세워 본다면요?
- 누구의 도움을 받으면 좋을까요?
- 더 필요한 정보나 기술, 자원이 있다면 무엇인가요?
- 대안을 실행하기 위해 제일 먼저 해야 할 행동은 구체적으로 무엇일까요?
- 언제 시작할 건가요?
- 언제까지 할 건가요?
- 중간 점검 및 최종 점검은 언제 어떻게 할 건가요?

수업 코칭은 '수업자가 수업 성찰의 과정을 통해 자신의 강점을 극대화하고 자신의 약점을 보완할 수 있도록 도와주는 것'을 말한다. [90*]

다음은 일반적인 수업 코칭의 단계이다.

수업 관찰 Class Inspection

수업 코치나 수업 친구들이 수업자의 수업을 참관하고 관찰한다. 이때 평가나 해석은 하지 말고 수업 현상을 있는 그대로 기술해야 한다. 평가나 해석을 하게 되면 선입견으로 인해 사실을 왜곡할 수 있으므로, 가급적 수업자의 수업을 전사하듯 세밀하고 꼼꼼하게 기록하는 것이 좋다.

수업 분석 Instruction Analysis

수업에서 관찰한 내용을 중심으로 수업자의 장점과 단점을 분석하되, 장단점 자체보다는 그것의 근본 원인을 살펴본다. 보통 장단점은 동일한 뿌리에서 나오는 경우가 많다. 즉, 동일한 원인이 긍정적 방향으로 나타나면 장점이 되고, 부정적 방향으로 나타나면 단점이 된다는 것이다. 따라서 단점을 없애려고 하다 보면 자칫 장점도 사라질 수도 있음을 유념해야 한다. 또한 수업 코치나 수업 친구의 수업 분석은 틀릴 수도 있으므로 섣불리 단정해서는 안 되며 이는 다음 단계인 수업 대화 과정을 통해 검증되어야 한다.

수업 코칭 대화 및 수업 성찰 Instruction Coaching Dialogue & Self-examination

수업 코칭 대화의 목적은 수업자로 하여금 자신의 수업을 성찰하도록 하는 것이다. 하지만 자기 수업을 낯설게 본다는 것은 그리 쉬운 일이 아니다. 따라서 우선 자신의 수업을 분석하고 스스로의 내면을 되돌아볼 수 있도록 돕는 것을 목표로 하는 것이 좋다.

수업 코칭 대화는 기본적으로 칭찬하기, 질문하기, 경청하기로 진행된다. 칭찬하기는 수업의 장점을 극대화하는 전략이다. 칭찬을 할 때에는 수업에서 관찰한 사실에 기초하여 구체적으로 칭찬해야 한다. 또한 수업자의 장점 뿐 아니라 그것의 근본 원인을 찾아 이야기해야 한다.

질문하기와 경청하기는 수업의 단점을 보완하는 전략이다. 수업 코치는 사실에 기초한 질문과 경청을 통해 수업자가 스스로를 되돌아보고 성찰하도록 유도해야 한다. 단점 역시 근본 원인을 찾는 것이 중요한데, 그 과정이 고통스럽기 때문에 수업자는 종종 이를 회피하려 한다.

수업자의 내면이 건강하고 성숙한 경우에는 고통스럽더라도 이를 직면하도록 해야 한다. 하지만 수업에서 힘들어 하는 부분이 많고 마음이 무너져 있는 수업자의 경우에는 수업자 내면에 초점을 맞춘 상담적인 접근이 필요하다. 이 경우 섣부른 직면은 오히려 수업자에게 상처가 될 수 있다. 수업자의 마음이 준비되지 않았다고 판단되면 직면보다는 공감에 초점을 맞춰 진행하는 것이 좋다. 공감이 어느 정도 이루어지면 한 단계 정도 더 나아가는 것을 목표로 잡고 점진적으로 접근하는 것이 좋다.

도전 과제 활동 Mission task

도전 과제란 수업자가 수업에서 성장하기 위해 구체적으로 실행하려는 과제를 말한다. 지속적인 자기 성찰을 위한 수업 성찰 일지 쓰기 등이 그것이다. 다음은 영역별 도전 과제의 예이다.

- 관계 : 학생 이름 외우기, 학생들과 눈 맞추기, 학생들과 개별 상담하기, 아침 맞이 등
- 질서 : 수업 규칙 세우기, 부드럽지만 단호하게 생활 지도 하기 등
- 철학 : 자신의 수업 철학에 대해 기록하기, 자신의 수업 동영상 분석하기 등
- 수업 디자인 : 교육과정 재구성하기, 수업 지도안 만들기, 공동 수업 지도안 작성 및 피드백하기, 수업 방법 관련 연수 참여하기 등

피드백 활동 Feedback

수업 코치는 도전 과제를 실천한 과정과 결과를 확인하고 피드백한다. 수업 상담의 초점이 수업자 마음의 쓰레기를 비우는 것에 있다면 수업 코칭의 초점은 수업자의 수업 행동에서 구체적이고 긍정적인 변화가 나타나고 수업 속의 학생들의 배움이 살아나는 것에 있다. 따라서 수업 코치는 수업이 구체적으로 어떻게 변화되었는지 점검하고, 긍정적으로 변화되었다면 그 이유를 찾아내고 칭찬을 통해 강화해야 한다. 반대로 긍정적인 변화가 거의 나타나지 않고 수업자가 힘들어 한다면 아픔을 공감하며 원인을 찾아 극복할 수 있도록 도와주어야 한다.

수업 나눔, 어떻게 할 것인가?

수업 나눔이란 기존의 수업 강평회를 수업 코칭의 맥락에서 개선한 일종의 집단 코칭 방법이다. 기존의 수업 강평회가 수업자는 10분 이내로 말하고 외부인들이 50분 동안 이야기하는 방식이었다면, 수업 나눔은 수업자가 60분 동안 이야기하고 참관자들이 30분 동안 이야기하는 방식으로 진행된다. 참관자들의 역할은 수업을 평가하고 수업에 대한 자신의 생각을 이야기하는 것이 아닌, 수업자에게 질문하고 경청하며 수업자의 마음을 공감하고 해결 방안을 함께 모색하는 것이다. 또한 또한 수업 뿐 아니라 교사의 내면을 공동체적으로 나눔으로써 자신의 수업 뿐 아니라 공동의 수업 성장을 도모하는 것이다.

신을진과 김태현이 공동 개발한 수업 나눔 방식 (2012)은 수업 강평회에 좋은 대안이 된다. 이들이 제안한 수업 나눔의 5단계는 다음과 같다. [91*]

1. 수업자의 입장에서 수업 바라보기
2. 학생의 배움의 관점에서 수업 바라보기
3. 수업자가 자신의 수업에 대한 고민을 이야기하기
4. 수업자의 고민에 대한 해결책 모색하기
5. 수업자가 스스로 도전 과제를 선택하고 공언하기

필자(2013)는 여기에 '구체적으로 칭찬하기' 단계를 추가해 6단계 수업 나눔 방식을 제시하고자 한다. [92*]

1. 수업자의 수업에 대해 구체적으로 칭찬하기

2. 수업자의 입장에서 수업 바라보기

3. 학생의 배움의 관점에서 수업 바라보기

4. 수업자가 자신의 수업에 대한 고민을 이야기하기

5. 수업자의 고민에 대한 해결책 모색하기

6. 수업자가 스스로 도전 과제를 선택하고 공언하기

이러한 수업 나눔 방식은 기존 수업 강평회의 한계를 극복하고 수업자의 수업 고민을 중심으로 수업 성찰을 유도한다는 점에서 의미가 있다. 하지만 이는 참여 인원이 많아지면 진행하기 다소 어려운 면이 있다. 또한 수업 성찰과 수업 코칭의 의미를 충분히 이해하지 못한 상태에서 진행되는 경우, 수업 참관자들이 수업 나눔에 소극적이 될 수 있다. 교사들이 수업자 중심으로 진행되는 수업 나눔 문화에 익숙하지 않다는 점도 고려해야 한다. 수업 나눔에 참석하는 사람들은 90분가량 진행되는 수업 나눔 중 1시간 가까이를 수업자의 이야기를 들어야 하는데, 이는 그리 쉽지 않은 일이다. 수업 나눔에 익숙하지 않은 참석자들이 집중을 못하는 모습을 보게 되면, 수업자는 자신의 이야기를 지속하는 것 자체가 미안해지게 된다. 또한 참여 인원이 많아지면 부담감 때문에 수업자가 편안하게 이야기하기 어려워지기도 한다.

이에 참여 인원이 많은 경우에도 효과적으로 수업 나눔을 진행할 수 있는 '수업 토크쇼' 방식을 소개하고자 한다.

수업 토크쇼

1. 수업 나눔의 원칙을 다 같이 읽기

2. 수업자가 자신의 수업의 주안점과 의도를 말하기

3. 모둠별로 수업자의 수업에 대해 토의하기 / 수업자와 수업 코치가 개별적으로 이야기하기

4. 전체 참석자를 대상으로 수업자의 수업에 대해 구체적으로 칭찬하기

5. 수업자의 입장에서 수업 바라보기
   (모둠별 대표가 수업자의 수업에 대해 질문하기)

6. 학생의 배움의 관점에서 수업 바라보기
   (모둠별 대표가 수업자의 수업에 대해 질문하기)

7. 수업자가 자신의 수업에 대한 고민을 이야기하기

8. 수업자의 고민에 대해 공동으로 해결책 모색하기

9. 수업자가 도전 과제를 선택하고 공언하기 혹은 수업 나눔 소감 말하기

10. 참여자들이 수업 나눔에 대한 소감 나누기 (메타 인지)

각 단계별 진행 방식은 다음과 같다.

1. 수업 나눔의 원칙을 다 같이 읽기

수업 나눔의 2가지 원칙은 '수업자의 수업에 대해 비판하지 않기', '수업 참관자가 자기 이야기를 5분 이상 하지 않기'이다. 수업 나눔에서는 비판 대신 질문을 통해 수업자가 스스로 성찰하도록 유도한다.

수업 나눔을 시작하기 전에 수업 규칙과 관련한 다음과 같은 글을 함께 읽으면 좋다. [93*]

> 수업 나눔을 하기 전 마음을 모읍니다.
> 수업 나눔 속에서 선생님이 안전함을 느끼기 원합니다.
> 수업 나눔이 선생님 안의 좋은 것을 이끌어 내는 통로가 되기를 소망합니다.
>
> 수업에서 성장하고 싶은 선생님의 의지와 마음에 집중하겠습니다.
> 우리는 선생님을 믿으며 선생님이 어떤 모습이 될 지 기대합니다.
> 우리는 선생님 안의 놀라운 것을 봅니다.
>
> 우리는 선생님을 있는 모습 그대로 받아들이겠습니다.

단점을 규정하거나 비판하지 않고 기쁘게 선생님 곁에 머물겠습니다.

선생님의 수업 고민에 함께 하겠습니다.

우리는 선생님을 변화시키기 위해 압력을 가하지 않을 것입니다.

우리 안에 살아 숨 쉬는 것들이 선생님의 마음에 닿아 선생님의 깊은 열망이 충족되기를 기대합니다.

2. 수업자가 자신의 수업의 주안점과 의도를 말하기

수업 나눔의 원칙을 공유한 후에는 수업자가 간단히 자신의 수업의 주안점과 의도를 이야기한다. 수업에 대해 가장 잘 알고 있는 사람은 수업을 디자인하고 실행한 사람이다. 수업의 주안점과 의도를 정확히 파악해야 수업 나눔 참석자들이 그에 맞게 수업을 분석할 수 있다.

3. 모둠별로 수업자의 수업에 대해 토의하기

수업의 주안점과 의도를 파악한 후에는 모둠별로 수업자의 수업에 대해 이야기한다. 경험상 참여 인원이 12명 이상일 때는 4인 1모둠으로, 12명 이하일 때는 2인 1모둠으로 구성하여 토의하면 좋다. 참석자들이 수업을 보고 난 느낌을 편안하게 나누게 되면 수업 나눔에의 참여도도 높아진다.

소감을 나눈 후에는 모둠별로 수업에 대한 질문을 3~4개 정도로 뽑도록 한다. 모둠별 시간은 10분에서 20분 정도가 좋다.

모둠별로 나누는 동안 수업 나눔 진행자 (혹은 수업 코치)는 수업자와 이야기를 나눈다. 이때는 수업을 하고 난 느낌이 어떤지 등의 가벼운 이야기를 나눔으로써, 수업자가 긴장을 풀고 편안한 마음으로 수업 나눔에 임할 수 있도록 한다.

4. 전체 참석자를 대상으로 수업자의 수업에 대해 구체적으로 칭찬하기

자리 배치를 모둠 대형에서 큰 원 대형으로 변형하되, 가급적 책상 없이 의자만 이용하는 것이 좋다. 이러한 자리 배치는 수업 나눔이 청문회가 아닌 동등한 입장에서의 나눔임을 의미한다.

배치가 끝나면 수업자의 수업에 대해 자유롭게 칭찬하는 시간을 가진다. 칭찬을 할 때에는 다음과 같이 구체적인 사실에 기초하여 칭찬해야 한다.

"제일 먼저 수업 내내 여유로운 미소를 잃지 않으시는 것이 눈에 띄었어요. 수업 시작 10분 후에 형식이가 엉뚱한 질문을 했는데도 부정적으로 반응하지 않고 다른 학생에게 질문을 연결하면서 자연스레 다음 단계의 개념과 연결하는 모습이 참 좋았고요. 교육과정과 해당 지식을 충분히 이해하고 계셨기 때문에 이런 모습이 나오지 않았나하는 생각이 들었어요. 또 학생들의 엉뚱한 질문에도 흔들리지 않으면서 긍정적으로 피드백하시는 모습은 학생을 존중해 주시는 느낌이 들어 참 좋았어요."

칭찬을 통해 수업자는 자신의 강점을 깨닫고 이를 극대화할 수 있는 힘을 얻게 된다. 칭찬은 수업자와 수업 참관자들 사이에 일종의 라포rapport를 형성하고, 수업 나눔의 공간을 안전지대로 만드는데 큰 역할을 한다.

5. 수업자의 입장에서 수업 바라보기

모둠별로 돌아가며 준비한 질문을 하나씩 하고, 수업자는 이에 성실히 답한다. 모둠별로 돌아가며 질문을 할 때, 모둠 대표자보다는 질문을 만든 사람이 직접 질문하도록 하고 겹치는 질문은 피하며 더 이상 질문할 것이 없으면 통과하도록 한다. 수업 참관자들은 질문을 통해 수업자의 입장에서 수업을 바라보려 노력하고 경청해야 한다.

6. 학생의 배움의 관점에서 수업 바라보기

수업 참관자들이 학생들의 배움을 중심으로 수업을 관찰하고 이에 대해 질문한다. 예를 들어 "저는 혜원이의 배움을 중심으로 관찰했어요. 혜원이는 제 시간에 수업에 잘 참여하지 않아서 고민이었는데, 오늘 선생님의 시간에는 열심히 참여하는 모습을 보고 놀랐어요. 혜원이가 평상시에도 수업에 열심히 참여하나요?" 라는 식으로 질문하는 것이다. 미리 학생들에게 수업에 대한 설문지를 받아 이를 바탕으로 질문하는 것도 좋다. 개별 학생의 배움 뿐 아니라 모둠이나 학급 분위기에 초점을 맞출 수도 있다.

　학생의 배움에 대한 질문을 통해 수업자는 스스로의 약점을 성찰할 수 있다. 수업 참관자들이 이를 지적하면 상처가 될 수 있지만, 학생의 배움과 관련해 관찰한 사실을 이야기하고 이에 대해 질문하면 수업자는 마음이 다치지 않은 상태에서 스스로를 돌아보게 된다. 따라서 수업 참관자들은 평가를 위한 질문이 아닌 사실을 바탕으로 한 질문을 던져야 한다. 이 단계는 앞서 했던 수업자 입장에서 수업 바라보기 단계와 구분되지 않고 진행되기도 한다.

7. 수업자가 자신의 수업에 대한 고민을 이야기하기

　이전 단계가 충실히 진행되었다면 그 과정에서 수업자의 고민이 자연스럽게 드러나게 될 것이다. 이 단계에서는 수업자가 수업에 대한 자신의 고민을 정리하여 이야기한다. 고민이 지나치게 추상적이거나 복합적이거나 수업 나눔을 통해 해결하기 힘든 것이라면 수업 나눔 진행자 (혹은 수업 코치)가 적절하게 개입하여 고민을 구체화, 명료화하는 것이 좋다. 두 개 이상의 문제가 얽혀있는 경우에는 그 중 하나를 선택하여 다루도록 한다.

8. 수업자의 고민에 대해 공동으로 해결책 모색하기

수업자의 고민에 대해 수업 나눔에 참여하는 모든 사람이 함께 해결책을 모색한다. 여기서 주의해야 할 점은 수업 참관자들이 해결책을 '제시'하는 것이 아니라는 점이다. 수업자는 수업 참관자들이 이야기한 다양한 해결 방안 중에서 원하는 대안을 선택한다. 혹 수업자가 원하는 대안이 없다 하더라도, 개인의 고민에 대해 함께 대안을 모색하는 과정 자체가 수업자에게 의미 있는 일이다.

9. 수업자가 도전 과제를 선택하고 공언하기

수업자가 다양한 해결 방안 중 자신에게 적합한 방안을 도전 과제로 선택하고 참관자들 앞에서 공언한다. 성찰에 따른 결단과 공언은 타인에 의해 일방적으로 제시된 정답보다 구속력이 있다. 만약 마땅히 선택할 해결 방안이 없다면 수업자가 수업 나눔의 소감을 나누는 것이 좋다. 해결책을 찾지 못한다 하더라도 수업 나눔의 과정이 새로운 고민의 시작이 될 수 있고, 이를 통해 해결책을 찾아갈 수 있다는 점에서 도전 과제를 여백으로 놔두는 것도 나쁘지 않다.

10. 참여자들이 수업 나눔에 대한 소감 나누기

수업자 이외의 참여자들이 이번 수업 나눔을 통해 배운 것, 느낀 것, 하고 싶은 말 등을 간단하게 이야기한다. 이는 수업자가 아닌 수업 나눔에 대한 피드백으로서 일종의 메타 인지 활동이라고 할 수 있다. 이러한 과정을 통해 수업자 뿐 아니라 다른 참여자들도 배우고 느낀 것을 이야기하면서 서로에게 긍정적인 영향을 준다. 또한 수업 나눔 시 부족한 부분을 돌아보고 구체적으로 어떻게 보완할 것인지를 알 수 있게 된다. 이때 각자 짧게 이야기를 돌아가며 하는 것이 좋다.

수업 나눔 혹은 수업 토크쇼는 60분에서 90분 정도로 진행하면 좋다. 수업 토크쇼의 장점은 모든 사람에게 이야기할 기회를 준다는 점이다. 참석자들은 모둠 안에서 수업을 분석하고 질문을 만드는 과정을 통해 수업을 분석할 수 있는 힘을 기르게 된다.

학교 안에서 수업 나눔을 할 때 다음과 같은 점에 유의해야 한다.

첫째, 참석자들이 수업 나눔에 대해 어느 정도 이해한 상태에서 시작해야 한다. 그렇지 않으면 기존의 수업 강평회와 크게 다르지 않게 진행될 수 있다. 질문을 통해 수업자의 이야기를 끌어내고 경청하며 수업자의 입장에서 수업을 바라보는 것은 쉬운 일이 아니다.

둘째, 희망자를 중심으로 점진적으로 확대해 나가는 것이 좋다. 수업 공개와 수업 나눔은 자발성에 기반을 두어야 좋은 성과를 거둘 수 있다.

셋째, 수업 나눔 전에 수업 나눔의 규칙을 숙지하고 시작해야 한다. 수업 나눔의 규칙은 수업자의 수업에 대해 비판하지 않기, 수업자의 이야기를 경청하기 (수업 관찰자는 자기 이야기를 5분 이상 하지 않기) 이다.

넷째, 수업 나눔 모임이 어느 정도 정착되면 수업 디자인 모임 단계로 나

수업 나눔지

- 수업 일시 :　　　　■ 과목 :　　　　■ 대상 학년 및 학급 :

- 학습 주제 :

- 수업자 :　　　　　　　　　　　■ 기록자 :

수업 관찰
수업 분석 및 소감 (수업 비평)
수업 질문 만들기
1.
2.
3.
수업 나눔 소감

아가면 좋다. 각자의 수업에 대한 고민을 공감하고 해결책을 모색하는데서 한 단계 더 나아가 함께 수업을 디자인하게 되면 더욱 성장하게 된다.

다섯째, 수업 나눔은 수업자가 마음을 여는 만큼만 진행하는 것이 좋다. 좀 더 깊은 이야기가 필요한 경우에는 개별 코칭 형태로 전환하는 것이 좋다.

질문이 살아있는 수업 나눔

수업 코칭에서 질문을 할 때는 첫째로, 현상보다는 근본 원인에 초점을 두고 질문해야 한다. 겉으로 드러난 부분에만 초점을 맞추어 이야기하면 어느 정도 외형적인 변화는 가능할지 몰라도 근본적인 변화를 기대하기는 어렵다.

둘째, 판단하지 말고 공감하며, 질문을 통해 수업자의 성찰을 유도해야 한다. 수업 코칭에서의 좋은 질문은 관찰자가 수업의 장단점을 제시하는 질문이 아닌 수업자가 스스로의 수업을 성찰하며 자신의 장단점을 말하도록 하는 질문이다.

셋째, 관찰자의 입장이 아닌 수업자의 입장에서 질문해야 한다. 수업자의 입장에서 공감할 수 있고 쉽게 답할 수 있는 질문이 좋다.

넷째, 수업 코칭에서는 의도가 명료하며 수업의 핵심에 접근할 수 있는 질문을 하는 것이 좋다.

다섯째, 수업자의 반응에 따라서 탐색 질문에서 집중 질문으로 전환하여 진행할 수 있다. 다양한 탐색 질문을 하는 중에 수업자가 감정적으로 흔들리거나 중요한 언어를 사용했을 때는 집중 질문 방식으로 전환하면 좋다. 이때 수업 나눔의 진행자(내지 수업 코치)의 역할이 중요하다.

다음은 수업 코칭에서의 질문 요령이다. [94*]

1. 문제점을 비판하지 말고 성찰을 유도하라.

문제점을 비판하는 질문 : 수업 시간에 학생들의 질문에 공격적인 반응을 자주 보이시던데, 수업 준비가 미진했기 때문에 그랬던 것은 아닌가요?

성찰을 유도하는 질문 : 일부 학생들이 선생님이 수업에 대해 약간 지루하다고 한 것에 대해 어떻게 생각하세요?

2. 닫힌 질문을 열린 질문으로 전환하라.

닫힌 질문 : 주로 강의식으로 수업을 하시나요?

열린 질문 : 오늘 주제를 강의식 외에 다른 식으로 가르친다면 어떤 방법이 좋을까요?

3. 해결책을 묻기 보다는 현상의 근본 원인에 관심을 두라.

해결책을 묻는 질문 : 수업 시간에 딴 짓하는 아이들을 어떻게 지도해야 합니까?

근본 원인을 탐구하는 질문 : 선생님이 혼을 내셨음에도 불구하고 일부 학
생들이 여전히 수업 시간에 딴 짓하는 이유는
무엇일까요?

4. 완벽한 해결책이 아닌 보완을 요구하라.

완벽한 해결책을 요구하는 질문 : 학생들이 수업 시간에 집중하지 않는 문제
를 어떻게 해결하는 것이 바람직할까요?

보완을 요구하는 질문 : 그 학생이 건방져 보여서 혼을 내셨다고 하셨는데,
선생님은 학생들이 구체적으로 어떤 모습을 보일
때 건방지다고 느끼시나요? 학생들에게 수업 규칙
을 구체적으로 제시하셨나요?

5. 판단하지 말고 수업자가 사용한 언어를 활용하거나 관찰에 근거하여 질문하라.

판단하는 질문 : 수업 시간에 학생들에게 짜증을 많이 내시던데, 수업 준비가
부실해서 선생님도 모르게 짜증을 내시는 것은 아닌가요?

수업자의 언어를 활용한 질문 : 선생님이 이러한 행동을 하는 이유는 일종
의 거리 두기라고 말씀하셨는데, 선생님이
말한 거리두기에 대하여 좀 더 자세하게 이
야기해주실 수 있나요? 개인적 만남에서도
학생들에게 경어를 사용한 것도 일종의 거
리 두기라고 생각할 수 있나요?

관찰에 근거한 질문 : 수업 마치기 10분 전부터 맨 뒷자리의 두 학생이 엎드려 자고 있던데 알고 계셨어요? 수업하실 때 교과서만 보시고 학생들의 눈은 잘 바라보지 못하시던 데 이유가 뭐라고 생각하세요?

6. 소극적이거나 논점을 흐리는 답변은 끊어내고 논점에 집중하여 깊이 있게 파고 들라.

소극적인 답변 : 그런 것 같아요. 그냥 그랬어요. 잘 모르겠어요.

논점을 흐리는 답변 : 저번에는 이런 일이 있었는데 ……
(논점과 상관없는 이야기를 나열)

논점에 집중하는 질문 : 그렇군요. 제 질문의 요지는 선생님이 수업 준비에 많은 시간을 쓰지 못하는 이유가 무엇인지였습니다. 이에 대해 간략히 정리해서 다시 한 번 말씀해 주시겠어요?

7. '왜' 대신 '어떻게'라고 질문하라.

'왜'를 묻는 질문 : 선생님은 그 상황에서 왜 그 학생을 내버려두셨어요?

'어떻게'를 묻는 질문 : 선생님은 그 상황에서 그 학생을 어떻게 지도하는 것이 좋았을까요?

다음은 수업 나눔의 각 단계에서 사용하면 좋은 질문들이다.

수업자 입장에서 수업 바라보기

- 오늘 수업의 주안점과 의도는 무엇인가요?

- 오늘 선생님의 수업에 점수를 매긴다면 100점 만점 중 몇 점을 주시겠습니까? 그리고 그 이유는 무엇인가요?

- 명식이가 엉뚱한 질문을 했을 때 선생님의 표정이 굳어지는 것을 발견했는데, 그 이유는 무엇인가요?

- 오늘 수업을 하며 어떤 감정을 느꼈나요?

다양한 시각에서 수업 바라보기

- 오늘 수업에 참여한 학생들의 학습 수준과 의지는 어느 정도 인가요? (학생 이해)

- 선생님이 수업에서 경험하는 두려움이 있다면 구체적으로 무엇인가요?, 선생님 생각에 선생님은 어떤 교수 유형에 속한다고 생각하시나요? (교사 내면 및 교수 유형 이해)

- 선생님의 유머에 학생들이 적극적으로 반응하던데, 평상시 학생들과의 관계는 어떠한가요? (관계)

- 선생님이 평상시에 수업에서 학생들에게 강조하는 부분은 구체적으로 무엇인가요? (교육 철학 및 신념)

- 오늘 수업에서 선생님이 직접 만드신 학습지를 활용하셨는데, 평상시에도 그렇게 하시나요? 평상시 교육과정 재구성을 어느 정도 수준으로 하시나요? (교육과정)

- 오늘 수업은 주로 강의식으로 진행되었는데 평소에도 그렇게 하시나요? (교수 학습 방법)

학생의 배움의 관점에서 수업 바라보기

- 오늘 수업에서 8모둠 학생들이 모둠 활동 시간에는 제대로 활동하지 않다가 선생님이 가까이 오시니까 하는 척 하는 모습이 보였는데, 선생님은 여기에 대해 어떻게 생각하세요?

- 수업 끝나기 20분 전 쯤부터 맨 뒤에 앉은 호철과 희석이가 졸고 있던데, 선생님은 알고 계셨나요?

- 다른 과목 수업에는 잘 참여하지 않는 소희가 오늘 수업에 매우 열심히 참여하는 것을 보았는데, 그 이유가 뭐라고 생각하세요?

수업자가 자신의 수업에 대한 고민을 이야기하기

- 평상시 선생님의 수업에 대한 고민은 무엇인가요?

- 여러 고민에 대해 이야기하셨는데, 이 중 어떤 고민을 함께 나누고 싶으신가요?

집단 지성을 활용하여 함께 수업 디자인하기

학교 내 수업 공동체는 대체로 3단계의 과정을 거치며 발달한다. '수업 고민을 공유하는 수업 수다 → 수업 고민에 대해 공동의 해결 방안을 모색하는 수업 나눔 → 집단 지성을 통하여 함께하는 수업 디자인'이 그것이다.

수업 수다	수업 나눔	수업 디자인
수업에 대한 고민을 나누고 공감하기	고민에 대한 해결 방안 공동 모색	공동 수업 디자인 및 수업 나눔 활동

1단계인 '수업 수다'는 교사들이 모여 수업에 대한 고민을 자유롭게 이야기하고 공감하는 단계이다. 개인주의적 교직 문화의 특성상 수업의 고민이나 성과를 공유할 기회가 많지 않아서, 교사들은 주로 식사 시간이나 공강 시간 등에 나누곤 한다. 수업 수다는 이러한 교사들의 비공식적인 수다를 수업 공동체 안으로 끌어들인 것이다. 수업 공동체를 만들고 참여하는 것이 부담스럽다면, 일단 수업 수다를 통해 함께 수업 이야기를 나누며 수업 성장의 첫 걸음을 내딛을 수 있다.

2단계인 '수업 나눔'은 수업 고민에 대한 공감을 넘어 해결 방안을 공동으로 모색하는 단계이다. 이 과정을 통해 교사들은 서로에게 많은 것을 배우고 공동의 대안을 마련하고 실천할 수 있는 에너지를 얻게 된다.

3단계는 교사들이 함께 고민하며 수업을 디자인하는 단계이다. 2단계 수업 나눔이 개별적으로 준비하고 실행한 수업을 나누는 방식이라면, 수업 디자인은 처음부터 함께 수업을 준비하며 실행 결과를 피드백하는 것이다. 이 과정을 통해 교사들은 수업 디자인의 전문성을 키울 수 있으며, 융합 수업 등으로 범교과적 교육과정 재구성을 시도할 수도 있다. 이 단계에서는 수업 나눔을 할 때에도 참석자들이 수업의 의도를 잘 알고 있기에 보다 깊이 있게 이야기할 수 있다.

중등 학교에서는 다양한 교과 교사들이 모여 범교과적으로 수업을 디자인하는 것이 좋은데, 그 이유는 다음과 같다.

첫째, 다양한 교과 교사들이 모여 논의하게 되면 동 교과 교사들끼리만 논의할 때보다 창의적이고 다양한 아이디어를 모을 수 있다.

둘째, 학생들의 눈으로 수업을 디자인할 수 있다. 다른 교과 교사들은 타

교과에 대한 지식과 태도가 학생과 비슷하기 때문에 학생의 눈으로 바라보고 문제를 제기할 수 있다.

셋째, 이러한 시도는 범교과적 프로젝트 수업이나 융합 수업, 교육과정 재구성의 기초가 된다. 범교과적으로 함께 수업을 디자인하다보면 타 교과 교육과정에 자연스럽게 관심을 갖게 되고, 교과 간 겹치는 부분을 발견하고 이를 조정하면서 교육과정 재구성에도 관심을 가지게 된다.

넷째, 소수 교과 교사들도 모임에 적극 참여할 수 있다. 주당 1~2시간 정도의 교과 담당 교사들은 학교 내에 1~2명인 경우가 많아 교과 협의회를 하고 싶어도 현실적으로 어려운 경우가 많다. 하지만 범교과적 수업 디자인을 모임을 진행하면 이러한 문제를 극복할 수 있다.

수업 디자인 모임에서 나누면 좋은 질문들

수업 디자인 모임을 통해 교육과정 및 교수학습방법 등 직접적인 수업 활동과 관련한 것을 실질적으로 준비하고 실행하고 피드백을 할 수 있다. 함께 수업을 디자인할 때 고민해야 할 부분과 이와 관련하여 사용하면 좋은 질문들을 정리하면 다음과 같다. [95*]

수업자의 주안점 및 의도 파악

- 이 수업의 주안점은 무엇인가?
- 수업자의 의도는 수업에서 구체적으로 어떻게 표현되어야 하는가?

학습 목표 및 핵심 질문

- 학생들이 학습 목표에 관심을 갖도록 하려면 어떻게 해야 하는가?

- 학습 목표는 어느 시점에서 어떤 방식으로 제시되어야 하는가?

- 학습 목표와 교사의 수업 고민이 잘 연결되어 핵심 질문으로 표현되고 있는가?

- 학생들의 흥미를 유발할 수 있는 출발 질문을 적절하게 사용하고 있는가?

학습 분량 및 시간 배분

- 수업에서 다루는 내용은 1차시의 학습 분량으로 적절한가?

- 개별 활동, 모둠 활동, 전체 활동, 심화 (도전 과제) 활동 등의
  시간 배분은 어떻게 해야 하는가?

- 여러 활동 중 중점을 두어야 할 활동은 무엇인가?

학습지 (학생용 활동지, Sheet) 검토

- 학습지의 분량은 적절한가?

- 괄호 넣기의 수준은 적절한가?

- 수업 진행 순서는 학습지 순서와 일치하는가?

- 학습지의 질문 수준과 유형, 표현 등은 적절한가?

- 학습지 내용에 학습 부진 학생이나 우수 학생에 대한 배려가 포함되어 있는가?

모둠 활동 결과 공유

- 모둠 활동 결과를 발표할 때 모둠별로 순차적으로 할 것인가,
  동시 다발적으로 할 것인가?

교육과정 재구성

- 학생의 학습 수준과 실제 수업 수준이 일치하는가?
- 교육과정 재구성이 어느 수준에서 이루어지고 있는가?

교수학습방법

- 학습 내용에 적절한 교수 학습 방법인가?
- 모둠 활동 결과를 발표할 때는 모둠별로 순차적으로 할 것인가, 동시 다발적으로 할 것인가?

마무리 활동

- 수업 내용을 학생들의 구체적인 삶과 효과적으로 연결하려면 도착 질문을 어떻게 만들어야 하는가?
- 수업의 마무리는 어떻게 할 것인가?
- 복습이나 차시 예고는 어떻게 할 것인가?

수업 디자인 모임 시간이 길지 않다면 몇 가지 사항을 중점적으로 이야기하면 좋다.

다음은 개별적으로 디자인한 수업 지도안을 공동으로 검토하는 단계에서 사용하면 좋은 질문이다.

- 이번 수업의 주안점은 무엇인가요?
- 선생님은 수업의 주안점이 ○○라고 하셨는데, 수업 지도안 상의 주안점은 오히려 △△인 것 같아요. 제가 잘못 파악했나요?

　　− 학생들의 학습 수준에 비해 수업 시간에 다루는 내용이 좀 어렵지
　　　않나요?

　　− 학습지에 학생들이 이해하기 힘든 단어나 표현들이 있는 것 같은데
　　　선생님은 어떻게 생각하세요?

　　− 1차시에 세 가지 활동을 하는 것으로 되어 있던데, 1시간 안에 소화
　　　하기에는 시간이 부족하지 않을까요?

　　− 성(性)에 대한 부분은 도덕 시간에도 다루는데, 가정 시간에는 이런
　　　식으로 차별화해서 다루면 어떨까요?

수업 공동체 (수업 디자인 및 수업 나눔 모임) 운영 사례

　수업 디자인 모임을 실천하고 있는 대표적인 학교로 서울 한울중학교, 고양 신능중학교, 인천 신흥중학교, 광주 신가중학교 등을 들 수 있다. 한울중학교의 수업 연구 동아리는 2011년에 몇몇 선생님들을 중심으로 시작되어 지금까지 지속되고 있다. 이 모임에서는 수업 일기를 나누고, 수업을 공개한 후 수업에 대한 고민을 나누며, 수업 시간에 활용하는 활동지를 사전에 검토하고 학생 참여 수업에 대한 대안을 모색했다. 또한 사전 수업 참관을 통해 공개 수업자의 수업을 분석하며 컨설팅 활동을 전개했고, 이러한 과정과 결과물을 단행본 남경운 외(2014), 〈아이들이 몰입하는 수업 디자인〉, 맘에드림 으로 출간하기도 했다.

　신능중학교는 일반 학교였지만 혁신학교 지정 후 모색과 준비의 시간을 거치며 수업 성장에 집중했다. 1년차에는 수업 수다를 나누며 수업에 대한

고민을 공유하고 공감하는 시간을
가졌으며, 2년차부터 외부 전문가
들의 도움을 받으면서 수업 나눔
을 정착시켜 나갔고, 3년차부터는
한울중학교의 실천 사례에 영향을
받아 수업 디자인 모임을 본격적으

로 시작했다. 처음에는 수업 연구 동아리에서 시작되었다가 2015년부터는
학년별 수업 모임을 수업 디자인 모임 방식으로 전환하여 운영하고 있다.
신능중학교 수업 디자인 모임에서는 주로 수업 지도안 초안과 학습지를
중심으로 고민을 나눈다.

다음은 신능중 수업 디자인 모임에서 검토하여 수정 보완한 학습지
사례이다.

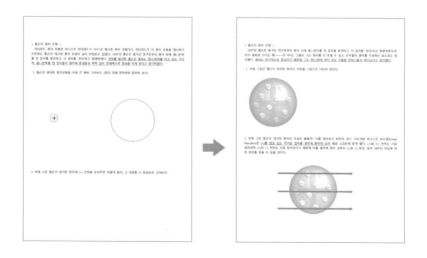

인천 신흥중학교도 2014년도부터 수업 디자인 및 수업 나눔 모임을 운영하고 있다. [96*] 다음은 신흥중의 학습지 보완 사례와 실제 운영 사례이다.

신흥중 학습지 사례 – 수정 전

II. 삼국의 성립과 발전	고구려의 팽창	차시
학습목표	1. 고구려의 영토확장이 주변국에 미친 영향을 설명할 수 있다. 2. 고구려의 전성시기에 나타나는 세계관을 이해할 수 있다.	

1. 비문내용을 통해 광개토 대왕이 승리한 나라(종족)과 빼앗은 지역을 써보시오.

⊙ 광개토대왕릉비의 내용 (일부 인용)

"왕은 18세에 왕위에 오르시어 연호를 영락대왕이라 하였다. 은혜로운 덕을 하늘에서 받으시어 위엄이 사방에 떨쳤다. 오랑캐를 정벌하여 왕업을 안녕케 하고 나라를 부강하게 하였다. 백성들은 풍요롭게 살고 온갖 곡식은 잘 익었다. 왕 즉위 5년(395) 요하라는 강의 서쪽에 있는 비려(거란의 일족)라는 종족을 토벌하여 적을 물리치고 수많은 소·말·양 떼들을 획득하셨다. 일찍이 백제와 신라는 고구려를 섬겨 조공을 해왔다. 그런데 왜가 391년 바다를 건너 백제와 신라를 공격하여 신하의 나라로 만들자, 396년 왕이 친히 수군을 이끌고 백제를 토벌하였다. 한강 이북에 있는 여러 성들을 빼앗고 백제의 도읍을 공격하자 성안의 백제 왕이 곤경에 빠져 남녀 1000명, 좋은 베 1000필을 바치고 왕에게 '지금부터 영원히 왕의 종이 되겠나이다' 하며 용서를 빌었다. 이에 58성과 700촌을 고구려의 영토로 삼고, 백제왕의 동생과 대신 10여 명을 데리고 군사를 돌리셨다. 398년에 군대를 파견하여 숙신(만주의 동북부 지방에서 연해주까지 거주)을 다스려 남녀 300명을 사로잡고 이후로 조공을 바치도록 하였다. (399년에 왕이 평양을 에 있을 때 신라에서 구원을 요청함으로) 400년에 보병과 기병 5만 명을 보내어 신라를 구원케 하니 왕이 도착할 무렵 왜인들은 모두 달아났다. 도망가는 배후를 급히 추격하여 가야 지방에 이르렀다. …… 20년(410), 동부여를 토벌하였는데 …… 쳐부순 성이 64, 촌이 1400개이다."

물리친 나라(종족:

빼앗은 지역:

도와 준 나라:

2. 장수왕이 수도를 국내성에서 평양성으로 옮긴 까닭을 찾아보시오.

3. 충주 고구려 비를 통해 알 수 있는 사실을 정리해 보시오.

4.고구려의 전성기

 1) 고구려 비석의 위치를 표시하
    고 비석의 이름을 쓸 것

 2) 고구려 수도 변천을 표시할 것
    (①졸본, ②국내성, ③평양성)

5. 아래 글로 보았을 때 고구려 당시 백제와 신라를 어떻게 생각하고 있었는가?

> 옛날 시조 추모왕이 나라를 세웠다. 시조는 북부여에서 나오셨는데, 천제의 아들이다. ....대왕
> 의 은혜로운 혜택이 하늘까지 미쳤고, 용맹함과 위엄이 사해에 떨쳤노라.....백잔(백제)과 신라
> 는 옛날부터 복속된 백성으로, 조공을 바쳐 왔다.
> 　　　　　　　　　　　　　　　　　　　　　　　　　　　　　　『광개토대왕릉비』
>
> 고구려 왕이 신라 매금(왕)을 만나 우호를 맺기 위해 중원에 왔으나.....동이(동쪽 오랑캐)매금
> 에게 의복을 내려 주었다.
> 　　　　　　　　　　　　　　　　　　　　　　　　　　　　　　『중원고구려비』

6. 고구려인들은 강한 국력에서 오는 자신감으로 문화적 다양성과 포용력을 가
   지고 있었다. 고구려 고분 벽화에 등장하는 귀족 부부와 시종들, 재주꾼들,
   씨름선수를 주인공으로 고구려인들이 중요시하는 가치를 말해보자.

신흥중 학습지 사례 - 수정보완 후

II. 삼국의 성립과 발전	고구려의 팽창	차시
학습목표	1. 고구려의 영토 확장을 설명할 수 있다. 2. 고구려의 전성시기에 나타나는 세계관을 이해할 수 있다.	

1. 고구려 전성기의 지도이다. 빈칸의 비석의 이름과 (가), (나), (다)의 국가를 쓰시오.

❶ _____

❷ _____

㉮ _____

㉯ _____

㉰ _____

2. 비문내용을 읽고 광개토 대왕이 정복한 지역과 도와준 나라를 써보시오.

⊙ 광개토대왕릉비의 내용 (일부 인용)

"왕은 18세에 왕위에 오르시어 연호를 영락대왕이라 하였다. 은혜로운 덕을 하늘에서 받으시어 위엄이 사방에 떨쳤다. 오랑캐를 정벌하여 왕업을 안녕케 하고 나라를 부강하게 하였다. 백성들은 풍요롭게 살고 온갖 곡식은 잘 익었다. 왕 즉위 5년(395) 요하라는 강의 서쪽에 있는 비려(거란의 일족)라는 종족을 토벌하여 적을 물리치고 수많은 소·말·양 떼들을 획득하셨다. 일찍이 백제와 신라는 고구려를 섬겨 조공을 해왔다. 그런데 왜가 391년 바다를 건너 백제와 신라를 공격하여 신하의 나라로 만들자, 396년 왕이 친히 수군을 이끌고 백제를 토벌하였다. 한강 이북에 있는 여러 성들을 빼앗고 백제의 도읍을 공격하자 성안의 백제 왕이 곤경에 빠져 남녀 1000명, 좋은 베 1000필을 바치고 왕에게 '지금부터 영원히 왕의 종이 되겠나이다'하며 용서를 빌었다. 이에 58성과 700촌을 고구려의 영토로 삼고, 백제왕의 동생과 대신 10여 명을 데리고 군사를 돌리셨다. 398년에 군대를 파견하여 숙신(만주의 동북부 지방에서 연해주까지 거주)을 다스려 남녀 300명을 사로잡고 이후로 조공을 바치도록 하였다. (399년에 왕이 평양을 에 있을 때 신라에서 구원을 요청함으로) 400년에 보병과 기병 5만 명을 내어 신라를 구원케 하니 왕이 도착할 무렵 왜인들은 모두 달아났다. 도망가는 배후를 급히 추격하여 가야 지방에 이르렀다. …… 20년(410), 동부여를 토벌하였는데 …… 쳐부순 성이 64, 촌이 1400개이다."

　　　　정복한 지역:

　　　　도와 준 나라:

3. 충주 고구려 비를 통해 알 수 있는 사실을 정리해 보시오. (교과서 57쪽)

4. 아래 글로 보았을 때 고구려 사람들이 당시 백제와 신라를 어떻게 생각하고 있었는가?

옛날 시조 추모왕이 나라를 세웠다. 시조는 북부여에서 나오셨는데, 천제의 아들이다. ....대왕의 은혜로운 혜택이 하늘까지 미쳤고, 용맹함과 위엄이 사해에 떨쳤노라.....백잔(백제)과 신라는 옛날부터 복속된 백성으로, 조공을 바쳐 왔다.
「광개토대왕릉비」

고구려 왕이 신라 매금(왕)을 만나 우호를 맺기 위해 중원에 왔으나.....동이(동쪽 오랑캐)매금에게 의복을 내려 주었다.
「중원고구려비」

5. 고분 벽화를 보고 고구려 사람들이 가진 자신감은 무엇 때문인지 찾아봅시다.

6. 내가 고구려인이 되어서 고구려에 대해 소개한다면?
　　(모둠원은 각기 씨름선수, 무사, 귀족, 하인(재주꾼) 중에 선택하여 고구려에 대해 소개하도록 한다.)

수업 디자인 모임

■ **일시** : 2015. 3. 27

■ **참석자** : 한○○, 이○○, 조○○, 조○○, 김○○, 전○○, 김○○,

　　　　김○○, 강○○, 김○○

■ **수업자** : 김○○ (역사과)

■ **단원** : Ⅱ-2. 삼국의 발전과 가야

　　　　　1. 고구려가 동북 아시아의 강자로 성장하다

■ **수업 흐름**

　1. 지난 시간 수업 내용을 퀴즈를 통해 복습 또는 영상을 시청함

　2. 모둠 혹은 개별적으로 학습지 풀기

　3. 다 함께 의견을 나누기

■ **수업자의 의도**

작년에는 2학기부터 모둠 수업을 했지만 올해는 처음부터 모둠 수업을
진행하고 있다. 오늘 수업 디자인 모임을 통해 학습지의 완성도를 높이고
싶다. 분량이 너무 많지는 않은지, 난이도가 높지는 않은지 등을 학생의
눈으로 봐 주셨으면 좋겠다.

- **수업자의 고민**

  1. 방대한 내용을 45분 안에 다 다룰 수 있을까?

  2. 어떻게 하면 학생들의 현재의 삶과 연계하여 가르칠 수 있을까?

- **학습지를 검토하고 난 후의 느낌과 피드백**

피드백 1. 읽을 자료를 주고 문제를 해결하도록 한 것이 좋았다. 하지만 1번 문제에서 학생들이 물리친 나라와 도와 준 나라를 구분할 수 있을지 의문이 든다. 2, 3번 문제에서는 교과서의 어느 부분을 보고 풀어야 하는지 제시해 주면 더욱 좋을 것 같다. 4번 문제에서는 졸본의 위치를 정확히 모르겠다. 5번 문제는 의도를 명확히 파악할 수 있도록 발문을 구체적으로 바꿔 주면 좋을 것 같다. 6번 문제는 문제에 답이 포함되어 있는 것 같다. 적극적으로 참여하지 않는 학생들에 대한 고민은 모든 교사가 하는 고민인 것 같다.

  → 수업자 : 학습지 활동을 할 때 수준 차이 나는 아이들을 어떻게 지도해야 할지 고민이 된다.

피드백 2. 글을 읽는데 시간이 너무 많이 들어 문제를 해결하는데 충분한 시간을 할애하지 못했다. 문제에 답이 몇 개인지 제시하지 않은 것들이 있는데 지문을 반복해서 읽도록 하기 위해 그렇게 한 것인지 궁금하다. 그렇다면 탐구의 기회가 될 수도 있을 것 같다. 교과서를 보고 나니 문제를 해결하기 훨씬 수월했다. 지도 위에 수도를 표시하도록 한 것은 위치를 확인하는데 좋은 것 같다. 동기 부여를 어떻게 하실지 궁금하다.

→ 수업자 : 도입에 적절한 영상을 보여주려고 했으나 아직 찾지 못했다. 6번 문제는 아직 완성하지 못했다.

피드백 3. 6번 문제가 재밌었다. 문제에 제시된 강한 국력, 자신감에서 힌트를 얻어서 그림을 보며 여러 상상을 할 수 있었다. 1번 문제는 지문을 여러 번 읽음으로써 정벌, 토벌이라는 단어가 '물리치다'라는 뜻임을 이해할 수 있도록 한 것이 좋았다. 학생을 능동적으로 반응하게 하는 학습지인 것 같다. 4번의 수도를 옮기는 문제는 2번 문제의 답이 힌트가 될 것 같다. 주변국에 미친 영향에 대해서는 "만약 내가 신라, 백제의 왕이라면 어떻게 할 것인가?"와 같은 질문을 던져서 아이들이 조금 더 고민하도록 하면 좋을 것 같다. 6번 문제는 동기 부여 자료로 사용해도 좋겠다는 생각이 든다.

→ 수업자 : 6번 문제를 조금 더 정교화하는게 좋겠다는 생각이 든다.

피드백 4. 어렵다는 생각이 들었고, 교과서 내용을 토대로 만든 학습지라는 생각이 들었다. 김진명의 소설 〈고구려〉가 떠올랐다. 선생님의 수업 의도와 아이들과 나누고 싶은 것이 무엇인지 궁금하다. 더불어 이 학습지를 공부한 후 아이들에게 어떻게 나누게 할 것인지 궁금하다.

→ 수업자 : 아이들이 지문을 읽고 용어(정벌, 토벌)를 알 수 있었으면 좋겠다고 생각했고, 텍스트를 좀 더 깊이 이해하도록 하고 싶었다. 또한 지리적 관점을 키우기 위해 수도가 옮겨진 곳을 지도 위에 찾도록 했다. 삼국이 공존하던 시대였던 만큼 고구려, 백제, 신라가 맺고 있던 관계의

맥락을 파악하고, 이를 당시 사람들의 관점에서 생각해 볼 수 있었으면 좋겠다고 생각했다. 학습지 이후의 나눔은 아이들이 나와 1번 문제부터 칠판에 적고 선생님이 답을 확인해 주는 식으로 진행하고자 한다. 각자 학습지를 풀게 한 후에 모둠 안에서 나누고 모둠별로 발표하는 시간을 주면, 모둠에서 토론하고 조율할 수 있는 시간을 갖게 되어 아이들에게 더 의미 있지 않을까 생각한다.

피드백 5. 학습지 내용이 많거나 문제가 어렵지 않은지 봐달라고 하셨는데 학습지를 푸는 시간을 얼마나 잡으셨는지 궁금하다.

→ 수업자 : 15분에서 20분 정도로 생각한다.

피드백 6. 각자 학습지를 푼 후에 모둠에 B4용지를 나눠 주어 모둠끼리 의견을 공유할 수 있도록 하면 좋겠다는 생각이 들었다. 4번 문제의 의도가 고구려의 전성기를 한 눈에 보고 남진 정책을 이해하는 것이라면, 문제의 순서를 앞으로 끌어오는 것이 좋을 것 같다. 6번 문제는 의도한 답이 무엇인지 궁금하다.

→ 수업자 : 6번 문제는 답을 생각하지 않고 그냥 던진 문제였다.

피드백 7. 그렇다면 차라리 당시 사람들의 입장에서 생각해볼 수 있게 마지막 문제를 '그림을 보고 그 시대의 상황을 유추해보자'로 수정하는 것이 어떨까? 1번 지문은 2번과 3번 문제와 연결되는 것이 아닌지 궁금하다. 6번 문제의 의도가 무엇인지 고민했는데 교과서를 보니 문제를 풀기 훨씬 수월했다. 6번 문제는 시간을 넉넉히 주면 그림에 대한 다양한 해석이 나올 수 있어 재밌을 것 같다는 생각이 들었다. 더불어 고구려의 문화를 알 수 있는 옛 그림이나 자료들을 더 많이 제시해 주시면 좋겠다.

→ 수업자 : 고려해 보도록 하겠다.

피드백 8. 문제가 퀴즈식이어서 답을 찾는 것이 재밌었다. 아이들 스스로 답을 적는 것인지 수업을 들으며 적는 것인지 궁금하다. 5번 문제는 주어가 없어 이해가 잘 되지 않았고, 6번 문제는 문제에서 답을 제시하고 있는 것 같다. 6번 문제는 아이들이 고구려인의 성향이나 지향하는 가치를 어느 정도 알고 있어야 답을 적을 수 있겠다는 생각이 든다.

→ 수업자 : 학습지만 보고도 충분히 답을 적을 수 있다고 생각한다.

피드백 9. 고구려가 남진 정책을 펼치며 비문을 세웠다고 했는데, 비문에 어떤 내용이 담기면 좋을까를 먼저 생각하게 한 뒤 자료를 제시하여 비교하도록 하는 것은 어떨까?

→ 수업자 : 좋은 의견이다. 선생님들의 의견이 많은 도움이 되었다.

수업 나눔 협의회 내용

- **일시** : 2015. 4. 3
- **참석자**: 한○○, 조○○, 양○○, 이○○, 김○, 서○○, 김○○,
  이○○, 김○○, 강○○, 조○○, 안○○, 김○○, 김○○, 전○○
- **수업자** : 김○○(역사과)

■ 수업자의 의도 및 수업 소감

이 차시는 고구려의 성장과 전성기를 다루는 수업이었다. 수업을 통해 당시 고구려의 상황을 이해하고 당대 사람의 입장에서 생각해 보고자 했다.

지난 주 수업 디자인 모임에서의 조언대로 지도가 포함된 4번 문제를 1번에 배치하였다. 수도의 변천 과정은 교과서에 명확히 나오지 않고 어려운 면이 있어, 지도에 나라 이름을 쓰는 것으로 수정했다. 예상대로 아이들은 2번 문제의 지문을 파악하는 것을 많이 어려워했지만, 글을 면밀히 파악하고 분석하는 능력을 기를 수 있도록 그대로 유지했다. 4번 문제는 지문 안에 답이 들어 있어서 눈이 밝은 아이들은 금방 찾았으리라 생각한다. 5번 문제는 아이들이 많이 어려워했다. 다른 반 수업에서는 4번과 5번 사이에 새로운 문제를 넣었지만, 아이들이 맥락을 잘 이해하지 못해 제외했고 쉽게 구성하기 위해 노력했다. 특히 5번, 6번 문항은 수업 디자인 모임의 많은 분들이 질문을 살리면 좋겠다고 조언해 주셔서 최종 질문을 찾는데 고민이 많았다. 다른 반 수업에서는 5번까지 풀다가 수업이 끝났는데 오늘은 아이들이 집중을 잘 해서 다 할 수 있었을 뿐 아니라, 고분 벽화 영상도 보여주며 보충할 수 있었다. 오늘 수업을 하면서 아이들이 나의 의도를 다르게 받아들일 수 있음을 많이 느꼈다.

■ 수업자의 장점 칭찬하기

- 지난 주 수업 디자인 모임에서 상황과 맥락을 알지 못한 채 많은 질문을 드린 것 같아 다 반영하는 것은 무리일 수 있겠다고 생각했는데, 세세한 부분까지 모두 수용하여 학습지를 수정하신 것을 보고 무척 감사하고 좋았다. 다양한 답변을 유도한 질문이 인상적이었다.

- 제가 관찰한 모둠은 아무리 기다려도 아이들이 말을 잘 하지 않아 다소 답답했는데, 그럼에도 불구하고 4번 문제까지 빨리 풀어내는 것을 보고 학습 능력이 우수한 학생들이라는 인상을 받았다. 학습지를 풀면서 책을 계속 뒤적거리는 모습을 보니 아이들이 선생님의 의도대로 잘 따라간 느낌이다. 문제를 끝까지 풀어내는 모습을 보며 학습지를 통한 활동이 평소에도 이루어지고 있음을 알 수 있었다.

- 수업 지도안 중 수업관에 대한 내용을 보고 훌륭하신 선생님이라고 생각했다. 아이들 스스로 텍스트를 찾아 가며 자기 주도적으로 학습하는 모습을 보고 깜짝 놀랐다. 불타는 학구열이 좋아 보였고 훌륭했다.

- 수업이 학습 목표에 따라 적절하게 진행되었다고 생각한다. 아이들의 발표에 대한 선생님의 피드백도 좋았고 답을 유도하시는 모습이 감명 깊었다.

- 학습지가 일목요연하게 정리되어 있어 좋았고, 책을 참고해서 학습지

를 푸는 모습을 보며 문제 해결력을 기르는 데 도움이 되겠다고 생각
했다. 특히 6번 문제는 질문만으로도 학생들의 창의력을 키울 수 있는
문제라고 생각한다. 다른 이야기를 하며 발표를 미루려는 학생이 있었
음에도 불구하고 무리 없이 수업을 진행하시는 모습을 보며 대단하시
다고 느꼈다.

- 첫 번째 모둠은 공부를 잘 하는 아이들이 아니었음에도 불구하고 학습
지 순서를 잘 배열해서 교과서를 뒤적이며 문제를 풀 수 있게 하신 점
이 좋았다. 그리고 적절한 시기에 힌트를 주어 교과서를 참고하도록
하시는 모습이 좋았다. 다시 생각할 기회를 주신 점도 인상 깊었고, 예
상치 못한 질문(신라를 왜 도와주었는지)을 하신 점도 좋았다. 특히 수
업에 참여하지 않는 학생이 참여할 수 있도록 독려하시는 모습에서는
깊은 감동을 받았다.

- 수업의 흐름을 알 수 있도록 관련 영상을 보여주셔서 무척 좋았다. 역
사는 선행 학습을 하는 과목이 아니기 때문에 수업에 대한 관심도가
집중도를 좌우한다고 생각하는데, 포기하는 학생 없이 교과서를 찾아
보며 서로 도와주는 모습을 볼 수 있어 흐뭇했다. 마이크 볼륨도 적절
하고 안정적인 진행이 인상 깊었다.

- 오늘 공개 수업을 한 반은 워낙 에너지가 넘쳐 걱정과 기대를 동시에
하며 들어왔다. 선생님께서 "학습지 어렵지?", "몇 번까지만 풀어보
자.", "교과서를 참고하면 돼." 등의 말로 아이들을 배려하고 존중해
주는 모습이 좋았고, 학생들에게 안전한 교실이라는 생각을 하게 되었
다. 추가로 던진 질문에는 아이들의 에너지가 확 모인 느낌이 들었고,
아이들의 열띤 답변을 들으며 아이들이 스토리가 있는 내용을 좋아한

다는 생각이 들었다. 발표할 친구를 정할 때 적극 자원하는 모습에서 아이들이 수업에 대해 부담을 덜 느끼고 있다는 느낌을 받았다.

- 전 차시 내용을 퀴즈를 통해 점검하고 수업을 시작하는 모습이 좋았다. 5, 6번 문제를 풀 때 집중해서 봤는데 아이들이 다양한 이야기를 하는 것이 인상적이었다. 특히 아이들이 5번 문제를 풀며 '요즘이라면 이러이러하지 않았을까'라고 대화하는 모습을 보며, 선생님의 의도가 잘 전달된 것 같아 좋았다. 동영상도 아이들에게 도움이 되었던 것 같고, 모둠을 순회하시며 막히는 문제에 힌트를 주어 도와주셨던 점도 기억에 남는다.

- 공동 수업 디자인을 할 때 이야기한 내용이 반영된 느낌이 들었다. 5번 문제에 그림이 늘어나는 등 아이디어를 수업에 반영해주셔서 수업 디자인 모임과 수업이 연결되어 있다고 느꼈다. 아이들이 학습지를 곧바로 시작하는 것을 보며, 평상시에 학습지를 먼저 하고 수업을 진행하신다는 생각이 들었고, 일상의 수업을 그대로 공개 하셨다는 생각이 든다. 틀려도 괜찮다는 말이 아이들의 긴장을 풀어주고 자유로운 배움의 분위기를 만들어 준 것 같다. 다양한 학생의 답변을 듣고 기다려 주시는 모습이 좋았고 이 때 아이들의 빛나는 모습을 볼 수 있었다. 색을 입힌 벽화에 관한 영상은 수업 내용을 한 번 더 생각하게 하는 효과가 있는 것 같다.

- 열린 질문을 통해 아이들의 호기심을 자극하고 집중력을 불러일으킨 점이 인상 깊었다. 아이들의 마음을 읽어주려는 선생님의 모습이 무척 좋았다. "힘내!"라는 말을 자연스럽게 하시는 모습을 보며 아이들에게 다가가려 노력하는 선생님이라는 생각이 들었다. 백제의 수도에 대해 질

문한 학생에게 바로 답을 일러주지 않고 "교과서 53쪽을 찾아보자"고 답변하시는 것을 보며, 학생들이 스스로 공부할 수 있도록 안내해 주신다는 느낌을 받았다. 발표를 기피하는 학생에게 유연하고 재미나게 대처하셔서 아이에게도 좋은 기억으로 남을 것 같다는 생각이 들었다.

- 5, 6번 문제에서 모둠의 효과가 극대화되었던 것 같다. 자발적으로 의견을 나누는 모습이 인상 깊었고, 특히 6번 문제는 잠시나마 그 시대로 여행을 간 느낌이 들 정도로 좋은 답변들이 나왔다고 생각한다.

- 점심시간 이후의 수업이어서 학생들이 졸릴 수 있었는데, 시각 자료나 영상 자료를 잘 활용하셔서 수업에 집중할 수 있도록 해 주셨다. 특히 한 학생이 친구에게 도움을 요청하며 답 뿐 아니라 이유까지 묻는 적극적인 모습을 보여서 무척 좋아 보였다. 긴 지문을 반복해서 읽는 학생을 보며, 이를 통해 긴 글을 읽는 힘을 기르기를 원한다는 선생님의 의도가 수업에 잘 반영되었다는 생각이 들었다. 답이 나올 때까지 기다려주시고, 수업에 참여하지 않는 학생을 안마를 해주며 격려하는 모습은 감동적이었다.

- 가장 인상 깊었던 것은 발표할 학생을 지명하지 않고 자발적인 참여를 독려했던 것이다. 기다릴 수 있는 여유가 부러웠다. 또한 특정 학생에게 발표를 권하는 것은 아이들이 쓴 학습지 내용을 기억해야 가능한 것이라는 점에서 대단하다고 느꼈다.

■ 수업자와의 대화

참관자 : 보여준 영상에 학습지 5,6번 문제에 대한 답이 나오지 않을까

조마조마했는데, 다행히 질문에 대한 답은 나오지 않았고 동기 유발에 적절한 영상이었다고 생각된다. 혹시 직접 만든 영상인가?

→ 수업자 : 직접 만든 것은 아니고 인터넷을 검색해서 찾은 것이다.

참관자 : 고구려가 신라를 도와준 이유에 대해 대부분의 아이들은 이해한 것 같은데 나는 잘 이해되지 않았다. 나처럼 이해를 잘 못한 학생들도 있겠다는 생각이 드는데 어떻게 생각하는지?

→ 수업자 : 고구려가 왜 신라만 도와주고 백제는 도와주지 않았는지 질문하려 했으나 긴장해서 지나쳤다. 그 이야기는 더 길고 자세하게 설명했어야 한다고 생각한다.

참관자 : 학생 중심의 수업을 할 때는 평가에 대한 것이 늘 고민이 되는데, 평가는 구체적으로 어떻게 하는지?

→ 수업자 : 수행 평가를 50%로 책정하고 있고, 서술형 평가 비율을 늘리려 한다. 구체적인 시기를 정하지 않았지만 평가 문항은 학습지에 있는 문항을 활용할 계획이다.

참관자 : 수업이 끝난 뒤 학습지를 걷던데 걷은 후에는 어떻게 하는지?

→ 수업자 : 오늘은 공개 수업이라 모든 학생이 열심히 학습지를 풀었지만 평소에는 잘 하지 않는 학생들도 있다. 그 친구들을 위해

매번 걷고 있고, 수행 평가 포트폴리오 점수에 반영한다.

참관자 : 모둠 수업을 하는 이유는?

→ 수업자 : 선생님만 바라보지 말라는 의미도 있고, 학습지는 개별적
으로 풀지만 모르는 것은 서로에게 질문할 수 있도록 하기
위해서이다. 모둠 활동은 더 강화하려 한다.

참관자 : 역사 수업에서는 답을 제시하는 것이 좋다고 생각하는지, 아니
면 생각할 여지를 주는 것이 좋다고 생각하는지?

→ 수업자 : 이 부분은 나도 고민되고 궁금한 부분이다. 이미 밝혀진 사
실에는 답이 있지만, 사실에 대한 해석은 저마다 다를 수
있다는 점에서 해석을 암기시키고 평가하는 것은 문제가
있다는 생각이 든다. 해석은 언제든 바뀔 수 있으니까. 되
도록 아이들이 생각하는 대로 놔두려 하지만, 잘못된 해석
이나 답을 쓰는 경우에는 다른 해석도 있음을 일러준다. 주
체적으로 판단하는 아이들이 있으면 좋겠는데 대부분의
아이들은 판서한 내용을 그대로 받아들이는 것 같다.

참관자 : 모든 단원을 오늘과 같은 방식으로 수업하는지?

→ 수업자 : 비슷하게 한다. 다만 참여를 독려하기 위해 학습지에 있는
답을 맞히면 해당 수업 시간에 화장실에 갈 수 있는 권리를

준다. 학생들이 학습지를 다 풀면 칠판에 쓰고 간단히 설명
한 뒤 수업을 마친다.

참관자 : 수업에 참여하지 않는 학생들을 독려하되 이후에는 강요하지 않
던데, 이런 아이들은 어떻게 지도하는지 궁금하다.

→ 수업자 :　일단 몇 번 독려해 보고 반응이 없으면 놔두는 편이다. 하
지만 학습지는 매 시간 제출하도록 하여 확인하고 있다. 그
아이들이 학습지라도 정리하여 내도록 하는 것이 목표이다.

참관자 : 수업에 참여한 다섯 학생에게 오늘 수업에서 가장 재미있고 몰입할
수 있었던 질문이 무엇이었는지 물어보았다. 2명은 개인적으로 지도를 좋
아해서 1번 문제가 좋았다고 했고, 1명은 2번 문제를 통해 새로운 사실을
알 수 있어 좋았다고 답했고, 나머지 2명은 자신을 이입할 수 있어서 6번
문제가 좋았다고 답했다. 1,2번은 사실에 입각한 질문, 5, 6번은 생각을 묻
는 질문이었는데 사실 확인과 생각 꺼내기 질문의 비율은 어떻게 정하는지?

→ 수업자 :　특별히 정해놓은 비율은 없다. 처음 학습지를 만들 때에는
고구려의 수도 변천 과정이 중요하다고 생각했는데, 수업
을 준비하며 인터넷을 검색하다보니 최근 학계의 의견이
변경되었다는 사실을 보고, 교과서 내용이 정확한 지식이
아닐 수도 있다는 생각이 들어 다른 문제로 수정했다. 그러
면서 다른 내용도 의심이 되었고, 이런 불확실한 내용들을
지필 평가로 평가할 필요가 있을까하는 생각이 들었다. 하

지만 그보다 먼저 학생들의 사고력, 그리고 의견과 사실을 접목시킬 수 있는 능력을 길러주고 싶었다. 그래서 사실을 습득하는 것에 머물지 않고 사실에 대한 견해를 갖추도록 하려면 어떻게 해야 할 지 고민하며 문제를 구성했다.

■ 수업자의 고민

평가를 하려면 문제에 대한 명확한 답이 있어야 하는데 그게 늘 고민이다. 정확한 답을 요구하는 것이 과연 의미가 있을까라는 생각도 든다.

■ 공동의 해결 방안 모색

- 틀리더라도 자신의 의견을 이야기하면 어느 정도 점수를 주는 것도 좋은 것 같다. (이하생략)

■ 수업자의 수업 나눔 소감

편한 마음으로 수업에 임했다. 작년에 하던 대로 하면 되겠다고 생각했는데, 수업 디자인 모임을 하며 작년보다 훨씬 수업이 치밀해진 것 같아 좋았다. 수업 디자인 모임에서 나눈 다양한 의견을 적극 수용했다. 평양의 위치를 검색하다가 새로운 의문과 딜레마가 생겼다. 해결해야 할 고민이 또 하나 생겼지만, 수업 디자인 모임이 수업 준비에 많은 도움이 되었고 의미 있는 시간이었다고 생각한다.

기자와 검사의 질문은 진실을 밝히고 사회의 정의를 세우기 위한 것이기에 날카롭고 예리하다. 상담가와 성직자의 질문은 깨어진 마음을 치유하고 관계를 회복하기 위한 것이기에 따뜻하다.

교사의 질문은 학생들을 진리로 이끌기 위한 것이다. 따라서 교사의 질문은 학생이 학생의 지혜를 깨울 수 있는 것이어야 한다. 배움이 외부의 자극을 통해 닮아가는 것이라면, 깨침은 기존의 안정된 인식을 깨뜨리고 새로운 상태로 급격히 전환되는 것이다.[97*] 질문은 배움을 넘어 깨침을 이끌어 내는 수단이 된다. 동시에 교사의 질문은 따뜻해야 한다. 내용과 형식에 이상이 없다 하더라도 학생에 대한 사랑과 수업에 대한 열정이 담기지 않은 질문은 긍정적인 효과를 기대하기 어렵다.

질문이 살아있는 수업에서 교사는 지식의 전달자가 아닌 촉진자facilatator 가 되어야 한다. 촉진자로서 교사는 학생들에게 정답을 제시하기보다 학생들이 답을 찾아갈 수 있도록 유도한다. 이를 위해 교사는 질문을 통해 지식과 학생들의 삶을 연결하고, 학생들의 이야기를 경청하며 반응을 보이며, 궁극적으로 질문을 통해 학생들이 진리에 도달할 수 있도록 이끌어 주어야 한다.

좋은 교사는 학생 뿐 아니라 스스로에게도 끊임없이 질문을 던지는 교사이다.

우리는 묻고 또 물어야 한다.

"과연 나는 어떤 교사인가?"

◯ 참고문헌과 주석 ●●●

01. 도로시 리즈 지음, 노혜숙 역(2002), "질문의 7가지 힘", 더난출판, P.25
02. 도형 심리학을 창안한 수잔 델린저는 5가지 유형으로 구분하지만, 이를 한국 상황에서 학습 유형론에 적용한 최귀길은 4가지 유형으로 압축하여 설명한다.
　　최귀길(2012), "나만의 공부 방법을 만드는 공부생 비법", 마리북스 p.80-81
03. 전성수(2012), "부모라면 유대인처럼 하브루타로 교육하라", 예담 P.35-60
04. 전성수, 위의 책, P. 105-106
05. 조용기 외(2006), "교육적 질문하기", 교육과학사
06. 게리 보리크, 박승배 외 역(2002), "효과적인 교수법(4판)", 프랜티스 홀 p.275
07. 게리 보리크, 박승배 외 역(2002), 위의 책
08. 게리 보리크, 박승배 외 역(2002), 위의 책
09. 각 수준에 해당하는 질문의 예는 다음과 같다.
　　- 지식 : 하인즈의 부인이 걸린 질병은? 하인즈는 결국 어떻게 행동했는가?
　　- 이해 : 하인즈 딜레마를 간단히 요약한다면?
　　- 적용 : 내가 만약 하인즈라면 이 상황에서 어떻게 했을까?
　　- 분석 : 하인즈의 행동에서 충돌하고 있는 가치는 구체적으로 무엇인가?
　　- 종합 : 현실에서 이와 비슷한 딜레마 상황을 겪어본 적이 있는가? 그렇다면 이 문제를 구체적으로 어떻게 해결했는가?
　　- 비판 : 하인즈 행동은 도덕적으로 정당화될 수 있는가? 약제사의 행동을 어떻게 판단할 수 있을까?
10. Kagan, "Higher-level thinking Questions", 1999
11. 이소희(1999), "기독교적 관점에서 본 아동 발달과 양육", cup
12. 파커 팔머, 이종인 역(2013), "가르칠 수 있는 용기", 한문화
13. 워런 버거, 정지현 역(2014), "어떻게 질문해야 할까?", 21세기북스, p.91
14. 제임스 파일, 메리앤 커린치 지음, 권오열 역(2014), "질문의 힘", 비즈니스북스
　　제임스 파일과 메리앤 커린치는 나쁜 질문 유형으로 유도 질문, 부정형 질문, 모호한 질문, 복합형 질문을 꼽는다.
15. 제임스 파일 외, 위의 책 p.78
16. 게리 보리크, 위의 책 / 조용기 외, 위의 책
17. 제임스 파일 외, 위의 책
18. 제임스 파일 외, 위의 책
19. 위키백과, "소크라테스의 문답법"
20. 워런 버거, 위의 책

21. 나쁜 질문을 좋은 질문 형태로 바꾼 사례는 다음과 같다.

1. 학교에서 선생님이나 친구로부터 배려 받아 고마웠던 경험이 있다면?
2. 청소년의 온라인 게임 규제 (셧 다운제 등)에 대해 어떻게 생각하는가?
3. 엄마, 아빠에 대한 너의 생각은?
4. 혼전 순결 문제에 대한 너의 생각은?
5. 친구들에게 욕을 해 본 적이 있니? 있다면 얼마나 자주 했니?

22. 전성수, 위의 책

23. 워런 버거, 위의 책, p.90

24. 로렌 슬레이터 지음, 조증열 역(2005), "스키너의 심리 상자 열기", 에코의 서재

25. 미국의 교육 철학자 파커 팔머는 이 문제를 '수업의 역설'이라는 개념으로 설명한다.
파커 팔머, 위의 책

26. 권귀헌(2015), "질문의 힘", 스마트북스 p.202

27. 서근원(2013), "수업, 어떻게 볼까", 교육과학사 p.38-39

28. 윤관식(2013), "수업 설계", 양서원

29. 파커 팔머, 위의 책, 김현섭(2013), "수업을 바꾸다", 한국협동학습센터

30. 김현섭(2013), 위의 책

31. 보리크, 위의 책

32. 여기에서 제시된 질문들은 소명중고등학교, 한국협동학습연구회 서울 모임 및 경기 남부 모임 회원 선생님들, 각종 수업 디자인 워크샵에 참여했던 선생님들과 함께 만들어 수업에 적용한 질문들이다.

33. 광명중학교 임인경 선생님의 실제 수업 사례 (2015.3.26)를 정리한 것이다.

34. 남한고등학교 이화진 선생님의 수업 지도안 (2015.4.8)이다.

35. 여기에서 소개하고 있는 좋은 질문 사례들은 소명중고등학교, 한국협동학습연구회 서울 모임 회원 선생님들과 함께 만들어 활용했던 질문들이다.

36. 브루멜른, 안종희 역(2014), "교실에서 하나님과 동행하십니까?", IVP

37. 김태현(2010), "내가, 사랑하는 수업", 좋은씨앗

38. 원덕재(2004), '주제 중심의 융합적 접근을 통한 실과의 전통 문화 교육 프로그램 개발', 석사학위논문, 한국교원대 대학원

39. 황미정(2005), '개념 기반의 주제 중심 단원 설계 준거 개발' 경북대 박사학위논문

40. 김현섭(2013), 위의 책

41. 유승희, 성용구(2001), "초등 교사를 위한 프로젝트 접근법", 양서원

42. 이영만(2002), "융합교육과정", 학지사

43. 박현숙이 제시한 템플릿을 수정 보완한 자료이다.
박현숙(2012), "교사는 수업으로 성장한다", 맘에드림

44. 하워드 가드너, 문용린, 유경재 역(2007), "다중지능", 웅진지식하우스

45. 토마스 암스트롱, 전윤식 역(2004), "다중지능이론과 교육", 중앙적성출판사

46. 이영만(2001), "통합교육과정", 학지사

47. 하부르타수업연구회(정희란 외 4명), 2014 창의인성연구보고서

48. 김현섭 외(2012), "협동학습1", 한국협동학습센터

49. 김현섭 외(2012), 위의 책

    구조 중심 협동학습 창안자인 케이건은 존슨의 개념과는 달리 '구조화된 협동학습 방법'을 구조라고 부른다.

50. 케이건(1998), "협동학습", 디모데출판사

51. 정문성(2006), "협동학습의 이해와 실천"(개정판), 교육과학사

52. 김현섭 외(2012), 위의 책

53. 최귀길(2012), "공부생 노트필기", 마리북스

54. 강인애 외(2007), "PBL의 실천적 이해", 문음사

55. 강인애 외(2011), "교실 속 즐거운 변화를 꿈꾸는 프로젝트 학습", 상상채널

56. 강인애 외(2007), 위의 책

57. 차드, 지옥정 역(1995), "프로젝트 접근법", 창지사

    신재한 외, 위의 책

58. 배철우, "독서토론과 질문방법', 서강독서토론논술연구소

59. 도로시 리즈 지음, 노혜숙 역(2002), "질문의 7가지 힘", 더난출판 p.50-51

60. 이정옥(2008), "토론의 전략", 문학과 지성사

61. 강치원(2013), "토론의 힘", 느낌이 있는 책

62. 구정화(2009), "학교 토론 수업의 이해와 실천", 교육과학사

63. 정문성(2006), 위의 책, 정문성(2008), "토의 토론 수업 방법 36", 교육과학사

    김현섭(2012), 위의 책

64. 언어 상호 작용 관찰은 교사와 학생 사이의 언어적 상호작용을 중심으로 수업을 관찰한다. Hyman의 질의 응답 관찰과 Flanders의 언어 상호 작용이 여기에 해당한다. 이러한 입장은 기본적으로 좋은 수업은 교사와 학생 사이의 활발한 사회적 상호 작용이 있는 수업임을 전제한다. 하지만 사회적 상호 작용이 활발하다고 해서 의미 있는 배움이 일어나는 것은 아니다. 이러한 관찰 접근법은 수업 과정에서 학생들이 무엇을 학습하거나 경험했는지를 놓칠 수 있고 탈맥락적으로 수업을 이해하기 쉬우며 수업 개선을 위한 구체적인 방안은 충분히 제시하지 못할 수 있다. (서근원(2011), "수업, 어떻게 볼까?", 교육과학사)

65. 정문성(2006), "협동학습의 이해와 실천", 교육과학사

    김현섭 외(2013), "협동학습1", 한국협동학습센터

66. 파커 파머, 이종인 역(2013), "가르칠 수 있는 용기", 한문화

67. 도로시 리즈 외, 위의 책

68. 이혁규(2013), "누구나 경험하지만 누구도 잘 모르는 수업", 교육공동체 벗

69. 김현섭 외(2014), "사회적 기술", 한국협동학습센터

70. 김현섭 외(2012), "협동학습3", 한국협동학습센터

71. 김창오 외(2005), "칭찬과 의사소통을 위한 학급운영", 즐거운학교

72. 위의 책 이창덕 외(2010), "수업을 살리는 교사 화법", 즐거운학교

73. 김현섭 외(2012), 위의 책

74. 이창덕 외(2010), 위의 책

75. 한국평화교육훈련원(2014), "회복적 정의 심화과정 워크샵" 자료집

76. 하워드 제어(2011), "회복적 정의란 무엇인가?", KAP

    박숙영(2014), 위의 책

77. 좋은교사운동은 회복적 정의의 개념을 교육의 영역 속에서 적용하면서 회복적 생활 교육 운동으로 발전 시키고 있다. 최근에는 서울시교육청, 경기도교육청 등을 중심으로 정책적으로 회복적 생활 교육 운동이 활발하게 추진되고 있다. 회복적 생활교육에 대하여 좀 더 알기 원한다면 위에서 제시하고 있는 박숙영(2014)의 책을 참고하라.

78. 한국평화교육훈련원(2014), 위의 책

79. 이규철(2013), "수업 딜레마", 맘에드림

80. 도형 심리학에 대한 자세한 내용은 수잔 델린저의 "도형심리학"과 최귀길의 "나만의 공부 방법을 만드는 공부생 비법"을 참고하라.
    수잔 델린저, 김세정 역 (2013), "도형심리학", W미디어
    최귀길(2012), "나만의 공부 방법을 만드는 공부생 비법", 마리북스

81. 파커 파머 (2000), "가르칠 수 있는 용기", 한문화

82. 학급긍정훈육법과 회복적 생활 교육에서는 학생들의 동의를 모두 강조하고 있다.
    제인 넬슨 외, 김성환 외 역 (2014), "학급 긍정 훈육법", 에듀니티
    박숙영(2014), "회복적 생활 교육을 만나다", 좋은교사

83. 제인 넬슨 외, 김성환 외 역 (2014), 위의 책

84. 박숙영(2014)은 그렉 캔드릭의 '공유된 목적 세우기' 모델을 참고하여 학급 규칙 세우기 모델을 제시하고 있다. 자세한 것은 박숙영(2014)의 위의 책을 참고하라.

85. 2015학년도부터 경기도교육청에서는 학교 안 전문적 학습 공동체 지원 방안이 정책적으로 추진되고 있다. 단위학교 안의 전문적 학습공동체를 지원하고 그 안에서 교내 연수도 실시하도록 하며, 그 결과를 교사 연수 학점으로 반영하도록 하고 있다.

86. 수업 코칭에 대해 더 알기 원한다면 다음의 책들을 참고하라.
    김현섭(2013), "수업을 바꾸다", 한국협동학습센터
    신을진(2015), "수업코칭", 에듀니티
    김태현(2012), "교사, 수업에서 나를 만나다", 좋은교사

87. 김현섭(2013), 위의 책

88. 김현섭(2013), 위의 책

89. 이 GROW 모델의 기원에 대해서는 여러 설이 있지만, 효과적인 목표 수립과 문제 해결을 위한 기법 중 하나로 1980년대 후반에 영국에서 생겨났다는 설이 일반적이다.
    http://en.wikipedia.org/wiki/GROW_model
    토니 스톨츠푸스, 김주희, 송관배, 김환영 역(2010), "코칭 퀘스천", 동쪽나라

90. 김현섭(2013), 위의 책

91. 김태현(2012), 위의 책

92. 김현섭(2013), 위의 책

93. 래리 크랩 지음, 김명희 역(2013), "관계의 공동체", IVP (내용을 일부 수정함)

94. 김현섭(2013), 위의 책

95. 한울중학교 서울형 혁신학교 운영사례 나눔 한마당 자료집(2014)에 제시된 내용을 기초로 재정리한 것이다.

96. 인천 신흥중학교는 공립학교로, 혁신학교로 지정되기 전부터 학교 혁신에 많은 노력을 기울였으며, 2014학년도부터 수업 혁신에 초점을 맞추어 수업 나눔을 넘어 수업 디자인 모임을 운영하고 있다.

97. 서근원(2013), "수업, 어떻게 볼까?", 교육과학사

이 책의 내용을
원격 연수로도 만날 수 **있습니다!**

질문을 해야 생각하고 생각해야 배움이 일어납니다. 질문은 발문법 이상의

의미를 가지고 있습니다. 수업디자인, 교육과정 재구성, 교수학습방법, 관계

와 질서 세우기, 수업공동체 등 각 영역에서 질문이 어떻게 활용할 수 있는

지 함께 고민하고 싶습니다. 여러분과 질문이 있는 교실을 위한 수업 이야기

를 함께 나누고 싶습니다.　　　　　www.tschool.net 직무연수 30시간

수업디자인연구소는

수업 혁신 콘텐츠를 연구 개발하고 보급함으로써

교사들의 수업 성장을 실질적으로 돕습니다.

www.sooupjump.org

수업디자인연구소
INSTRUCTION DESIGN INSTITUE

1. 연구 콘텐츠를 개발합니다.
· 질문이 살아있는 수업 – 단행본 "질문이 살아있는 수업" 출간
· 수업성찰 및 수업코칭 – 단행본 "수업을 바꾸다" 출간
· 수업 성장 – 단행본 "수업 성장" 출간
· 개발 예정 – 수업디자인, 단위 학교 교육과정 세우기 및 학교컨설팅,
　　　　　　교사학습공동체, 학교 내 의사소통 활성, 학습코칭 등

2. 수업 혁신 콘텐츠를 보급합니다.
· 출판사 설립 및 운영 – 수업 혁신 관련 단행본 출간, 질문 보드 게임 보급
· 각종 워크북 및 교수학습자료 개발 및 보급 – 수업 관련 학습 도구 제작 및 보급

3. 외부 연구 프로젝트를 추진합니다.
· 교육부 주관 초등 인성교육 자료 개발 및 보급
· 한국교육개발원 주관 중학교 자유학기제 경제교육 자료 개발 중
· 양평군 주관 인성체험교육자료 개발 중

4. 교육청과 함께 다양한 연수를 실시 합니다.
· 서울 강남, 광명, 구리남양주교육지원청 등 질문이 살아있는 수업 및 수업코칭 연수 실시

5. 교사 및 일선 학교 대상 연수를 실시 합니다.
· 집합 연수 : 질문이 살아있는 수업, 수업공동체 만들기, 수업 성장 연수 운영
· 온라인 원격 연수 : 티스쿨 등과 협력하여 운영 (질문이 살아있는 수업, 수업성장)

페이스북 | www.facebook.com/sooupdesign
홈페이지 | www.sooupjump.org
전화 | 031-502-1359
주소 | [15886] 경기도 군포시 대야2로 147, 201호

6. 수업 혁신 콘텐츠를 공유합니다.

· 자체 홈페이지 운영
· 블로그 및 각종 SNS 활동
· 외부 기고문 활동 : 좋은교사 저널 및 교육관련 잡지 외부 기고 활동

7. 수업디자이너를 양성합니다.

· 평교사 대상 수업 디자이너 프로그램 운영
· 수석교사 대상 수업 전문가 프로그램 운영
　　　- 수석교사들을 대상으로 수업코치 양성 프로그램 운영
　　　- 서울, 경기, 영남 수석교사 아카데미 운영중
· 강사 과정 아카데미 운영
　　　- 기존 수석교사 아카데미 참여
　　　- 질문이 살아있는 수업 강사 교육 활동 및 수업디자인 교육

8. 지속적인 수업 성장을 위한 다양한 활동을 합니다.

· 수업콘서트 - 대상 : 일반 교사를 위한 대중적 이벤트
　　　　　　　관계, 질문, 참여 주제(2016년 2월 실시, 약 80명 참여)
· 수업 클리닉 (개별 수업코칭 활동)
· 단위학교 및 교육청 대상 수업코칭 활동
· 교사 힐링 캠프
· 학교 내 교사학습공동체 지원 및 외부 교육 단체 및 기관 연대

질문이
살아있는 수업